한국의 세시문화

주영애 지음

신정

머리말 foreword

전 세계적인 기후변화와 산업구조의 변화는 우리의 삶을 크게 바꾸고 있습니다. 급변하는 디지털 환경에 대한 대응에 관심이 집중되고, 전 세계는 지속 가능한 삶을 위해 지혜를 모으고 있습니다. 일자리와 인재양성의 방향성도 다변화, 급변화되고 있습니다. 그렇지만 우리의 일상은 여전히 진행형입니다. 그 안에서 소소하게 지켜가는 한국인의 삶과 생활문화, 그리고 더 나은 삶의 질 향상에 대한 갈망, 한국문화의 세계화를 위한 노력은 지속되어야 하고, 지속되리라 믿습니다. 문화 · 예술을 중심으로 K-Culture에 대한 전 세계인의 관심은 자연스럽게 한국의 일상생활문화의 관심으로 이어지고 있습니다. 그래서 저는 일상에서 지나칠 수 없는 생활문화인 세시(歲時)문화를 돌아보기로 했습니다.

우리는 일상에서 해마다 주기적으로 전승되는 명절이나 기념일들을 맞이합니다. 그날의 의미는 항상 새롭지만 해마다 해왔던 형식대로 또는 새롭게 각색된 형식으로 조금씩 바뀌며 지켜지고 있습니다. 설, 추석, 단오, 대보름 등을 해마다 맞이하지만 지난해와 올해는 분명히 같지 않았으며, 내년 후년 그 이후에도 달라진 모습으로 그날을 지낼 것입니다. 즉,

세시는 유지 · 계승되면서 변화와 창조의 끊임없는 반복을 통해 늘 새로운 문화가 될 것입니다. 농경문화 속에서 꽃피어난 한국의 세시문화가 아직도 이어지는 것은 산과 삼면의 바다로 둘러싸인 지리적 · 기후적 배경 속에서 사계절과 함께 살아온 한국인의 문화적 공감이 녹아 있기 때문이라고 생각합니다. 그 안에는 한국인의 정(情)과 나눔, 배려, 협동, 공동체를 지향하는 함께 사는 지혜가 담겨 있습니다. 세시를 통해서 함께 나누고 즐겨왔던 음식과 놀이, 기원, 축제와 문화적 향유는 시대가 변해도 소중한 가치를 가진 전통문화이기 때문입니다.

이 책을 집필하면서 전통문화에만 초점을 두지 않았습니다. 세시의 의미는 무엇이며, 세시에 맞춰서 한국인이 즐겨왔던 음식에는 어떤 것이 있고, 지금은 어떻게 이어지고 있을까? 시대에 따라 변화하는 세시풍속의 현주소는? 세시에 따르는 축제와 놀이는 어떻게 존재하는가? 세시풍속은 한국의 문화교육으로 어떻게 이어지고 있는가? 등에 대해 살펴보고자 했습니다. 그러면서 한편으로 세시 때마다 등장하는 스트레스의 경험 등에 대해서도 언급하고자 했습니다. 세시를 중심으로 전통문화의 긍정적 계승을 전제하고 있지만, 더불어 사회변화에 따라 세시를 바라보는 우리의 의식에도 변화가 필요함을 짚어보고 싶었기 때문입니다. 이 책에서는 저의 전공학문인 가정학을 기저로 한국의 세시문화를 한국인의 일상적인 생활문화로 재조명해 보았습니다. 생태학적 관점으로 가족을 둘러싼 미시 · 거시환경과의 끊임없는 상호작용 속에서 나타나는 제반 현상과 문화적 가치를 짚어보고자 했습니다. 한국의 세시문화는 새로운 문화콘텐츠 창조를 위한 값진 보고(寶庫)가 될 것으로 봅니다.

앞으로 이 책이 한국문화에 관심이 있는 분들과 한국문화를 기반으로 창조적인 문화콘텐츠를 구안해 보려는 분들에게 유용하게 활용되기를 기대합니다. 한국문화의 지속적 발전을 위해서 이 책의 발간을 흔쾌히 허락해 주신 도서출판 신정의 최용구 대표님께 진심으로 감사를 드립니다. 또한 출판의 전 과정에서 세심한 배려로 끝까지 살펴주시고 좋은 책으로 엮어주신 직원 여러분께도 머리 숙여 감사드립니다.

2022. 6. 24.

운정캠퍼스 연구실에서

梅江 주 영 애

차례 contents

2장 세시음식

3장 명절과 스트레스

4장 변화하는 세시풍속

5장 세시축제와 놀이

6장 세시풍속 문화교육과 체험

1장

세시의 의미

농경사회로부터 이어져온 세시풍속은 한국인에게 어떤 의미일까? 봄 여름 가을 겨울의 사계절 속에서 자연의 변화에 대한 경외심과 순응, 공동체 사회를 유지해 왔던 지혜, 그리고 생활문화로 이어지는 세시풍속교육 등은 한국을 상징하는 새로운 콘텐츠로 떠오르고 있다.

1. 자연 변화에 대한 순응

한국은 봄 여름 가을 겨울의 4계절이 있는 나라다. 그러나 오늘날 급격한 기후변화로 인해 뚜렷했던 한국의 4계절 특징도 점차 변화되고 있다. 한국의 대표적인 6대 과수작물인 사과, 배, 복숭아, 포도, 단감, 감귤 등 과일 재배 지도가 바뀌고 있다. 대표적인 우리나라 과일인 사과는 향후 재배 가능한 지역이 계속 줄어들 것으로 보이며, 아열대 과일인 감귤은 주 생산지였던 제주도 이외에 남해안 일대는 물론 강원도 해안까지 재배지가 확대될 것으로 예측된다. 기후변화로 인한 우리나라의 과일 재배지 변화를 예로 들었지만, 전 세계는 기후변화를 심각한 환경문제로 인식하고 있다. 각종 환경오염에 따른 지구온난화는 세계 각국의 기상을 악화시켰다. 지구의 수십억 인구는 물과 식량안보의 문제를 겪으면서 생존 위협에 직면할 것으로 예상된다.

지구온난화가 현 상태로 지속된다면 향후 20년 안에 지구의 평균온도가 산업화 이전 수준과 비교하여 1.5도가량 상승할 가능성이 높다. 지구 평균기온 상승 1.5도를 억제하지 못한다면 극단적인 기후재난이 계속될 것으로 예상된다.

출처 : 지구온난화1.5도 특별보고서(2018).

미 캘리포니아대(UCI) 지구시스템학과 석좌교수인 제임스 랜더슨(James Randerson)은 "기후변화로 인해 아시아와 북대서양에서 대기의 양이 다르게 가열된다."고 하면서 "아시아에서는 기후변화로 인해 예상되는 에어로졸 배출 감소와 히말라야의 빙하 용융, 북부 지역의 적설 감소가 다른 지역들보다 더 빨리 대기를 가열시킬 것"(Science Times, 2021)이라고 하였다. 기후변화가 아닌 기후재난으로 그 심각성을 직감하고 있다. 전 세계적으로 혹서(酷暑), 혹한(酷寒), 태풍(颱風), 폭우(暴雨) 등이 나타나고 있다. 기후 대응을 위한 녹색 회복이 강조되고, 각국에서는 기술 투자를 통해 탄소배출량을 감소시키려는 노력이 지속되고 있다. 전기차, 고효율 가전기기, 스마트그리드, 친환경건축물 등에 관심이 집중되고 있다. 그 와중에도 인간은 삶에 영향을 미치는 자연환경에 대응하면서 오랜 역사와 그 안에서 형성된 문화를 지켜나가려 힘쓰고 있다. 다만, 그 시대의 자연과 사회기술환경에 따라서 문화는 변화되고 변용하기 마련이다. 자연환경변화에 어떻게 대응하고 생존할 것인가? 이는 현재를 사는 인류가 해결해야 할 가장 큰 핵심과제이다.

자연환경의 변화와 맞물린 세시문화는 국가별, 지역별로 독특한 문화를 만든다. 세시(歲時)란 한 해의 절기나 달, 계절에 따른 때를 의미한다. 이는 고유의 풍속으로 세시풍속(歲時風俗)이라고 하고, 다른 표현으로는 세사(歲事), 월령(月令), 시령(時令), 세시의례 등의 용어로도 불린다. 세시에는 국가와 민족, 개인이 존재하는 지역의 삶의 형식과 원리가 담겨 있다. 가족과 마을, 사회공동체를 중심으로 이루어진 세시풍속은 그들의 관계 속에서 만들어지는 가치관과 세계관(류종목, 2003)까지도 보여준다. 우리나라의 세시문화는 농경을 기반으로 형성된 계절 중심의 문화다. 오늘날은 자연환경뿐 아니라 기술문화 환경도 많은 변화를 거치면서 과거와 똑같은 계절별 세시풍속을 지켜가기는 어렵지만, 일부분은 지속되고 일부는 변용되고 있다. 또 계절의 의미보다는 문화의 도입이나 소비문화와 맞물려 새로운 의미가 부여되고 지켜지는 세시풍속들이 등장한다.

사계절과 24절기, 그리고 세시

세시에 맞는 의례와 음식, 놀이 등은 우리나라의 전통적 풍속으로 한국인의 생활문화가 되었다. 지금도 우리는 해마다 같은 시기에 반복되어 전해오는 계절적 특징과 마주하게 되는데, 한국의 세시문화는 그러한 계절변화를 말해주는 24절기에 바탕을 두고 있다. 24절기의 이름은 지리적으로 가까운 중국 주(周)나라 때 화북지방의 기상 상태에 맞춰 붙여진 이름으로 알려져 있다. 2022년 베이징 동계올림픽에서는 개막당일이었던 2월 4일 입춘을 시작으로 중국의 24절기를 소개하는 개막식이 펼쳐졌다. 24절기는 중국과 인접한 우리나라의 절기에도 그대로 적용되고 있다.

그렇다면 24절기는 어떻게 구성되어 있을까? 절기는 태양의 황도상 위치에 따라 계절을 구분하기 위해 만든 것으로, 황도에서 춘분점을 기점으로 15도 간격으로 점을 찍어 총 24개의 절기로 나타낸 것이다. 24절기는 봄 여름 가을 겨울의 사계절로 나누고 각 계절을 6등분하여, 양력 기준으로 한 달에 2개의 절기가 배치된다. 24절기는 절기와 중기를 합친 말로 12개의 절기는 월초에, 절기는 월중에 있다. 계절변화에 민감한 산업에 종사하는 사람들이 아니라면 항상 24절기를 살피면서 생활하기는 어렵다. 그러나 어느 시기가 되어 계절의 변화를 느끼게 되면, 24절기가 어김없이 일상생활에 정확하게 맞닿아 있다는 것을 알게 된다. 계절의 변화를 생태적으로 감각적으로 알게 된다. 봄 여름 가을 겨울의 24절기는 다음과 같다.

〈사계절과 24절기〉

- 봄 : 입춘(立春), 우수(雨水), 경칩(驚蟄), 춘분(春分), 청명(淸明), 곡우(穀雨)
- 여름 : 입하(立夏), 소만(小滿), 망종(芒種), 하지(夏至), 소서(小暑), 대서(大暑)
- 가을 : 입추(立秋), 처서(處暑), 백로(白露), 추분(秋分), 한로(寒露), 상강(霜降)
- 겨울 : 입동(立冬), 소설(小雪), 대설(大雪), 동지(冬至), 소한(小寒), 대한(大寒)

태양을 중심으로 하지와 동지, 춘분과 추분을 축으로 각 24 절기가 어떻게 배치되어 있는가를 보면 다음과 같다. 절기는 음력을 기준으로 배치되어 있으므로 태양에 따라 나눈 절기와 날짜가 정확하게 맞는 것은 아니다.

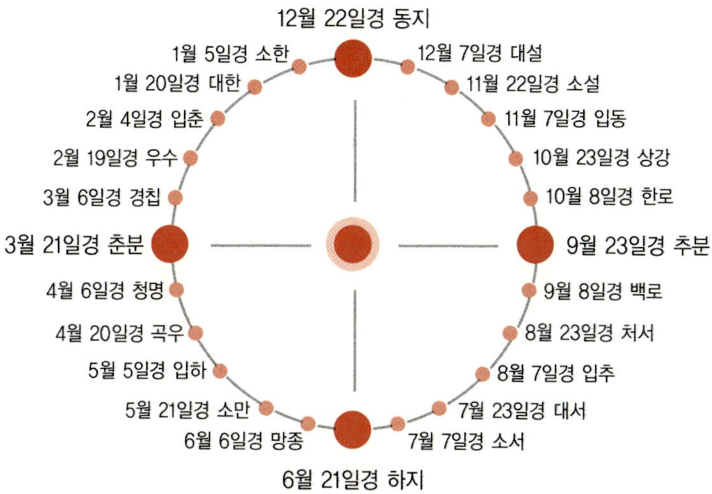

우리나라의 24절기

우리나라의 24절기에 맞춘 세시를 보면, 설날, 정월 대보름, 단오, 추석, 동지 등이 연결되어 있다. 절기와 세시가 혼용되어 인식되는 경우도 많은데, 음력 정월에 해당하는 설날과 정월 대보름, 그리고 봄의 시작을 알리는 입춘 · 경칩 · 춘분 등은 잘 알고 있어도, 과거에 지켰던 머슴날이나 영등제, 삼짇날 등은 현재 도시인들에게는 친숙하지 않다. 그러나 우리의 세시를 잘 이해하기 위해서 과거부터 지켜온 각 절기를 살펴볼 필요가 있다.

사계절과 절기, 음력 세시를 표로 살펴보면 다음과 같다. 여기서는 우선 절기에 대해 자세히 살펴보고, 세시의 음식이나 놀이 등은 다음 장에서 다시 다루어 보기로 한다. 예로부터 지켜온 24절기는 일 년을 봄 여름 가을 겨울로 나누고, 각 계절을 6개 절기로 나누어 나타냈다.

사계절과 세시

계절	절기	음력	세시	풍속 내용
봄	입춘(立春) 우수(雨水)	1월 1일	설날	세찬과 세주를 마련하여 조상께 차례를 지내고 웃어른께 세배를 드린다.
		1월 15일	정월 대보름	풍농과 안녕을 기원하는 행사가 이뤄진다. 부럼, 귀밝이술, 오곡밥을 먹고 쥐불놀이, 동제, 줄다리기 등을 한다.
	경칩(驚蟄) 춘분(春分)	2월 1일	머슴날	농사에 바빠질 머슴들에게 술과 음식을 대접하고 하루를 맘껏 즐기게 한다.
			영등제	평안과 풍어를 빌며 바람신인 영등할머니에게 음식을 차려놓고 제사를 지낸다.
	청명(淸明) 곡우(穀雨)	3월 3일	삼짇날	꽃이 피기 시작하는 시기로 나비의 색깔에 따라 그 해의 길흉을 점치고 화전을 만들어 먹는다.
		동지부터 105일째 되는 날	한식과 청명	조상의 산소에 성묘하고, 한식의 유래에 따라 찬 음식을 먹는 풍습을 지킨다.

여름	입하(立夏) 소만(小滿)	4월 8일	초파일	석가탄신일로 불교의 명절이며, 연등놀이를 한다.
	망종(亡種) 하지(夏至)	5월 5일	단오	일년 중 양기가 가장 왕성한 날로 풍년기원 단오제를 지낸다. 그네뛰기, 씨름 등을 즐기고 창포물에 머리를 감기도 했다.
	소서(小暑) 대서(大暑)	6월 15일	유두	물맞이, 전답제, 모내기, 김매기 등을 한다.
		초복(初伏) 중복(中伏) 말복(末伏)	삼복	무더위가 가장 기승을 부리는 시기로 더위 극복을 위해 삼계탕과 참외, 수박을 먹는다.
가을	입추(立秋) 처서(處暑)	7월 7일	칠월 칠석	북두칠성에 수명장수를 빌며 칠성제를 지낸다. 옷과 책을 말리는 폭의(曝衣), 폭서(曝書) 풍속이 있다.
		7월 15일	백중	절에서는 불공을, 민가에서는 제사를 지낸다. 농사에 수고한 사람들에게 술과 음식을 나누어 주고 하루를 쉬게 했다.
	백로(白露) 추분(秋分)	8월 15일	추석	추수감사의 의미와 농공감사의 의미가 크다. 추석 벌초를 하고 당일에는 차례를 지내고 성묘한다.
	한로(寒露) 상강(霜降)	9월 9일	중양절	단풍이 물든 산이나 계곡을 찾아가 술과 음식을 먹으며 하루를 즐겁게 보낸다. 국화전, 국화주도 만들어 먹는다.
겨울	입동(立冬) 소설(小雪)	10월 중 길일로 오일(午日)	상달	조상에 대한 시제(時祭), 고사 성주제를 지낸다. 감사와 안녕을 기원하는 풍속이다.
	대설(大雪) 동지(冬至)	11월 중기(中期)	동지	아세(작은설)라고도 하며, 팥죽을 먹으며 악귀를 제거한다.
	소한(小寒) 대한(大寒)	12월 30일	그믐날	일 년 중 마지막 날로 묵은해의 먼지와 때를 없애면 복이 온다고 믿어 목욕을 하고 민간에서는 밤을 밝히며 새해를 맞이한다.

봄의 절기 : 입춘, 우수, 경칩, 춘분, 청명, 곡우

봄철은 음력 정월부터 3월에 해당하는 시기로 입춘, 우수, 경칩, 춘분, 청명, 곡우의 절기이다. 새해의 출발을 알리는 때로, 조상의 묘와 사당에 인사를 드린다. 어른께 먼저 세배하고 복(福)과 풍년(豊年)을 기원하는 여러 농신제(農神祭)가 진행된다. 이때의 세시풍속으로는 설날과 정월 대보름, 머슴날, 영등제, 삼짇날, 한식과 청명 등이 있다.

봄의 절기	
입춘	24절기 중 1번째 절기이며, 봄(음력 1월)으로 양력은 2월 4일경이다. 입춘은 새해의 봄이 시작됨을 알리는 것이다. 일 년 동안 대길(大吉), 다경(多慶)하기를 기원하는 여러 가지 의례를 지내는 풍속을 갖고 있다. 농가에서는 입춘에 보리 뿌리를 뽑아 뿌리의 많고 적음에 따라 농사의 풍흉을 점치는 맥근점(麥根占)을 쳤다. 뿌리가 세 가닥이면 풍년, 두 가닥이면 평년, 한 가닥이면 흉년이 든다고 믿었다.
우수	24절기 중 2번째 절기이며, 봄(음력 1월)으로 양력 2월 19일~20일경이다. 우수와 관련된 속담은 '우수 뒤에 얼음같이', '우수 경칩에 대동강 풀린다' 등이 있다. 우수가 되면 추운 겨울이 지나 이른바 봄을 맞게 되었다는 것으로 이때는 꽃샘추위가 잠시 있지만, 곧 누그러져 봄기운이 돌고 산천에 초목의 싹이 트는 시기를 알린다.
경칩	24절기 중 3번째 절기이며, 봄(음력 2월)으로 양력 3월 5일경이다. 계칩(啓蟄)이라고도 한다. 삼라만상이 겨울잠을 깬다고 하여, 개구리알 먹기, 고로쇠 물 마시기, 선농제 등의 풍속이 있다. 경칩은 만물이 약동하는 시기로 새로운 생명력이 소생하는 절기이다.
춘분	24절기 중 4번째 절기이며, 봄(음력 2월)으로 양력은 3월 21일경이다. 태양의 중심이 적도 위를 똑바로 비추어 양(陽)이 정동(正東)에 있고 음(陰)이 정서(正西)에 있으므로 춘분이라고 한다. 이때는 음양이 서로 반이므로 낮과 밤의 길이가 같고 추위와 더위가 같다.

청명	24절기 중 5번째 절기이며, 봄(음력 3월)으로 양력 4월 5일경이다. 청명은 하늘이 점차 맑아진다는 뜻을 지닌 말이다. '청명에는 부지깽이를 꽂아도 싹이 난다'는 속담이 있다. 이즈음 논밭의 흙을 고르는 가래질이 시작되며 논농사의 준비가 시작된다. 이때 날씨가 좋으면 그해 농사가 잘되고 바닷가에는 어종이 많아져서 날씨가 좋기를 기대한다.
곡우	24절기 중 6번째 절기이며, 봄(음력 3월)으로 양력 4월 20일경이다. 곡우에는 봄비가 내려서 곡식을 기름지게 한다고 한다. '곡우에 비가 오면 풍년이 든다, 곡우에 가물면 땅이 석 자가 마른다' 등 농사 관련 속담이 있다.

여름의 절기 : 입하, 소만, 망종, 하지, 소서, 대서

여름철은 음력 4월부터 6월에 해당하는 시기로 입하, 소만, 망종, 하지, 소서, 대서 등이 있다. 농사에서는 씨를 뿌리고 심는 파종이 끝나고, 곡식이 한창 자라나는 시기로 매우 바쁠 때이므로 세시풍속이 다양하지는 않다. 농사에는 물이 중요하기 때문에 이때는 홍수를 피하고 적절히 비가 내리기를 기원하는 세시의례가 많았다. 여름과 가까운 세시풍속으로는 초파일이나 단오, 유두, 삼복 등이 있다.

여름의 절기	
입하	24절기 중 7번째 절기이며, 여름(음력 4월)으로 양력 5월 6일경이다. 입하는 '보리가 익을 무렵의 서늘한 날씨'라는 뜻으로 맥량(麥凉), 맥추(麥秋)라고 하며, 초여름을 말하는 맹하(孟夏), 초하(初夏), 괴하(槐夏), 유하(維夏) 등으로도 불린다. 입하는 여름이 시작되었음을 알리는 때다. 산과 들에 신록이 가득하다. 입하가 다가오면 모심기가 시작된다.

소만	24절기 중 8번째 절기이며, 여름(음력 4월)으로 양력 5월 21일경이다. 이때는 태양이 황경 60도를 통과할 때를 말하며, 햇볕이 풍부하고 만물이 생장하여 가득하다. 모내기 준비에 바빠지며, 보리 싹이 성장하고, 산야의 식물은 꽃을 피우고 열매를 맺는다. 이 무렵은 '보릿고개'란 말이 있을 정도로 양식이 떨어져 힘겹게 연명하던 시기다. 산과 들판은 신록이 우거져 푸르게 변하며 추맥(秋麥)과 죽맥(竹麥)이 나타난다.
망종	24절기 중 9번째 절기이며, 여름(음력 5월)으로 양력 6월 6일경이다. 이 시기는 모내기와 보리 베기에 알맞은 때다. '망종보기'를 하는데, 이것은 망종이 일찍 들고 늦게 듦에 따라 그해 농사의 풍흉을 점치는 것이다. 모내기와 보리베기가 겹치는 이 무렵에는 보리농사가 많은 한반도의 남쪽일수록 더욱 바쁘다.
하지	24절기 중 10번째 절기이며, 여름(음력 5월)으로 양력 6월 22일경이다. 일 년 중 태양의 적위가 가장 커지는 시기로 북반구에서는 낮의 길이가 가장 길고, 태양의 남중고도가 가장 높아진다. 메밀파종 누에치기, 감자 수확, 고추밭매기, 마늘 수확 및 건조 등이 이 시기에 이루어진다. 농촌에서는 하지가 지날 때까지 비가 내리지 않으면 기우제를 지냈는데, 농사에서 물, 즉 비에 대한 관심은 절대적이었기 때문이다.
소서	24절기 중 11번째 절기이며, 여름(음력 6월)으로 양력 7월 7일~8일경이다. 소서를 중심으로 본격적인 더위가 시작되고, 과일과 소채가 풍성해진다. 음력 5월 단오를 전후로 밀가루 음식은 이때가 가장 맛이 있으며, 호박과 민어가 제철이다.
대서	24절기 중 12번째 절기이며, 여름(음력 6월)으로 양력 7월 23일경이다. 이 시기는 중복(中伏) 때로, 장마가 끝나고 더위가 가장 심하다. 대서에는 더위로 '염소뿔도 녹는다'는 속담이 있다. 대서는 중복 무렵일 경우가 많으므로 삼복더위를 피해서 술과 음식을 마련하여 계속이나 산정(山亭)을 찾아 노는 풍습이 있다. 농촌에서는 논밭 김매기, 논밭두렁의 잡초 베기, 퇴비장만 같은 관리로 바쁘다. 참외 수박 채소 등이 풍성하고 과일도 맛이 좋으나, 비가 너무 많이 오면 과일의 당도가 떨어지고, 가물면 과일 맛이 난다.

가을의 절기 : 입추, 처서, 백로, 추분, 한로, 상강

가을 절기는 음력 7월부터 9월에 해당하는 시기이다. 날씨가 선선해지면서 농사의 수확기를 맞이한다. 24절기 중 13번째 절기인 입추부터 시작해서 처서, 백로, 추분, 한로, 상강까지를 가을 절기라 한다. 농사를 지어 얻은 수확에 대한 감사와 더불어 다음 해에도 풍년이 되길 기원하는 행사들이 이루어졌다. 오늘날 가을에 추수감사절을 지내는 것도 이와 다르지 않다. 추수감사절은 한국의 추석과 다를 바 없는 영국의 전통이었던 추수 행사에서 유래했다. 절기 중에 있는 칠월칠석과 백중, 추석, 중양절 등이 가을의 대표적인 세시풍속이다.

가을 절기	
입추	24절기 중 13번째 절기이며, 가을(음력 7월)로 양력 8월 8일경이다. 여름이 지나고 가을에 접어들었음을 알리는 때다. 이때부터 상강까지를 가을이라고 한다. 이 무렵에는 벼가 한창 익어가는 때이므로 맑은 날씨가 계속되어야 하지만, 과거에는 입추가 지나서 비가 5일 이상 내리면 비를 멎게 해 달라는 기청제(祈晴祭)를 올렸다. 입추 날씨를 보고 청명하면 풍년이라고 여기고, 이날 비가 조금 내리면 길하고 많이 내리면 벼가 상한다고 여겼다. 입추가 지나면 밤에는 서늘한 바람이 불기 시작한다. 가을 준비를 시작한다.
처서	24절기 중 14번째 절기이며, 가을(음력 7월)로 양력 8월 23일경이다. 여름 더위가 지나가며 선선한 가을을 맞이하게 된다는 의미로, 더위가 그친다는 뜻이다. '처서가 지나면 모기도 입이 비뚤어진다'라는 속담도 처서의 서늘함을 말해준다. 이 무렵은 음력 7월 15일 백중(百中)의 호미씻기도 끝나는 시기이므로 농사철 중에는 비교적 한가한 때이다.

백로	24절기 중 15번째 절기이며, 가을(음력 8월)로 양력 9월 9일경이다. 처서와 추분 사이에 있는 절기다. 밤에 기온이 이슬점 이하로 내려가 풀잎이나 물체에 이슬이 맺히는 데서 유래한다. 농가에서는 백로 전후에 부는 바람으로 풍흉을 점치는데, 바람이 불면 벼농사에 해가 많다고 여긴다. 비가 오면 풍년의 징조로 생각한다. 백로 무렵 조상의 묘를 찾기 시작하고, 여름 농사 후 추수 때까지 잠시 일손을 쉬는 때이기도 하다.
추분	24절기 중 16번째 절기이며, 가을(음력 8월)로 양력 9월 23일경이다. 낮과 밤의 길이가 같아지므로 계절이 바뀌는 분기점으로 의식한다. 추분 즈음에는 논밭의 곡식을 거두어들이고, 고추를 따서 말리며, 여러 가지 가을걷이 일을 한다. 호박고지 박고지, 고구마 순 등을 말려 묵은 나물을 준비한다.
한로	24절기 중 17번째 절기이며, 가을(음력 9월)로 양력 10월 8일~9일경이다. 선선해지며 이슬이 찬 공기를 만나 서리로 변하기 직전의 시기이다. 가을 단풍이 짙어지고 겨울새가 교체되는 때이다. 한로와 상강 무렵에 서민들은 가을에 누렇게 살찌는 가을 고기라 하여 추어탕을 즐겼다. 한로는 세시명절이라기보다는 가을 절기로, 기후의 변화를 파악하는 것으로 유용했다.
상강	24절기 중 18번째 절기이며, 한로와 입동 사이로 서리가 내리기 시작한다는 때로, 가을(음력 9월) 양력 10월 23일경이다. 낮에는 날씨가 쾌청해도, 밤 기온이 매우 낮아지는 때이다. 단풍이 절정에 이르며, 국화도 활짝 피는 늦가을이다. 농사는 추수가 마무리되는 때이며, 겨울맞이를 시작해야 한다.

겨울의 절기 : 입동 소설, 대설, 동지, 소한, 대한

겨울은 음력 10월부터 12월에 해당하는 시기이다. 24절기에서 19번째 절기인 입동부터 시작해서 소설, 대설, 동지, 소한, 대한이 겨울 절기이다. 이때는 농사로 바빴던 일손을 놓고, 잠시 쉼을 갖는다. 즉 농번기(農繁期)에서 농한기(農閑期)로 접어든다. 추위를 이겨내는 놀이를 하고, 다음 해에도 풍년을 기원하면서 지내는 등 재충전의 시기로 보낸다. 겨울철 세시 풍속으로는 상달, 동지, 섣달그믐날 등이 있다.

겨울의 절기	
입동	24절기 중 19번째 절기이며, 겨울(음력 10월)로 양력은 11월 7일~8일경이다. 겨울이 시작되는 때이다. 입동을 특별히 명절로 생각하지는 않아도 겨울로 들어서는 날이므로 사람들은 겨울 채비를 하기 시작한다. 동면하는 동물들이 땅에 굴을 파서 숨고, 산과 들의 나뭇잎은 떨어지고 풀들은 말라간다. 입동 무렵에 김장을 시작한다. 입동 즈음에 농가에서는 고사를 많이 지냈고, 농사철에 애쓴 소에게 고사 음식을 가져다주며, 이웃 간에도 나누어 먹었다. 농사점이나 날씨점을 치기도 하며, 입동에 날씨가 추우면 그해 겨울이 크게 추울 것이라고 믿었다.
소설	24절기 중 20번째 절기이며, 겨울(음력 10월)로 양력은 11월 22일 또는 23일경이다. 이날에는 첫눈이 내린다고 하여 소설이라고 한다. 소설을 명절로 생각하지는 않고, 온도가 급강하며 눈이 내릴 정도의 추위가 시작되는 때이므로 겨울 준비를 한다.
대설	24절기 중 21번째 절기이며, 겨울(음력 11월)로 양력은 12월 7일~8일경이다. 눈이 많이 내린다는 뜻에서 붙여진 이름이 대설(大雪)이다. 한겨울을 알리는 절기이며, 농부들은 농한기(農閑期)를 맞이한다. 이날 눈이 많이 오면 다음 해에 풍년이 오고, 따뜻한 겨울을 지낼 수 있다는 믿음이 전해진다.
동지	24절기 중 22번째 절기이며, 겨울(음력 11월)로 양력은 12월 22일~23일경이다. 일 년 중에 낮이 가장 짧고 밤이 가장 길다. 민간에서는 아세(亞歲)라고 하여 작은설이라 하였는데, 태양의 부활이라는 의미를 지니고 있으므로 설 다음가는 작은설로 생각했다. 팥죽을 쑤어먹지 않으면 쉽게 늙고 잔병이 생기며 잡귀가 성행한다는 속신이 있어서 동지 팥죽을 먹는 풍습은 지금까지 이어지고 있다.
소한	24절기 중 23번째 절기이며, 소한은 겨울(음력 12월)로 양력은 1월 5일경이다. 작은 추위라는 뜻을 갖는다. '대한이 소한의 집에 가서 얼어 죽는다'라는 속담이 있는데, 중국과는 다르게 우리나라에서는 소한 무렵이 가장 춥기 때문에 나온 말이다. 보통 양력으로 바뀌고 처음 나타나는 절기로 '정초한파'라고 하는 강추위가 몰려오는 때이다.

대한	24절기 중 24번째 마지막 절기이며, 대한(大寒)은 겨울(음력 12월)로 음력으로는 한 해를 매듭짓는 절기이며, 양력은 1월 20일경이다. '소한의 얼음이 대한에 녹는다'는 속담이 있는데, 대한이 소한보다 덜 춥다는 것을 나타낸다. 대한이 지난 후 입춘 전까지 약 1주일간을 신구간(新舊間)이라고 하며, 이사를 하거나 집수리를 해도 큰 탈이 없다고 생각했다.

절기와 속담

계절의 변화를 나타내는 24절기의 특징에 맞춰 민간인들 사이에서 구전된 속담이 있다. 이 속담은 계절의 특징을 상징적이고 은유적으로 나타낸다. 우리 민족은 해학적이고, 은유적 표현을 통해서 숨은 뜻을 간접적으로 잘 나타낸다. 처음에는 무슨 뜻인가 이해가 되지 않더라도 생각해 보면 알 수 있는 말이므로 생각하는 힘을 키워준다. 속담에 담긴 숨은 뜻은 계절변화에 대비하고, 자연에 순응하려는 선조들의 삶과 지혜를 보여준다. 한여름 더위가 한창인 대서(大暑)에는 '염소뿔도 녹는다'라고 하여 그 더위가 얼마나 심한지를 표현하고, '대한이 소한 집에 가서 얼어 죽는다'라고 하여 대한(大寒) 추위보다 소한(小寒) 추위가 매섭다는 것을 해학적으로 나타내는 여유로움을 보인다. 청명이 되면 불쏘시개 구실을 하는 죽은 나뭇가지인 부지깽이에도 싹이 날 정도로 날씨가 좋다고 하니, 한편으로는 헛웃음이 나오지만 바로 고개가 끄덕여지는 말이다. 그것이 절기 속담이 가진 묘미가 아닐까 한다. 이렇게 비유를 통해서도 계절과 각 절기의 변화를 생활에서 익히도록 했다.

봄철 절기의 속담		
입춘	• 입춘 추위는 꿔다 해도 한다. • 입춘에 장독 오줌독 깨진다. • 가게 기둥에 입춘이라.	봄의 시작
우수	• 우수 경칩에 대동강 풀린다. • 우수 뒤의 얼음알이	봄비 내리고 싹이 틈
경칩	• 경칩 지난 게로군. • 경칩이 되면 삼라만상이 겨울잠을 깬다.	개구리가 겨울잠에서 깨어남
춘분	• 꽃샘에 설늙은이 얼어 죽는다. • 이월 바람에 검은 쇠뿔이 오그라진다.	낮이 길어지기 시작
청명	• 청명에는 부지깽이를 꽂아도 싹이 난다. • 한식에 죽으나 청명에 죽으나.	봄 농사준비
곡우	• 곡우에 비가 오면 풍년이 든다. • 곡우에는 못자리를 해야 한다.	농사비가 내림

여름철 절기의 속담		
입하	• 입하 바람에 씨나락 몰린다. • 입하물에 써레 싣고 나온다.	여름의 시작
소만	• 소만 바람에 설늙은이 얼어 죽는다. • 소만 추위에 소 대가리 터진다.	본격적 농사시기
망종	• 망종 넘은 보리. • 스물 넘은 비바리. • 보리는 망종 전에 베라.	씨 뿌리기 시작
하지	• 하지가 지나면 발을 물꼬에 담그고 선다.	낮이 연중 가장 긴 시기
소서	• 소서가 넘으면 새 각시도 모심는다.	더위의 시작
대서	• 염소 뿔도 녹는다.	더위가 가장 심함

가을철 절기의 속담		
입추	• 입추 때는 벼 자라는 소리에 개가 짖는다.	가을의 시작
처서	• 모기도 처서가 지나면 입이 비뚤어진다. • 처서가 지나면 풀도 울며 돌아간다.	더위 식고 일교차 큼
백로	• 칠월 백로에 패지 않은 벼는 못 먹어도 팔월 백로에 패지 않은 벼는 먹는다.	이슬이 내리기 시작
추분	• 덥고 추운 것도 추분과 춘분까지이다. • 추분이 지나면 우렛소리 멈추고 벌레가 숨는다.	밤이 길어짐
한로	• 한로가 지나면 제비도 강남으로 간다. • 가을 곡식은 찬 이슬에 영근다.	찬 이슬 내리기 시작

겨울철 절기의 속담		
입동	• 9월 입동 오나락이 좋고 10월 입동 늦나락이 좋다. • 입동이 지나면 김장도 해야 한다. • 입동 전 보리씨에 흙먼지만 날려주소.	겨울 시작
소설	• 초순의 홑바지가 하순의 솜바지로 바뀐다. • 소설 추위는 빚을 내서라도 한다.	얼음이 얼기 시작
대설	• 눈은 보리의 이불이다.	큰 눈이 옴
동지	• 동지가 지나면 푸성귀도 새 마음 든다. 동지 때 개딸기. • 동지 지나 열흘이면 해가 노루 꼬리만큼씩 길어진다. • 배꼽은 작아도 동지 팥죽은 잘 먹는다. • 새알 수제비 든 동지 팥죽이다. • 범이 불알을 동지에 얼구고 입춘에 녹인다. • 동지섣달 해는 노루 꼬리만 하다. • 동지 팥죽을 먹어야 진짜 나이를 한 살 더 먹는다.	연중 밤이 가장 긴 시기
소한	• 대한이 소한의 집에 가서 얼어 죽는다. • 소한에 얼어 죽은 사람은 있어도 대한에 얼어 죽은 사람은 없다. • 소한 추위는 꾸어서라도 한다.	겨울 중 가장 추운 때
대한	• 춥지 않은 소한 없고, 포근하지 않은 대한 없다. • 소한의 얼음이 대한에 녹는다.	겨울 추위

농사를 지으려면 계절에 맞춰 씨를 뿌리고, 관리하고, 수확하는 과정을 정확하게 인식해야 한다. 이는 곧 '계절을 잘 알아야' 할 수 있는 일이다. 농사는 먹거리의 생산과 연결되는 것이었으므로 계절을 잘 아는 것은 결국 생존과 직결되는 중요한 일이었다.

절기에 따르는 한국음식

한국음식의 특징은 물론 그 맛과 멋을 제대로 알기 위해서는 먼저 계절의 변화를 알아야 한다. 한국음식은 계절과 때에 따른 시식과 절식이 발달된 음식이기 때문이다. 한국음식은 사계절에 생산되는 식품으로 만드는 계절음식이 주류를 이룬다. 이를 제철음식, 즉 시식(時食)이라고 하며, 매달 찾아오는 명절에 차려 먹는 특별한 음식은 절식(節食)이라 한다.

- 시식(時食) : 제철에 생산되는 식품으로 만드는 제철음식
- 절식(節食) : 절기에 맞춰서 특별하게 만들어 먹는 음식

사계절에 생산되는 다양한 식재료를 기본으로 식단이 구성되기 때문에 한국의 음식은 자연 친화적인 음식이며, 자연을 닮은 형형색색의 조리법도 다양하다. 이는 자연과 계절변화에 순응하며 살아온 우리 민족이 지혜롭게 발달시킨 식문화

(食文化)가 되었다. 오늘날에는 한겨울에도 봄여름 과일과 채소를 즐길 수 있는 환경이 되었지만, 계절에 따라 자연에서 얻는 제철 과일과 제철 식품을 선택하려는 소비행태는 여전하다. 제철에 나는 식품으로 만든 음식은 봄 여름 가을 겨울로 계절이 변할 때 잃어버린 입맛을 돋우는 데 적합하며, 제철이 아닌 시기에 먹을 때보다 훨씬 깊은 맛을 느끼게 한다. 그것은 매우 자연스러운 것이다. 이는 오랜 역사 속에서 한국인이 즐겨왔던 선호음식의 DNA가 지속해서 영향을 미친 것은 아닐까 한다. 인간은 자연 속에 존재하므로 한반도의 자연환경변화에 순응한 한국인들의 삶의 결과이며 순리다. 언제나 먹을 수 있는 우리나라의 대표적 과일인 사과나 배도 가을에 먹으면 더 맛이 좋고, 사시사철 판매되는 김구이도 겨울에 먹으면 그 맛이 배가 되는 것은 당연하다.

농경 중심의 사회에서는 항상 '풍년(豊年)'을 기원한다. 그런데 풍년은 농부가 열심히 농사만 짓는다고 해서 항상 얻어지는 것이 아니다. 계절과 기후적인 특징을 이해하고, 그 절기를 미리 준비하는 과정이 있어야 한다. 그리고 인간의 힘으로는 통제할 수 없는 장마나 홍수, 태풍, 한파, 더위 등을 피해야만 풍년을 누릴 수 있다. 그래서 거대한 자연의 힘에 순응하면서 자연재해를 피할 수 있도록 마음을 모아 기원하는 의례가 발현되었으며, 이는 한국의 생활문화로 정착되었다. 알맞은 시기에 비가 내려야 하고, 적절한 햇살이 있어야 하며,

필요한 때에는 따사로운 해가 비추어야 한다.

조선 태종 때에 '태종우(太宗雨)'에 대한 이야기가 전해지는데, 자연의 힘에 의존하여 농사를 지었던 시대상을 보여준다. 태종우는 음력 5월 10일 태종이 죽자 내린 비를 말한다. 이 비가 농사에 도움을 주었다 하여 계절적으로 이 무렵에 내리는 비를 태종우라고 한다. 이는 거대한 자연의 힘에 의존하여 살면서, 마음을 다해 풍년을 기원했던 조상들의 생활문화와 제의문화(祭儀文化)를 동시에 보여준다.

조선 태종 임금 말년에 오래 가물고 비가 내리지 않아 걱정을 많이 했다. 태종이 병석에 누워 탄식하며, "내가 죽어 하늘에 올라가 옥황상제를 만나면 단비를 내려 달라고 간청하겠다."라고 말했다. 태종이 사망하는 날 정말 비가 많이 내렸다. 이 날이 5월 10일인데, 이후로 매년 이 날에 비가 많이 내렸다. 그래서 나라 사람들은 이 비를 '태종우'라고 부르게 되었다. 금년에도 많이 가물어 냇물이 마르고 우물이 바닥을 드러냈는데, 이 날에 많은 비가 내렸다. 이는 선왕이 하늘에 있는 혼령으로서 그 영향이 계속 상제에게 미치고 있으니, 은택이 만세에 흘러내려 잊을 수 없는 일이다.

출처 : 효빈잡기(上)/문화콘텐츠닷컴.

이렇게 형성된 세시풍속은 자연순응의 원리 속에서 형성되었다. 세시풍속의 성격을 자연의식과 혈연의식으로 표현한 연구(류종목, 2003)를 보면, 우리나라의 세시풍속에는 유교적 혈연의식과 불교적 혈연의식, 민간신앙적 혈연의식이 담겨 있고, 여러 자연재해로부터 보호받고자 자연을 향한 제례의식이 펼쳐졌는데, 풍요를 기원하는 사람들의 간절한 마음과 이를 놀이로 승화시키는 유희성이 가미되었다고 분석하였다.

〈세시풍속과 혈연의식〉

- 유교적 혈연의식 : 원단차례, 한식차례, 단오차례, 유두천신, 칠석차례, 백종천신, 추석차례, 시월시제, 동지차례
- 불교적 혈연의식 : 연등회, 중원재(우란분회)
- 민간신앙적 혈연의식 : 풍신제, 농신제, 샘제, 칠석제, 뱃고사, 말날고사, 성주제, 시준단지 갈기, 상산제, 기타 가신제

〈세시풍속과 자연의식〉

- 제의성이 강한 것 : 동제[1)]
- 연희성이 강한 것 : 입춘굿, 단오제, 소놀이굿
- 제의성과 유희성이 복합된 것 : 걸립[2)]

「조선왕조실록」을 보면, 가뭄으로 종묘와 사직, 명산대천 등에서 기우제를 지냈다는 기록이 무려 285건이 나온다. 농업 중심의 조선시대에 기우제는 매우 중요한 의례였는데, 이는 농사에 필요한 물을 확보하고, 자연재해를 피하려는 국가의 노력을 상징적으로 보여준다.

---

1) 마을에서 행해지는 제례행사이다. 마을의 조상신 수호신에게 마을의 안녕과 무병을 기원하는 것으로 동제 이외에 동신제, 산제, 당산제 등으로 불리며, 제주에서는 포제(酺祭)라고도 한다.

2) 걸립은 지방마다 다르나 주로 정월 대보름 전후, 또는 추석 전후에 하는 것으로 농악대가 가정을 방문하여 집안 고사굿을 하고 곡식이나 돈을 얻는 것이다. 마당밟기나 지신밟기는 매귀(魅鬼, 매굿) 등과 같은 형태이다. 이외에도 다양한 걸립이 있다.

오늘날과 같이 날씨를 관측 예측하고, 각종 과학기술을 활용하여, 재해방지를 연구하며, 스마트팜(Smart farm)[3] 환경이 갖추어진 현재는 과거에 자연재해를 막아달라고 기원을 했던 '농경의례'가 어떤 의미가 있느냐고 생각할 수 있다. 또 도시생활을 하는 많은 이들에게 세시풍속이나 농경의례라는 말을 하는 것은 옛날이야기에 불과하다고 느껴질 수 있다. 환경변화로 인해 우리 주변에는 사라져가는 옛 문화들이 많고, 그 의미나 가치도 함께 상실되어 간다. 그러나 지나온 삶을 비추어 새것을 배우는 지혜를 놓쳐서는 안 되는 이유는 그 가운데에 스며 있는 한국인의 정서와 문화가 소멸하지 않고 존재한다는 점에 있다. 세시는 합리적 잣대가 아닌 문화적 의미로 재고되어야 하는 이유다.

인간이 미래사회에도 지속 가능한 삶을 살기 위해 지금 현재 자연과의 공존이 중요한 시기임에 주목해야 한다. 자연의 재해와 피해는 과거보다 현재가 더욱 심각하다. 맑은 하늘과 시원하고 상큼한 공기, 깨끗한 냇물을 보기 어려운 것이 현실이다. 우리들의 일상은 일기예보에 의존해야 하고 날마다 날씨의 변화를 살피면서 하루를 시작한다. 봄철의 황사, 대기오염, 초미세먼지 농도의 증가, 오존, 자외선 등은 매일 대처해

3) 농업기술에 정보통신기술(ITC)을 융합하여 농작물의 재배환경을 자동 관리하는 지능화된 농장이다. 농업의 생산, 가공, 유통, 소비 전반에서 효율성을 높이는 고부가가치산업으로 발전시키는 시스템이다.

야 하는 재해이며, 바람이 강하게 부는 봄철의 화재와 여름철 태풍과 홍수, 겨울의 냉해와 폭설 등 거부할 수 없는 자연적 피해가 엄습한다. 급진적인 발전과 편리를 추구하면서 인간이 얻게 된 것은 자연과 환경의 파괴이다. 지구온난화는 그 심각성이 도를 넘어가고 있다. 지구온난화로 생태시계가 변화하고 있다. 식목일[4]이 제정되던 1940년대 서울의 4월 5일 평균기온이 7.6℃에서 2010년에는 10.2℃로 70년 동안 3℃가량 올랐고, 나무와 꽃이 피는 시기도 빨라지고 있다. 2021년에는 식목일을 4월에서 3월로 옮기는 방안이 검토되기도 하였다.

'저탄소', '지속 가능한 환경', '녹색성장', '탄소중립'이 강조하는 것은 무엇인가? 인류가 지속 가능한 삶을 영위하기 위해서는 지구를 살리는 실천 가능한 노력에 집중해야 한다는 목소리가 높아졌다. 국제사회는 공동으로 관련 정책을 펼치며, 빠른 것보다 느린 것을 선택하고, 편리함보다 자연과 환경파괴를 막자는 캠페인이 이어지고 있다. 국제소비자기구(Consumers International)는 2021년 세계소비자권리의 날(World Consumer Rights Day: WCRD)을 맞이하여 전 세계 소비자단체들이 연대하여 플라스틱 문제 해결을 위한 'No Plastic Pollution' 캠페인을 진행하고 있다.

---

4) 식목일은 매년 4월 5일로 계절적으로는 청명(淸明)을 전후한 나무 심기에 좋은 시기이며, 1949년에 대통령령으로 공휴일로 지정되었다. 식목일은 공휴일 또는 기념일로 지정되는 과정을 거쳐, 현재는 기념일로 정해져 있다. 산림청에서는 기후변화에 따라 지난해 식목일을 3월로 앞당기기 위한 국민인식조사를 실시하였으나 찬성률이 1차는 56%, 2차는 57%로 나와 찬성과 반대 여론의 큰 차이를 보이지 않았고, 식목일의 변경은 국민 공감대를 확보하기 어려워 4월 5일을 유지하기로 했다.

플라스틱 줄이기 실천 7R

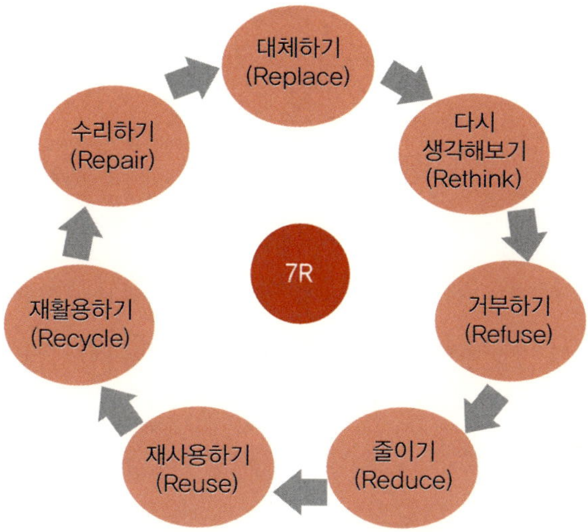

자연과 환경을 생각하게 하는 세시풍속

7R은 플라스틱 줄이기 실천 내용을 담고 있다. 자연과 환경을 생각하는 소비자 개개인의 노력이 지속 가능한 삶을 만들어 가는 첫걸음이라는 것을 일깨우기 위함이다. 물론 기업과 정부의 정책적 노력이 우선 뒷받침되어야 하는 것은 당연하지만, 무엇보다 개인 소비자들의 성숙한 의식 전환이 필요하다. 시대가 변화하고 사회문화 환경이 바뀌었지만 자연을 지키며 순응하려는 것은 지속된다. 다만, 적용하는 방법이 새

롭게 탄생하고 있을 뿐이다. 이러한 상황에 직면하면서 우리 선조들이 예로부터 지켰던 자연 순응의 지혜와 그 뜻을 한마음으로 표현했던 세시풍속과 농경의례는 간과할 수 없는 소중한 문화유산임을 재인식하게 된다.

세시문화는 계절에 따른 자연 순응을 위한 기복(祈福) 행위가 수반되는 것이었다. 봄이 되면 입춘대길(立春大吉) 건양다경(建陽多慶)[5], 소지황금출(掃地黃金出) 개문만복래(開門萬福來)[6]의 입춘첩(입춘축)을 대문에 써 붙이고 복을 기원했다. 이러한 행위는 거대한 자연 속에서 존재하기 위한 기복 형태였다. 계절의 변화를 알고 생활의 주기성을 알게 하는 것은 교육적 의미도 있다. 박물관이나 문화원 등에서 입춘 세시행사를 하면서 한해의 길운을 기원하는 입춘첩을 제공하거나 실제로 입춘첩을 만들어 보기도 한다. 이는 자연에 순응하는 세시문화가 이어지고 있는 사례이다.

5) 입춘대길(立春大吉) 건양다경(建陽多慶) : 봄이 시작되니, 운이 크게 따르고, 밝고 경사스러운 일이 많다.

6) 소지황금출(掃地黃金出) 개문만복래(開門萬福來) : 땅을 쓸면 황금이 생기고, 문을 열면 만복이 온다.

국립민속박물관 2018 입춘 세시행사

자연에 순응하며 지켜온 전통적인 세시와 명절은 시대에 따라서도 변화되었다. 고려시대에는 명절을 뜻하는 9대 속절을 지켰는데, 9대 속절은 원정, 상원, 상사(삼짇날), 한식, 단오, 추석, 중구, 팔관, 동지를 말한다. 그러나 조선시대에는 설날, 한식, 단오, 추석, 동지의 5대 명절을 지켜왔다.

〈고려 9대 속절〉

원정, 상원, 상사(삼짇날), 한식, 단오, 추석, 중구, 팔관, 동지

〈조선 5대 명절〉

설날, 한식, 단오, 추석, 동지

현재는 통상적인 세시명절로 설날, 정월 대보름, 단오, 추석의 4대 명절을 꼽는다. 그리고 종교적 의미가 포함된 세시는

기독교의 성탄절과 불교의 석가탄신일인 초파일이 있다. 요즈음 4대 명절이라고 말하지만, 1989년부터 설과 추석은 당일을 전후하여 3일씩 연휴로 지정되어 지켜지고 있어서 가족들이 함께 모이고, 명절의 분위기를 한층 즐기는 때는 설과 추석으로 집약된다. 정월 대보름이나 단오는 휴일로 지정되지는 않았다. 다만, 당일에 세시음식을 즐기거나 마을이나 지역 문화원과 지자체에서 여러 가지 행사를 열어 시기에 맞는 세시놀이를 하고, 세시의례를 지내면서 세시문화를 이어간다. 한편 석가탄신일(음력 4월 8일)과 성탄절(양력 12월 25일)은 법정 공휴일로 하루씩 쉰다. 현대의 명절은 휴일과 연결되어 인식되고 있어서, 현재 한국에서 지켜지는 세시는 한국 고유의 명절이나 풍속과는 다소 차이가 있다.

현대 4대 명절과 풍속

세시명절	풍속
설날[元日] (3일 연휴)	• 세찬(歲饌)인 떡국과 세주(歲酒)를 마련하여 조상께 차례 지내기 • 가까운 집안끼리 모여 조상의 묘에 성묘하거나 납골묘 가기 • 설음식으로 떡국과 전유어, 빈대떡, 강정류, 식혜, 수정과 등 마련 • 설빔을 입고, 웃어른께 세배, 일 년 간 무탈하기를 원하며, 덕담 나누기 • 연날리기, 윷놀이, 널뛰기, 승경도놀이 등 다양한 놀이를 함 • 새해 운수를 보기도 함 • 1985년 민속의 날로 지정되어 1일간 국가적 공휴일이 되었다가, 1999년부터 3일 연휴로 지냄. 명절 연휴에 고향을 찾아 민족의 대이동이 나타남 • '새해 복 많이 받으세요'라는 인사말을 함

정월 대보름 [上元]	• 대보름날 연은 액연(厄鳶)이라 하여 멀리 날려 보냄 • 약밥, 오곡밥, 묵은나물[진채(陳菜)], 김, 부럼, 귀밝이술[이명주] 등을 먹음 • 달맞이, 윷놀이, 쥐불놀이, 동제 줄다리기, 더위팔기 등을 즐김
단오(端午)	• 일 년 중 양기가 가장 왕성한 날로 음력 5월 5일에 지내는 명절 • 수릿날, 천중절, 단양, 중요절이라고도 함 • 단오 음식으로 쑥떡, 망개떡, 익모초, 수리취떡, 앵두화채 등을 만들어 먹음 • 강릉단오제가 널리 알려져 있으며, 여러 가지 행사가 전국적으로 행해지며, 집단적 단오제로 공동체의식을 높이는 축제가 열림 • 그네뛰기, 씨름, 활쏘기 등을 즐기고 창포물에 머리를 감기도 함
추석(秋夕) (3일 연휴)	• 음력 8월 15일 보름으로, 한가위, 가위, 가베, 중추절, 중추가절이라고 함 • 풍요를 기원하며 추석 차례를 지내고, 추석 성묘를 하거나 납골묘를 찾음 • 강강술래(중요무형문화재 제8호), 줄다리기, 씨름, 소싸움 등을 함 • 추석음식으로 햇곡식으로 만든 송편과 토란국, 화양적, 누름적 등을 먹음 • 1989년부터 추석 당일 포함 3일 연휴로 지정되어 지켜지고 있음 • 설과 유사하게 고향을 찾아 민족의 대이동이 나타남

현대에도 지켜지는 종교적 명절

세시명절	풍속
석가탄신일 [초파일] (1일 휴일)	• 음력 4월 8일 불교의 석가탄신일로 1975년 이후 한국의 법정 공휴일임 • 설날 추석과 함께 음력으로 셈하는 휴일이나 대체 휴일 혜택은 없음 • 사찰에서는 '부처님 오신 날'로 불림 • 이 날 등불을 밝히는 불교식 축제가 신라 진흥왕 때부터 이어지고 있음 • 연등회는 중요무형문화재 제133호이며, 유네스코 인류무형문화유산임 • 불교행사가 진행되나 종교, 성별, 국적과 관계없이 하나로 즐기는 축제임

성탄절 [크리스마스] (1일 휴일)	• 양력 12월 25일로 예수 그리스도의 탄생을 축하하는 기념일 • 1949년 정부수립 후 최초로 지정된 공휴일이나 대체휴일 혜택은 없음 • 기독교는 성탄예배를, 가톨릭 교회는 주님성탄 대축일미사를 드림 • 성탄절을 전후하여 캐럴이 불리며, 연말연시와 더불어 분위기가 고조됨

이 외에 민속으로 지켜지는 삼짇날이나 한식과 청명, 유두, 칠월칠석, 백중, 중양절, 동지, 그믐날 등은 명절의 의미보다는 계절변화에 순응하며 즐기는 풍속으로 여긴다. 이러한 세시풍속은 풍요를 기원하고, 감사를 표현하는 차례와 풍요를 상징하는 놀이, 제철에 나는 음식을 즐기는 한국인의 생활문화로 집약된다.

계절변화에 따른 세시풍속

세시풍속	내용
입춘	• 봄을 알리는 24절기의 첫 번째임 • 봄이 되어 크게 길하고 경사스러운 일이 많이 생기기를 기원한다는 입춘축[立春大吉, 建陽多慶]을 대문, 기둥 등에 붙임 • 궁중에서는 오신반을, 민가에서는 세생채를 만들어 먹음. 햇나물로 입춘 절식을 나눠먹는 풍속이 있음
삼짇날	• 음력 3월 3일로 상사일(上巳日), 삼진일(三辰日)이라고도 함 • 강남으로 갔던 제비가 돌아오는 봄기운이 한창인 봄날임 • 진달래 화전, 개떡 등을 만들어 먹고, 꽃놀이, 풀각시놀이 등을 함
한식	• 동지의 105일 후로 보통 4월 5~6일쯤으로, 24절기인 청명과 자주 겹침 • 조상의 묘를 찾아 제사 지내고 묘소를 돌봄 • 정월 대보름 한식, 단오는 과거에는 명절이었지만, 1960~1970년대에 추석과 설날은 명절로 지키고, 이후 명절로 지내지 않음

	• 세시풍속으로 지켜지면서, 조상의 묘를 찾아뵙고, 관리하고 있음
유두	• 음력 6월 15일로 유둣날이라고 불리고, 경상도에서는 '물맞이'라고 함 • 시내나 산간 폭포에 가서 머리를 감고 몸을 씻은 뒤 음식을 먹고, 서늘하게 하루를 지낸다고 하여 유두잔치를 한다고도 함 • 새로 나온 과일로 유두천신(流頭薦新)을 지내며 연중농사가 잘되길 기원 • 유두면, 밀전병, 수단 등을 만들어 먹음
칠월칠석	• 견우와 직녀가 오작교에서 한 해에 한 번씩 만난다는 유래가 있음 • 음력 7월 7일로 밀전병과 햇과일 등 제물을 놓고 고사를 지내기도 함 • 『동국세시기』에는 옷을 햇볕에 말리는 풍속이 기록되어 있음
백중	• 백중은 음력 7월 15일로 중원(中元), 망혼일(亡魂日), 우란분절(盂蘭盆節)이라고도 함 • 조상의 사당에 천신을 하고 천신차례를 지냈고, 농군들은 하루를 쉬며 즐김 • 마을 단위로 농사에 대한 수고를 위로하고 풍년을 기원함
중양절	• 음력 9월 9일로 중구(重九)라고도 하며, 한해의 수확을 마무리하는 때임 • 삼짇날 강남에서 온 제비가 이때에 다시 돌아간다고 함 • 추석에 햇곡식으로 제사를 올리지 못한 집에서는 뒤늦게 조상께 천신(薦新)을 함 • 국화가 만발할 때이므로, 국화주, 국화전을 만들어 먹음
동지	• 음력 11월, 양력 12월 22일~23일경으로 밤이 가장 길고 낮이 가장 짧음 • 동지를 아세(亞歲), 작은설이라 했고, 관상감에서는 새해 달력을 만들어 주었으며, 동지하례(冬至賀禮)를 행하면서 버선 선물을 하는데, 이를 동지헌말(冬至獻襪)이라 함 • 동지 팥죽을 만들어 동지 고사를 지내고, 나누어 먹음
그믐날	• 음력 12월 30일경으로 제석(除夕), 제야(除夜), 제일(除日) 등으로 부름 • 송구영신(送舊迎新)의 풍습으로 묵은 설이라 하여, 묵은세배를 올리기도 함 • 만둣국, 동치미, 골동반 등을 먹음 • 현재도 보신각에서 제야의 종을 치는 것은 한 해를 보내고 희망찬 새해를 맞이하려는 통과의식임

2. 공동체 사회의 문화 정체성

세시풍속은 역사적으로 볼 때 삼국 및 통일신라시대에는 신라의 사시제, 백제의 제천과 오신제, 고구려의 동맹 등이 있는데, 이는 왕실에서 주도한 국가 의례였다. 고려 초기에 불교적 의례가 왕실을 중심으로 이루어졌고, 중기의 유교적 의례는 지배층을 중심으로, 그리고 후기의 성리학적 의례는 민간에서 세시풍속의 특징으로 나타났다(이리경, 2017). 민간에서 중요한 명절로 여긴 원정, 상원, 한식, 상사, 단오, 중구, 동지, 추석 등의 명절 역시 조상 제사와 관련된 유교적 명절이다. 세시풍속을 통해서 효와 유희적 자연관을 실천하려 노력한 듯하다(정구복 · 주영하, 2003). 조선시대에는 유교적 의례와 태음력 중심의 세시풍속이 이어졌다.

그러나 개화기를 거치면서 태음력 중심의 생활에서 태양력 중심의 생활로 바뀌게 되었고, 오늘에 이르고 있다. 그후 일제강점기를 거치고 수많은 변화가 있었지만, 태음력 중심의 명절문화를 지키고 있는 우리의 삶은 조선 후기의 생활문화와 맥이 닿아 있다. 특히 현존하는 세시풍속은 조선 후기에 지내왔던 세시명절이나 풍속 등과 유사하다. 그 예를 보면, 일제강점기 이후 양력인 1월 1일의 양력설을 지키도록 했었지만, 음력을 기반으로 하는 전통적인 시간관념을 가진 민간에서는 지속해서 음력설을 지켰다. 그래서 양력설은 신정으로, 음력설은 구정으로 불렸다. 이렇게 양력설과 음력설을 지키는 이중적인 양상은 지속되었고, 1985년에 구정을 '민속의 날'로 정하면서 고유의 민족 명절인 음력설이 공휴일로 지정되었다. 이후 1989년에 음력설을 공식적으로 '설날'로 개칭하고, 설날 전후 하루씩을 포함한 총 3일을 공휴일로 지켜가고 있다. 한국의 세시풍속은 태양력과 태음력이 혼합된 특징을 보인다.

세시풍속, 우리 공동체의 상징

오늘날 많이 인용하고 있는 과거 세시풍속에 관한 기록은 조선 후반기인 18세기 · 19세기 저술에서 볼 수 있다. 널리 알려진 저술로는 홍석모(洪錫謨)의 『동국세시기(東國歲時記)』, 유득공(柳得恭)의 『경도잡지(京都雜志)』, 김매순(金邁淳)의 『열양세시기(洌陽歲時記)』 이외에도 『도하세시기속시(都下歲時紀俗詩)』, 조운종(趙雲從)의 『세시기속(歲時記俗)』, 유만공(柳晩恭)의 『세시풍요(歲時風謠)』, 권용정(權用正)의 『한양세시기(漢陽歲時記)』와 『세시잡영(歲時雜詠)』 등이 있다. 이 시기에 많은 세시풍속 기록이 남겨진 배경은 상업화, 도시화되던 조선 후기 당시의 사회문화적인 변화 속에서 우리나라의 고유 풍속과 생활양식에 각별한 관심을 가진 문인들의 노력에서 찾을 수 있다. 조선풍의 실천과 민중의 풍속이나 생활상을 채록하여 보존하려는 뜻이 확대되었고, 실학의 발달에 따라 우리 민속문화를 향한 관심이 증대되었다. 세도정치가 이루어지던 19세기에는 농촌의 황폐화, 전통사상 체계가 현실성을 잃어가던 사회 정치적 상황에 놓였고, 서양문물과 새로운 지식이 유입되고 있었다. 이에 따라 예로부터 지켜온 풍속에 대한 관심이 증대되었다(박은정, 2014). 또한 당시 관련 저술이 많아졌다는 것은 '우리 것'에 대한 재해석에도 관심이 많아졌던 것으로 보인다. 신문물 도입과 환경의 변화는 우리의 일상생활에도 소소한 변화를 만들었고, 나아가 생활양식을 바꾸는 현상으로 나타나게 되었다.

조선 말에 이르러 우리 문화와 풍속을 관심 있게 보았다는 점과 이를 기록으로 남기고자 한 노력은 오늘날에도 공감되는 바가 크다. 특히 우리나라는 기록문화유산이 많고, 그 가치도 매우 높이 평가된다. 옛것을 그리워하며, 복고의 생활양식을 다시 찾아가 보고, 그 시절 음식을 먹고 옷을 입어 보며, 음악을 듣고 기록으로 남기려는, 일명 인생사진과 영상을 찍어 SNS에 표현하는 현대인들의 행보와 다를 것이 없을 것이다. 단지 그 방식과 기록의 매체가 달라졌을 뿐이다. 사람들이 우리의 것, 나의 것, 우리가 지녀왔던 것의 소중함을 기억하고 싶어 하는 것은 자연스러운 일이다. 조선 말에 우리 문화에 대해 적극적으로 관심을 나타낸 이들은 지역별로 백성들의 풍속과 생활상을 기록하였다. 예를 들면 권용정은 서울의 세시풍속을 그려낸 『한양세시기(漢陽歲時記)』를, 조수삼은 관북 지방 백서의 풍속과 생활상을 『북행백절(北行百絕)』에 담아냈다. 박제가, 이덕무, 서유구 등 실학자들이 지어낸 『성시전도시(城市全圖詩)』는 서울의 풍속을 보여준다.

이러한 저술들은 중국과는 다른 우리 풍속을 기록하였다. 물론 중국세시기의 틀을 빌려 우리의 풍속을 기록했지만, 당시의 지식인들은 서로 교류하면서 조선의 세시, 즉 우리의 세시를 기록해 왔다. 이들 저술의 관점에 대한 평가는 양립한다. 비판적인 시각에서는 우리의 세시풍속 기록이지만 중국 중심의 세계관에서 비롯되었다 점을 지적한다. 한편 긍정적 시각에서는 당시 문화 중심국이었던 중국이라는 영향력을 받았던 것은 자연스러운 현상이며, 중국의 문화적 연대의식을 강화하고자 하는 것으로 이해해야 한다는 점, 나아가 국제적인 비교를 통해서 우리 풍속의 원형에 대해 객관적이고 합리적으로 탐구하고 설명하려는 노력이라고 평가한다(박은정, 2014).

여기서는 이러한 관점에 대한 평가를 논하지는 않으려 한다. 오히려 당시의 세시와 풍속에 관한 다양한 기록을 탐색하는 동안 이러한 글을 통해서 당시의 생활상을 추측해 볼 수 있다는 것이 의미가 있다고 판단한다. 그리고 세월이 지나면서 변용되어가는 우리의 생활상을 논할 수 있는 자료가 된다는 점에 주목한다. 그것이 이 시점에서 한국의 세시를 살펴보고자 하는 이유이다. 조선의 세시풍속을 나타냈던 저작물들은 가장 정직하고 직접적으로 조선의 표상을 찾아가는 과정(박은정, 2014)이었다. 이 기록들은 200여 년이 지난 현재의 관점에서 보면 시간적 차이가 크지만, 세시문화 속에 면면히 이어지고 있는 생활상이 존재하고, 그 기저에는 한민족 공동체의 연대의식이 흐르기 때문에 그 의미가 있다. 한반도를 중심으로 한 공동체 사회의 연대의식과 문화적 정체성은 풍속과 일상의 문화, 즉 생활문화를 공유하는 데에서 비롯된다.

2011년부터 시작되어 지금까지도 진행되는 '한국인의 밥상'이라는 KBS TV 방송 프로그램이 있다. '밥상 이야기를 통해 한국인들의 다양한 음식문화'를 보여주는 내용이다. 프로그램에서는 전국 방방곡곡의 음식이 소개된다. 화려하지는 않지만 그 집안에서 오랫동안 전해온 내림 음식, 산천에서 피어난 각종 채소로 만들어진 반찬, 우리 국토를 둘러싸고 있는 동·서·남쪽 삼면의 바다에서 얻어지는 어패류로 솜씨를 낸 회와 구이, 탕류 등이 진솔하게 소개된다. 시청자들은 각 마을에서 만나고 싶은 음식 소개를 보면서 몰입한다. 특별한 음식은 아닌 것 같지만 시청자들은 거기에 시선을 멈추며, "그게 고향의 맛이지. 구수하겠다. 맛있겠다. 제철 맛이 좋겠다." 등의 혓말을 자연스럽게 한다. 이렇게 음식을 통해서도 우리는 한국인임을 다시 상기하게 되고, 우리의 정체성을 찾는다. 일상에서 지켜지는 작은 풍속들이 오늘날 의미 있게 다루어지는 것은 소박한 일상이 만든 문화적 향유가 무엇보다 소중하다는 것을 깨달았기 때문이다. 세시풍속도 같은 의미로 바라보아야 한다.

한국인의 문화 정체성을 일깨운 세시음식

세시음식으로 전해 오는 각종 음식은 독특한 한국인의 문화 정체성을 일깨운다. 지역마다, 집집마다 조금씩은 차이가 있긴 하지만 한국을 상징하는 대표적인 한식으로 김치와 불고기, 비빔밥을 꼽을 수 있다. 그러나 이외의 음식에 대한 스토리와 더불어 세시음식은 때마다 철마다 한국인의 입맛을 지배한다. 설날에는 차례를 지내고 대표적 세찬인 떡국을 먹고 윷놀이를 하며, 정월 대보름는 오곡밥과 나물 그리고 부럼을 먹고, 삼짇날에는 진달래 화전을, 추석에는 송편과 토란국을, 삼복더위에는 삼계탕, 동지에는 팥죽을 먹는 것이 매우 자연스러운 한국인들이 1년의 세시를 보내는 일상이다.

지금은 영양이 부족해서 정월 대보름에 오곡밥과 나물을 먹는 것이 아니며, 삼복더위에 먹을 것이 없어서 삼계탕을 찾는 것이 아니다. 자연스럽게 선조들이 해왔던 방식에 따라서 정월 대보름이면 '오곡밥과 나물 먹는 날'이라고 생각하고, 삼복에는 더위를 이겨내는 음식으로 '삼계탕은 먹어야 할 거 같은' 생각을 한다. 복날이 되면 직장의 구내식당에서는 삼계탕이나 반계탕이 단골 메뉴로 등장한다. 계절이 바뀌고 세시풍속을 잊고 지내다가도 온 · 오프라인 매장에서 판매되는 복날 삼계탕 재료나 대보름 나물류가 즐비하게 소비자의 선택을 기다리고 있는 것을 보면, "아 그렇지, 대보름이지, 복날이지, 몸보신하는 때지."라며 세시풍속을 자연스럽게 떠올린다. 동지 팥죽은 스토리가 있는 맛있는 간식처럼 즐긴다. 그래서 우리의 일상에서 세시문화로 즐기는 것 중에 가장 가깝게 느껴지는 것은 세시에 따라 찾게 되는 음식이다. 한식 중심의 뷔페식당 이름으로 '계절밥상'은 낯선 이름이 아니다. 더욱이 요즈음 한국음식은 K-Food로 전 세계인들이 즐기는 건강식이며, 매력적인 음식이다. 우리가 의식하지 않더라도 한국인으로서의 자부심을 느끼게 하고 새로운 부가가치를 창조해 내는 소중한 생활문화를 향유하고 있다.

우리의 문화유산, 세시풍속

조선시대 임진왜란과 병자호란 이후에 우리 국토에는 동족집성촌들이 많이 생겨났다. 집성촌은 동성동본의 동족(同族)이 함께 집단을 이루어 거주하는 마을이다. 한 예를 들면, 세계문화유산으로 등재된 경주 양동마을의 월성 손씨와 여강 이씨 집성촌, 하회마을의 풍산 류씨 집성촌 등은 널리 알려진 동족마을이다. 이외에도 의성 김씨 집성촌이나 광산 김씨 집성촌, 원주 원씨 집성촌 등 많은 집성촌이 있다. 이들은 서로 모여 살면서 상부상조하는 문화를 갖고 있고, 나름의 풍속을 지켜왔다. 한 연구(권경숙, 2014)에 의하면 집성촌에서는 문화적 공동체를 만들어 활발하게 활동하면서 살아가고 있고, 현대에도 연대의식을 강화하고 있다고 밝혔다. 마을의 체전이나 여가, 단체여행, 마을기업 운영 등 지역 공동체의 활동은 앞으로도 친족 단위의 정체성을 확인하는 길이 된다는 기대감을 강조했다. 이러한 집성촌을 중심으로 이루어졌던 지역 공동체의 활동은 지역 관행에 따라 전승되는 각기 다른 의식과 의례, 행사, 놀이 등이 세시풍속으로 안착하는 데 큰 영향을 미쳤다.

세시풍속은 '마을에서 함께 했던 활동'이라는 단순한 행위만이 아니라 더 많은 뜻이 담겨 있다. 그 안에는 풍요를 기원하는 사람들이 추구하는 삶의 모습을 함께 구현하려는 연대의식과 정체성을 찾는 소중한 무형의 문화유산이 존재한다. 세시에 따라 여성들이 집단으로 하는 놀이 가운데 안동의 '놋다리밟기', 전라도 일대의 '강강술래', 영덕지방에 '월월이청청'(윤광봉, 2008) 등은 문화공동체를 잘 보여주는 예이다.

3. 생활문화로 계승

인간은 생존을 위한 필수적 활동을 하며 살아간다. 삶을 영위하기 위한 모든 필수적인 행위를 생활이라 한다. 생활은 시대의 흐름과 변천에 따라 형성되는데, 역사성과 학습성, 공유성과 상징성, 적응성 등의 특징을 내포한다. 우리 민족은 오랫동안 한민족의 문화권에서 생활하며 관습적으로 이루어지는 공통된 생활방식으로 생활문화를 만들어 왔다. 생활문화는 인간이 누리는 여러 요소의 변화까지 포괄하는 문화적 상징행위(김양희 외, 2009)이며, 보편성과 독창성이 함께 공존하는 생활양식으로 표현된다. 일상에서 축적된 생활문화는 한국인을 상징하는 요소가 되어 왔고, 가정과 사회에서 이어지는 생활교육이며 기본 교육으로 존재한다. 예컨대, 한국인의 의식주 생활문화를 대표하는 한복 · 한식 · 한옥 등은 한국을 상징하는 이미지로 내국인은 물론 외국인에게도 각인되어 있다. 한옥은 세시가 이루어질 수 있도록 지원했던 공간의 의미가 컸다. 조상과 후손들의 삶이 함께 연결되는 한옥 공간에서는 세시를 통해서 주거공간을 정화하고 그 안에서 생활하는 가족을 위해 집안의 액운을 버리고 복을 기원했다. 설날과 정월 대보름, 추석 고사일에는 사당이나 대청, 마당, 안방 등에 모여서 세시의례를 진행했다. 세시는 집 단위, 마을 단위, 지역 단위, 나아가 국가 단위로 중층구조를 이루어 수행되었다(배영동, 2008).

생활문화가 오랜 세월 유지되는 것은 교육적 노력이 있었기에 가능한 것이다. 전통사회에서 생활문화는 각 가정을 통해 전수되었다. 즉 가정 내 교육으로 이어져 왔다. 제도적인 교육 시스템이 갖춰지지 않았던 시기에 할머니 할아버지로부터 아버지, 어머니에게로 그 자손에게로 가르침이 자연스럽게 전수되었다. 생활문화는 가족을 통해서 형성되고 이어지므로, 달리 표현하자면 '가정생활문화'(주영애 외, 2018)라고도 한다. 그러나 현재는 전통적으로 유지해 오던 가족의 형태도 변화했고, 가정에서의 생활문화교육이 그대로 이어지기도 하지만 많은 내용은 학교교육이나 사회교육에 의존한다.

생활문화가 된 세시풍속

현대의 삶은 지난 과거에 바탕을 두고 변화 발전되어 온 것이므로 세시문화는 '전통'과 '창조'라는 관점에서 파악해야 할 부분이다. 세시풍속은 과거 생활문화의 모습을 면면히 살펴볼 수 있는 교육자료이다. 특히 세시음식과 세시의복, 세시놀이, 세시의례를 비롯하여, 그 안에 담긴 생활 의식(意識)과 가치관, 규범, 세계관 등에는 한국의 역사와 축적된 삶의 양식이 고스란히 담겨 있다. 이러한 전통문화가 계승되는 것은 가정과 사회에서 이어진 교육적 노력이 있었기에 가능하다.

과거 여성은 일상에서 사덕(四德)인 부덕(婦德), 부언(婦言), 부용(婦容), 부공(婦功)을 지켜야 했다. 부덕(婦德)은 덕성스러운 마음을, 부언(婦言)은 곱고 바른 언행을, 부용(婦容)은 바른 몸차림을 갖도록 하는 것이다. 그리고 부공(婦功)은 음식과 바느질하는 책임과 의무를 말한다. 남녀역할의 구분이 명확했던 과거에 명절과 세시의례를 지내기 위한 음식과 의복을 마련하는 주된 책임자는 여성이었다. 물론 남성도 명절 의례를 위한 전반적인 관리와 절차 준비에 참여했지만, 여성들은 일상에서 그 준비부터 마무리까지 세심한 수고와 노력을 기울여왔다.

6.25 전란 이후 우리 '한국의 세시풍속 연중행사기'라는 연재 기사가 동아일보에 1956년 12월부터 26차에 걸쳐 실렸다. 우리의 세시풍속을 이어가려는 의지가 담겨 있는 내용으로 각 세시풍속의 의미와 그 시기를 어떻게 지내야 하는지를 소개했다. 이때는 전쟁 이후 국토와 건물, 나아가 국가의 모든 시스템이 파괴되는 것을 겪었고, 우리의 일상에서 지켜왔던 세시풍속마저도 전수되기 어려운 시기였다. 따라서 이러한 세시풍속에 관한 글은 계도 차원의 글이 아니었을까 한다. 국가의 재건과 더불어 우리의 민속문화를 찾아가려는 일환이었

을 것이다. 1970년대와 1980년대에는 세시민속을 부활시켜야 한다는 노력도 제시되었다(조선일보, 1982.10.1).

교육으로 계승되는 세시풍속

세시풍속은 전통문화 교육으로 현재는 유아교육에서 유용하게 널리 적용되고 있다. 유아가 세시풍속을 통해서 계절변화에 따른 주기성을 익히고, 절기와 계절에 나오는 건강한 먹을거리를 알 수 있도록 하며, 고유의 전통음식을 경험하도록 한다. 그리고 세시에 따른 풍요와 건강의 중요성을 깨닫고, 세시의례를 통해서 생각해 볼 수 있는 겸손과 믿음, 공동체의식 등을 함양하게 한다. 조상들이 살아왔던 생활 속의 지혜를 직접 경험하고 과거의 모습을 통해 현재를 파악하여 미래로 연결하는 교육(박영자, 2015)으로서의 의의를 지닌다. 세시풍속은 유아를 위한 전통문화교육 통합프로그램으로 유용하게 활용된다. 최근 유치원생들이 경험한 세시풍속 이야기 연구(조희정, 2020)가 발표되었는데, 유아들에게는 '기다리고 알아가는 세시풍속', '탐색하고 체험하는 세시풍속', '좋아하고 보고 싶은 세시풍속' 등으로 적용되었다.

한편 외국인을 위한 한국생활문화교육에도 세시풍속이 활용되고 있다. 외국인들을 대상으로 한글과 한국문화를 알리는 선도적 역할을 하는 '세종학당재단'에서는 한국의 명절과 공휴일에 대한 정보를 제공하고 있다. 여기에서는 명절과 계절에 따라 지키는 행사를 소개하며, 설날과 추석 명절을 안내한다. 한국은 달력에서 양력과 음력 날짜를 함께 사용하고 있고, 명절과 계절 행사는 주로 음력으로 지내고 있다(https://nuri.iksi.or.kr). 그리고 외국인을 위한 세시풍속 체험 교육콘텐츠 연구(이리경, 2017)는 세부적인 세시풍속 교육콘텐츠를 활용하고자 하는 교육자들에게 유용한 자료를 제공한다. 『외국인을 위한 체험중심 한국전통문화』(권오경 외, 2021)에서는 세시풍속으로 설날 세배와 추석 송편이 교육콘텐츠로 활용되었다. 이렇듯 교육콘텐츠로 활용되는 세시풍속은 한국인의 생활문화로 우리 곁에 늘 존재하고 있고, 이후에도 지속될 것임이 분명하다.

문화콘텐츠로 재탄생되는 세시풍속

한국문화를 콘텐츠로 발전시키려는 노력은 다양하다. 특히 세시를 중심으로 축제로 발전시키는 것은 매우 고무적이다. 예컨대 전통문화축제로 당진 기지시 줄다리기축제나 세시풍속 축제로 진도 신비의 바닷길축제 등은 관광자원으로 경제적 가치 창출을 기대할 수 있어 그 확대 가능성(임흥수, 2020)이 높다. 명절과 특별한 절기에 이루어지는 세시풍속은 생활문화와 놀이문화가 한데 어울려 축제의 형태로 나타난다. 이는 생활문화와 놀이문화가 같은 시간에 같은 공간에서 섞여 구현되고 있기 때문이다. 세시풍속을 두 가지, 즉 생활문화와 놀이문화(신승훈, 2015)로 구분한 것을 살펴보면 문화콘텐츠로 재탄생시킬 수 있는 소재들이다.

생활문화와 놀이문화로 분류해 본 세시풍속

월	생활문화	놀이문화
1월	설빔, 차례, 세배, 덕담, 문안비, 세화, 소발(燒髮)[7], 볏가릿대, 부럼, 엿치기, 귀밝이술, 나무시집보내기, 오곡밥, 약밥, 안택	널뛰기, 윷놀이, 연날리기, 승경도놀이, 다리밟기, 지신밟기, 쥐불놀이, 석전(石戰)
2월	중화절, 머슴날, 콩볶기, 영등굿, 좀생이점, 춘계석전(春季釋奠)	노래기 부적, 개구리알 먹기
3월	화전, 화면, 수면(水麵)[8], 과하주, 꼽장떡, 환병(環餠), 마제병, 한식	화류놀이, 활쏘기, 풀각시, 풀놀이
4월	증편, 어채, 고기만두, 미나리강회	관등놀이, 봉선화물 들이기
5월	단오굿, 창포탕, 창포비녀, 쑥떡, 익모초 말리기, 단오부채, 단오부적	씨름, 그네
6월	계음, 유두연, 천신, 보신탕, 삼계탕, 농신제	탁족놀이, 천렵
7월	책말리기, 옷말리기, 칠석맞이, 호미씻기, 우란분회(盂蘭盆會)[9] 등	백중놀이, 두레삼
8월	햅쌀밥, 신도주, 송편빚기, 근친(覲親)[10], 추계석전	소먹이놀이, 줄다리기, 사자놀이, 강강술래, 소싸움, 닭싸움
9월	찹쌀떡 빚기, 국화주 담기	단풍놀이
10월	고사 지내기, 조상단지 모시기, 시제 지내기, 난로회(煖爐會)[11], 연포탕, 밀단고 빚기, 김장	대감놀이
11월	동지 팥죽, 달력 올리기, 냉면 먹기, 새끼 꼬기	팥죽 먹고 나뭇짐 지기
12월	납향(臘享)[12], 대청소, 묵은세배, 연말선물(세궤[歲饋]), 나희(儺戲)[13]	참새 잡이, 폭죽놀이, 수세(守歲)[14]

또 한 가지의 예로 칠석 시회의 문화콘텐츠화 가능성을 언급한 연구(송미경, 2017)를 보면, 칠석 시회는 건강, 기운, 재복의 충전이라는 특별한 의미를 가진 것으로 스토리텔링화될 수 있고, 상상과 낭만을 자극하는 견우직녀 이야기라는 원천 서사를 갖고 있다고 평했다. 즉 세시풍속은 문화콘텐츠로서의 잠재력을 내포하고 있음을 강조했다. 한국 줄다리기는 전통사회에서 전승된 대표성을 지닌 민속놀이로 알려져 있는데, 이 놀이에는 겨루기의 축제적 다층성, 공동체 집단의 속신적 세계관 등이 반영되어 있다. 이 역시 스토리텔링 문화콘텐츠로 개발될 필요성이 강조되었다. 최근에 넷플릭스 웹드라마 오징어게임(2021.9.17)에 등장하여 세계인에게 각인된 '놀이'가 된 것은 우리의 세시놀이가 그 가치를 발휘하게 된 좋은 예이다.

---

7) 소발(燒髮)은 1년 동안 머리를 빗을 때 빠진 머리카락을 모아 두었다가 이듬해 음력 설날 저녁때에 대문 밖에서 불살라 버리는 것을 말함.

8) 수면(水麵)은 동국세시기에 녹두로 묵을 쑤어 국수같이 만들어서 꿀물에 말아 먹는 음식이라 기록됨.

9) 우란분회(盂蘭盆會)는 우란분재(盂蘭盆齋)와 유사한 말로 음력 7월 보름날 행하던 행사의 하나임. 조상, 부처, 중생에게 공양하여 부모의 은혜를 갚음을 말함.

10) 근친(覲親)이란 시집간 딸이 친정에 가서 어버이를 뵙는 것을 말함.

11) 난로회(煖爐會)란 옛날에 10월 초하룻날에 화롯불에 갖가지 음식을 지지거나 구워 먹던 모꼬지.

12) 납향(臘享)은 납일(臘日)에 그 한 해 동안 지은 농사의 형편과 그 밖의 일을 여러 신(神)에게 고하는 제사임.

13) 나희(儺戱)는 섣달그믐날이나 정초에 윷가락을 던져 새해의 운수를 점치는 놀이.

14) 수세(守歲)는 음력 섣달그믐날 밤에 등촉을 밝히고 밤을 지새우는 풍습. 이날 밤에 잠을 자면 눈썹이 하얗게 된다고 믿음.

아름다운 우리말 열두달 이름 예시		
월	이름	뜻
1월	해오름달	새해 아침에 힘 있게 오르는 달
2월	시샘달	잎샘추위와 꽃샘추위가 있는 겨울의 끝 달
3월	물오름달	뫼와 들에 물오르는 달
4월	잎새달	물오른 나무들이 저마다 잎 돋우는 달
5월	푸른달	마음이 푸른 모든 이의 달
6월	누리달	온누리에 생명의 소리가 가득 차 넘치는 달
7월	견우직녀달	견우직녀가 만나는 아름다운 달
8월	타오름달	하늘에서 해가 땅 위에서는 가슴이 타는 정열의 달
9월	열매달	가지마다 열매 맺는 달
10월	하늘연달	밝달뫼에 아침의 나라가 열린 달
11월	미틈달	가을에서 겨울로 치닫는 달, 미틈은 어중간하다는 뜻
12월	매듭달	마음을 가다듬는 한 해의 끄트머리 달
1월	한밝달	새해맞이 신명에 함빡 웃는 달
2월	들봄달	따사로운 햇살에 새움 돋는 달
3월	온봄달	맛깔스러운 봄나물에 입맛 돋는 달
4월	무지개달	꽃누리 사랑비에 물에 뜨는 달
5월	들여름달	여름맞이 물빛 때깔 나는 달
6월	온여름달	벼사름 풀빛 생기 돋는 달, 여름 날이 한창인 달
7월	더위달	한온곳 더위누리 물바람 시원한 달
8월	들가을달	가을맞이 땀 송송 불볕나는 달
9월	온가을달	올게심니 한가위 굼실덩실 달, 여무는 가을 달
10월	열달	가을걷이 열매 갈잎 때깔 나는 달
11월	들겨울달	겨울맞이 하늬바람 첫눈 오는 달
12월	섣달	겨우살이 긴긴밤 고섶 이야기 달

한편, 계절변화에 초점을 맞춰서 열두 달의 명칭을 아름다운 우리말로 표현한 것은 우리의 세시풍속을 일상에서 가깝고 친숙하게 접할 수 있는 사례다. 사계절변화 속에 담겨 있는 자연환경의 아름다움, 계절에 맞는 음식과 놀이, 자연에 순응하고자 했던 세시풍속을 살피려는 뜻이 더욱 아름답게 나타난다. 1월 해오름달 또는 한밝달로 시작해서 12월에는 매듭달, 섣달로 각각의 달 이름에는 자연을 사랑하는 우리의 서정이 가득 담겨 있다. 아름다운 우리말 열두 달 이름은 달력이나 다이어리에 활용되기도 하고 학교에서 각 학년과 학급의 표시는 물론 생활공간인 아파트의 동 호수에도 이용되어 숫자를 일렬로 정렬하는 것에 익숙해진 우리들의 일상을 돌아보게 한다.

4. 남북한 통일문화가 되는 세시풍속

70여 년 간 이어진 남북한의 분단 상황은 한국인이 직면한 가슴 아픈 현실이다. 남북한은 분단 시기 동안 상응하기 어려운 두 사회체제의 존립과 근대화에 따른 사회구조의 변동 및 각기 다른 문화에 적응해왔다. 그 결과 이념, 규범, 가치체계,

언어, 생활문화 등에서 이질성을 갖게 되었다. 각기 서로 다른 체제에서 오랜 세월을 보내면서 한국의 전래문화도 변화되었다.

그러나 우리 고유의 명절을 지키는 마음이나 세시음식과 세시놀이를 즐기려는 생활문화는 남북한의 일상 속에 여전히 남아 있다. 단지 그 형식과 내용은 국가의 체제와 지역적 영향 아래에서 어떤 것은 유사하게, 어떤 것은 각기 다르게 이어졌다. 북한의 세시풍속이 남한의 세시풍속과 같은 형태는 아닐지라도 남북한이 분단 이전에 공유했던 오래된 세시풍속의 영향이 남아 있다. 따라서 세시풍속은 남북의 민족 동질성 회복을 위한 문화적 공감을 형성하는 기본 요소가 될 수 있다. 남북한의 세시풍속 연구는 통일을 대비하기 위한 남북한의 통합문화 모색에 꼭 필요하다. 선행연구(주영애 외, 2017)를 중심으로 남북한의 세시문화를 살펴보기로 한다.

북한의 명절은 민속명절과 국가명절로 나뉘어져

2022년을 기준으로 북한에서 공휴일로 지정된 민속명절은 음력설, 정월대보름, 청명절, 추석을 말한다. 2010년 이후부터는 한식 대신에 청명일을 공휴일로 지정하여 명절[15)]로 지낸다. 과거에는 한식과 청명을 구분했지만, 현대에는 한식에 관한 기록을 보기 힘들다. 공휴일로 지정된 청명절에는 산소에 가기 위해 송편과 느티떡을 만들고, 성묘하며, 청명주를 만들어 마신다. 그 외에는 김일성과 김정일의 생일을 중심으로 사회주의 국가체제 유지를 위해 설정한 국가명절을 지낸다. 북한의 명절은 민속명절과 국가명절로 구분하며, 주로 우리 고유의 민속명절보다는 국가명절이라고 명명되는 김일성 생일, 김정일 생일 등 10대 명절을 앞세운다. 4월 15일 김일성 생일은 '인민의 민족 최대의 명절'로 규정하고 있다. 사회주의 체제 유지를 위해서 국가 명절을 기본으로 지키도록 하고, 주민들이 지내온 민족의 고유 명절을 일부 유지한다. 북한에서도 부모님을 공경하고 조상을 숭배하는 전통은 미풍양속으로 남아 있는 것으로 보인다. 수령제 문화를 확립해 나감과 동시에 일상생활에서 실용주의 문화를 확산시켜왔는데, 제사나 성묘 때 하는 큰절, 지방 쓰기, 축문 등이 사라진 대신에 일어선 채 묵념하는 것이 보편화되었다. 특히 제사문화에서는 사회주의적 제사 방식을 도입하여 추도형식의 제사를 지낸다.

15) 명절은 쉬는 형태에 따라 법정 공휴일, 휴식일, 기념일로 나눌 수 있다. 휴식일은 나중에 작업량을 보충해야 하는 대체휴일이고, 기념일은 단순히 기념만 하는 날이며(전영선, 2016), 민속명절은 제도화된 명절이라기보다는 그때그때 당국의 지정에 따라 해당 명절을 앞두고 며칠 전에 쉰다는 것을 공식발표하여 쉬게 되지만 발표하지 않고 넘어갈 수도 있다(2014 북한이해, 2016 북한이해). 휴일기간을 확정하여 표시하지 않은 것은 공휴일로 지정되었으나 휴일기간 표시가 되지 않았거나, 기념일 또는 대체휴일로서 구체적이고 확정적으로 휴일기간을 언급하고 있지 않기 때문에 확인할 수 없는 경우이다.

북한의 주요 명절과 기념일

날짜	명칭	날짜	명칭
1.1	양력설(3일 휴무)	6.6	소년단 창립절
1.1	음력설(3일 휴무)	6.19	김정일 당사업 개시일
2.16	김정일 생일(광명성절, 2일 휴무)*	7.27	정전협정체결일(조국해방전쟁 승리의 날)*
1.15	음력 정월 대보름(1일 휴무)	8.15	광복절(조국해방의 날)*
3.8	국제부녀절*	9.9	정권창건일(조선민주주의인민공화국 창건일, 2일 휴무)*
4.5	청명절	8.15	음력 추석한가위
4.15	김일성 생일(태양절, 2일 휴무)*	8.25	선군절
4.25	인민군 창건일(2일 휴무)*	10.10	노동당창건일(조선노동당창건일, 2일 휴무)*
5.1	근로자의 날(국제근로자절, 5.1절)*	11.16	어머니날
5.5	단오(음력 5월 5일)–휴일 아님	12.27	헌법절*

*표는 북한에서 10대 국가명절로 정하고 있음.
출처 : 통일부[2015 북한주요행사예정표] 및 김병로(2016), 전영선(2016) 등에서 재수정 인용함.

1950년 한국전쟁 전까지의 시기는 사회주의체제 영향이 전적으로 미치지 못한 상태여서 명절과 차례 등의 세시풍속은 이어진 것으로 보인다. 그러나 전쟁과 분단 후 1957년 북한에서는 제1차 5개년계획을 개시하고 1959년 천리마운동, 1960년 김일성 '주체' 연설이 발표되면서 전통명절이 사라지거나 축소되기에 이르렀다. 전후 복구와 사회주의 건설기로 접어들면서 농촌의 협동농장화, 인구의 이동, 전쟁으로 인한 경제적 어려움 등 북한 사회의 변화는 새로운 풍속의 변화로 이어졌다.

한 연구(박수환, 2006)에 의하면, 1960년대 초반 북한에서는 전통적인 민속명절의 개념과 내용에 대해 비판적인 근거로 몇 가지 이유를 들었다. 첫째는 민간 명절과 종교적 미신적 행사의 관련성을 강조한 것이었다. 명절은 사람들의 사상과 의식 발전을 저해하고 생활을 구속하는 반동적인 것으로 해석한 것이다. 둘째는 민간 명절은 낭비적인 측면이 있다는 것이며, 셋째는 시대에 뒤떨어지고 비문화적 측면이 적지 않았다고 지적하였다. 봉건사회의 유습이 '새로운 사회주의 문화건설기'에 부합되지 않기 때문에 명절을 그대로 계승할 필요가 없다고 주장하였다. 대신 1962년 김일성의 생일을 임시공휴일로 선포하고 명절의 의미를 부여하기 시작하여 1968년에는 국가적 명절로 제정하였다. 김일성의 60회 생일이 되는 1972년부터는 '민족 최대의 명절'로 규정되었고, 김일성 사후 1997년에는 '태양절'로 정하고 김일성 출생 연도인 1912년을 원년으로 하는 '주체연호'를 사용하기 시작했다. 1967년 김일성 유일지도체계로서 유일사상체계를 확립하였고, 김일성의 '봉건 잔재를 뿌리 뽑아야 한다'는 교시로 민속명절은 공식적으로 사라지게 되고, 양력설 하나만 인정되었다(김종군 · 정진아, 2012; 박수환, 2006). 1975년에는 김정일의 생일이 임시공휴일로 지정되었고, 1976년에는 '국가적 명절'로 그리고 1995년에는 '민족 최대의 명절'로 규정되었다. 그러나 조상을 모시는 사람들의 정서는 쉽게 사라지지 않았고, 제사와 성묘는 지속적으로 이어졌다. 그래서인지 1972년 '남북공동성명'의 발표로 남북대화가 시작된 이래 주거지 시 군 안에서의 추석성묘를 허용(김병로, 2016; 이범웅 외, 2007; 전현준 외, 2005; 박종수, 2000)하는 등 전통명절을 일부분 되살리기 시작했다. 1989년에는 음력설, 한식, 추석을 민속명절로 지정했다. 이러한 민속명절을 적극적으로 인정한 것은 세습을 위한 과정으로 조선민족제일주의 주장을 강화한 것으로 볼 수 있다. 2003년 음력정월 초하루를 앞두고 김정일이 양력설 대신 음력설을 지시했고, 정월 대보름도 하루 휴식하고, 단오와 추석을 예전의 명칭인 수리날과 한가위로 부르라고 지시하였다. 민속명절은 제도화된 휴일이라기보다는 당국 지정에 따른다. 곧 민속명절에 쉬기 위해서는 북한 내각에서 그해 민속명절을 휴무일로 지정하는 공식 발표 절차가 필요하다(북한이해, 2022).

남북한 다른 듯 같은 세시풍속

남북이 서로 다른 사회와 문화 속에서 명절 풍속도 다르게 이어지나 그 중에서도 3월 8일은 민속명절은 아니지만 남과 북이 함께 기억하는 날이다. 이 날을 남한에서는 국제 여성의 날(International Women's Day)이라고 하고, 북한에서는 국제부녀절이라고 한다.

International Women's Day	
표준국어대사전	조선말대사전
국제 여성의 날 [사회일반] 여성의 정치적 자유와 평등을 위하여 매년 4월 8일에 가지는 국제적 기념일. 1904년 3월 8일 뉴욕에서 열린 사회주의 여성 동맹의 여성 참정권 요구에서 비롯되었다. ≒국제 부인의 날.	국제부녀절 [명사] 평화와 민주주의, 녀성의 사회적 권리, 반제자주를 위한 투쟁에서 전세계 근로녀성들의 단결을 강화하며 그 위력을 시위하는 국제적 명절. 1909년 3월 8일에 미국의 시카고녀성로동자들이 평등과 자유를 요구하여 파업을 일으킨 데로부터 유래되었다. ≒3.8국제부녀절, 3.8부녀절, 3.8절

북한에서 민속명절의 대표적 활동은 전통 민속놀이를 기반으로 한 '민족체육'이다. 민족체육종목은 씨름, 그네, 널뛰기, 태권도, 밧줄당기기 등이며 '전국 민족체육경기대회'에서 각 종목별 개인전 단체전, 도별 대항전 등도 이루어진다(북한이해, 2022). 그러나 북한이탈주민들의 증언에 따르면, 대다수 주민들은 민속명절에 큰 의의를 부여하지는 않으며, 진정한 명절로 생각하지 않고, 특별한 놀이를 한 기억이 없다고 한다. 다만 설날이 되면 '새해를 축하합니다'라는 인사말을 나누며 제사를 지내고 조상의 묘를 찾아 성묘한다. 제사를 지낼 경우에는 김일성 김정일의 초상화에 인사를 올리고 난 뒤 차례를 지낸다(북한이해, 2016). 북한이 매년 개최하는 '대황소 전국민족씨름경기대회'는 추석을 앞두고 개최되며, 여성들은 윷놀이

와 그네뛰기, 널뛰기를 하고, 아이들은 연놀이, 팽이치기, 줄넘기를 하며 명절을 보낸다. 전통적인 명절은 사회주의 생활양식에 맞지 않는다는 이유로 지내지 않다가 다시 공휴일화하고 명절로 인정하는 상황에서 지켜지고 있다.

북한이탈주민이 운영하는 유튜브채널(양나라 TV)에서도 추석에 음식 준비하기, 성묘하기 등은 남북한이 같지만, 생활 여건에 따라 남북한의 추석 모습은 차이가 있다고 보고한다. 한편 김지은 자유아시아방송(RFA) 기자가 쓴 북한의 민속명절에 대한 글을 보면, 좀 더 자세한 명절 풍속도를 알 수 있다.

- 북한의 설날 풍경에는 특별한 것이 있다. 무조건 김부자 동상을 찾아 헌화해야 하는 것이다. … 동상에 헌화하는 명절문화는 전국 도처에서 동일하게 벌어진다. 따로 헌화시간이 정해져 있지 않지만 충성심을 발휘하는 차원에서 대부분의 주민들은 새벽 첫 시간에 헌화를 끝낸다. … 또 다른 풍경이 있다. 헌화증정이 있은 다음 아침식사를 바치고 나면 주민들은 TV 앞에 단체로 모여 새해에 발표하는 최고 존엄의 신년사와 공동사설을 청취해야 한다. … 북한에서 진정한 설날은 조직적인 행사나 통제가 없는 2일이다. 2일이 돼서야 주민들은 모여서 술도 마시고 윷놀이, 주패(카드)놀이, 춤과 노래로 흥겨운 시간을 보내게 된다.

- 설명절이 다가오면 북한 주민들은 집 안팎을 깨끗이 거두고 구석구석을 정리하고 정돈한다. 그릇을 닦고 이부자리를 새로 꾸미고 식구들의 의복을 정리하면서 묵은 때와 먼지를 털어낸다. 마지막 날이 지나기 전에 1년 동안 채 청산하지 못한 돈이나 식량 등 빚진 것을 갚는다. 또 설날 세배꾼을 위해 새 지폐로 된 세뱃돈을 마련하고 가족, 친척, 이웃 간에 먹고 마시며 즐길 수 있는 맛있는 설음식을 장만한다.

- 설음식에는 찰떡·송편·절편·설기, 육고기와 불고기, 산나물, 과일, 술, 간식거리로 과줄(유과)이 꼽힌다. 찰떡은 복이 찰떡처럼 들러붙으라는 의미가 있고, 송편에는 콩고물 외에 고춧가루나 동전을 넣어서 복을 받을 사람을 찾아내는 형식으로 명절 흥취를 돋운다. 설날 아침은 주로 떡국으로 식사하는데 저녁에는 대부분 만두나 국수를 즐겨 먹는다. 북한에서 국수는 명을 길게 한다는 미신적인 의미가 있어 설날에 가족들이 의식적으로 국수를 먹는다.

- 세배문화가 있다. 가정에서는 자식이나 손주들이 세배를 하고 어른이 세뱃돈을 주면 가족이나 형제, 친구들끼리 명절 특수를 기념해 특별히 판매하는 상품(상점), 유희장, 영화관, 동물원을 찾아 놀러 다닌다.

- 학생들은 단체로 선물을 마련하여 담임선생을 찾아가 한 해 동안 수고에 대한 감사인사를 한다. … 설날에 웃어른들은 만나 세배하기 때문에 부모는 자녀에게 어른들 앞에서의 몸가짐과 행동, 언어예절, 식사예절과 인사예법을 특별히 강조한다. … 이것은 봉건유교사상의 잔재라는 비판도 있지만 가정과 사회의 일원으로서 기본적으로 지켜야 할 예의범절이라는 측면에서 긍정적인 민족문화유산이라고 볼 수 있다.

- 북한에서 경제적 여력이 없는 주민들에게 설날은 슬픈 날이기도 하다. 돈 없는 가난한 주민들은 설날에 먹을 음식을 장만하지 못해 고작 차례상에 올릴 밥 한 그릇과 잡곡으로 만든 떡으로 명절음식을 간소하게 마련한다. … 일부에서는 일 년 동안 당의 노선과 정책에 내몰리느라 지친 주민들이 설날을 술날이라고 부른다.

- 요즘 북한에서 신정보다 구정을 더 크게 쇠는 분위기가 형성되고 있다. 최근에는 음력설을 민속명절이라고 지정해 놓았다. 이에 따라 음력설 다음 명절인 정월 대보름도 중요한 민속명절로 부각되고 있다.

출처 : 김지은(2021). pp.96-103.

이제 북한에서도 추석을 보내는 방식이 달라지고 있고, 남한의 모습과 유사한 특징을 보인다는 보고가 있다. 북한에서는 추석이면 남성들이 가족보다 일찍 산에 올라 벌초하는 문화가 있었다. 최근에는 벌초 대행이 인기를 끌며, 최고 10만원까지 벌초비를 지불하기도 하는데, 그 비용은 쌀 2kg을 살 수 있는 돈이다. 이는 오늘날 북한 시장화의 단면을 보여주는 것이다. 또한 화장(火葬)문화가 확산되면서 추석날 조상의 묘를 찾기보다는 납골당이나 집안에 보관해 둔 유골함에 제(祭)를 지내는 주민들이 늘어나는 추세이다. 평양 주민 중 일부는 대동강에 재를 뿌리고 추석날 찾아 제사를 지내기도 한다. 평양시는 1998년부터 납골당을 만들기 시작했고, 추석이면 이를 찾아오는 주민들로 북새통을 이룬다. 남한에서 명절이 되면 특선영화를 방영해 주는 것과 마찬가지로 북한에서도 추석에는 중국이나 러시아 영화를 방영해 주지만 북한 주민들은 이때 한국 드라마와 영화를 보는 날로 여겨진다. 그러나 여전히 한국 영상물을 보다가 들키면 관리소로 갈 수 있다는 공포가 크다고 한다(김가영, 2019).

북한에서 청명절을 지내는 방식을 소개한 내용이 있는데, 이러한 명절 풍속은 정치적인 제도와 규제에 따라 고유의 형식이 왜곡되거나 변질되는 상황도 있다. 그러나 북한 주민들이 조상을 향한 제의례를 지키려는 모습은 결코 남한과 다르지 않다는 것을 보여준다.

- 북한주민들은 조상에 대한 예의를 갖추고 차례나 제사를 정성껏 하지 않으면 조상들로부터 노여움을 사게 되어 그들의 보살핌을 받지 못하게 되고 결국 가정에 액운과 부정이 끼쳐 불상사를 면치 못한다고 여긴다. 드물게는 차례상에 올릴 떡쌀은 80번 도정해야 한다며 손수 집에서 절구로 쌀을 가공한다. 이런 행위는 조상의 도움과 은덕으로 출세하거나 돈벌이가 잘 되어 먹고사는 문제가 풀린다고 믿는 데서 나온다.

- 원래 북한 한식에 조상의 성묘를 지냈다. 한식은 이틀간으로 청명에는 산에 찾아가 묘를 정리하고 한식날에 음식을 마련해 가지고 제사를 지내왔다. 하지만 1990년대에 이르러 북한 내부의 식량부족문제가 극심해지자 한식을 중국식 제사문화라고 비판하고 민속명절에서 한식을 없애버렸다. 한식을 대신해 청명절을 제정했는데 단 하루에 성묘를 하라는 것이다. 이때부터 성묘문화가 일부 달라진 것은 사실이다. 많은 주민들이 청명에 산을 찾던 것을 포기했다. … 하루에 오갈 수 없는 먼 거리의 산소는 방치되기 시작했다.

출처 : 김지은(2021). pp.72-77.

한반도에서는 예로부터 잡곡 재배로 밭농사를 주로 하는 북부지방의 경우 단오를 추석보다 큰 명절로 쇠었고, 벼농사를 주로 하는 중부 이남 지역에서는 모내기로 바쁜 시기라 단오를 큰 명절로 치지 않고 추석을 크게 쇠었고, 그래서 전통적으로 남쪽은 추석문화권이라 한다면, 북쪽은 단오문화권(김택규, 1985)으로 파악한다. 계절적인 차이와 지역산물의 다양성으로 인해서 남한과 북한의 세시문화는 다소 차이가 있었다. 세시풍속의 생활문화를 중심으로 남북이 통합문화로 나아가는 단서로 몇 가지를 제시해 볼 수 있다.

일상생활문화의 공감과 동질성 회복

남북의 세시풍속에서 지켜지고 있는 음식과 놀이는 의도와 목적 변화를 추동하는 요인은 다를지라도 유사한 변화 양상을 보인다. 남북한 세시풍속 중 공통된 부분이 가장 많이 남아 있는 것은 명절음식이다. 설날의 세찬인 떡국, 정월 대보름의 오곡밥과 나물, 복쌈, 부럼깨기, 귀밝이술, 단오의 쑥떡, 추석의 송편, 동지 팥죽은 그 명칭과 내용이 유사하게 전해지고 있다. 물론 남북의 세시음식은 지역에 따라 차이를 보이나 이는 지역산물이 추가되는 변화가 있을 뿐이다. 한 예로 떡국은 어디서나 떡국이며, 송편은 어디서나 송편이다. 다만, 송편에 소[16)]를 무엇으로 넣었는지, 떡국의 육수를 무엇으로 응용했는지, 흰 가래떡이 주재료인 떡국의 떡을 동그랗게 썰었는지, 타원형으로 썰었는지, 흰떡에 어떤 색을 넣어 만들었는지 등이 다를 뿐 음식의 원형은 같다. 음식문화는 오랫동안 축적된 생활양식이 반영되고 그것이 전통이 되어 일상생활에 지속적으로 영향을 주기 때문이다. 따라서 세시음식을 중심으로 남북한의 공감과 동질성 회복은 어떤 다른 분야보다도 쉽게 접근될 것으로 보인다. 세시풍속으로 지켜온 '우리음식'에 대한 공감은 '식구(食口)'의 의미가 확장된 개념으로 수용

16) 소란 송편이나 만두 따위를 만들 때, 맛을 내기 위하여 익히기 전에 속에 넣는 여러 가지 재료를 말한다. 송편에는 대추, 밤 따위를 사용하고 만두에는 고기, 두부, 채소 따위를 사용한다. 또한 통김치나 오이소박이김치 따위의 속을 넣는 여러 가지 재료를 말한다.

될 수 있다. '한솥밥을 먹은 사이'라는 말이 있듯이, 세시음식 문화를 공유해 온 남북한이 '하나 됨'을 찾는 중요한 요소가 될 수 있다. 음식은 문화적 언어이며, 남북을 연결해 주는 소통의 매개체이기 때문이다.

북한에서는 민속명절에 정치적인 의미를 부여하고, 그에 따른 세시풍속을 지키려는 일면을 보이고 있어서 우리나라의 세시풍속 문화와는 차이가 있다. 따라서 정치적이고 제도적인 제약 없이 공감할 수 있는 세시음식을 중심으로 남북한 동질성을 찾는 방안이 실효성이 있을 것이다. 한 예로 북한에서 전국적 단위의 '료리경연대회'의 개최나 잡지나 신문에 '세시음식의 료리방법'을 소개하는 것을 보면, 남북 공동의 '세시음식 콘텐츠 개발' 또는 '세시음식 요리 레시피의 공유와 보급' 등을 통한 공감대 형성이 가능할 것이다. 남북한 세시음식 비교 서적의 발간이나 방송을 통한 세시음식의 소개, 남북 세시음식 만들기 체험 등이 시도된다면 일상에서 남북한이 생활에서 공감하고 동질성을 발견하는 데에 도움이 될 것이다. 이외에 세시놀이도 남북한 구분 없이 모든 사람이 즐길 수 있는 소통 매체로 활용하는 방안이 있다.

세시의례 중심의 생활문화에 대한 역사적 이해와 문화적 통일

세시의례는 계절마다 되풀이되는 관습이며, 명절에 수행되는 의식으로 조상을 향한 보본반시(報本反始)의 의미를 갖는 것이며, 개인과 가족, 집안의 평안을 기원하는 것이다. 명절에 조상을 향해 올리는 세시의례는 남북한 모두 지키고 있는 전통이다. 인간이 출생에서부터 사망에 이르는 과정 동안 경험하는 일련의 의례를 가정의례라 하는데, 인류학자 반게넵(Arnold van Gennep)은 이것을 통과의례(通過儀禮, rite of passge)로 명명했다. 통과의례 중 상례와 제례는 조상의 은덕을 기리는 데에 의미를 두는 중요한 의례다. 설이나 추석 등 지내는 차례는 세시의례로 집과 묘소 또는 납골당에서 이루어지는데 이것은 한국인에게 중요한 의례로 지켜진다는 것을 단적으로 알 수 있다. 이러한 세시의례는 고유의 생활문화이며, 앞으로도 계승과 발전의 의미를 갖는다. 따라서 공통된 의례행위를 통해서 남북한은 동일한 역사와 문화를 갖고 있다는 점을 확인해 나갈 수 있을 것이며, 세시차례와 묘제(墓祭)는 문화적 통일을 이루는데 공감의 문화가 될 수 있을 것으로 본다.

세시풍속 용어에 대한 상호 인식의 확대, 그리고 통합

언어공동체란 서로를 이해하는 데 장벽이 없는 같은 언어를 사용하는 사람들로 형성된 집단을 말한다. 남북한은 두말할 나위 없이 하나의 언어공동체이다. 민속명절이나 세시풍속과 관련한 절기는 남북한 공통의 언어로 표현되고 있다. 공통된 세시풍속 용어에 대한 이해는 쉽지만 각 지역의 특수성이 반영된 세시풍속 용어는 상호이해를 위해 특별한 연구 노력이 수반되어야 한다. 북한의 민속명절은 음력설과 정월 대보름, 청명절을 휴일로 정하고 있다. 남한에서는 설과 추석을 3일 연휴로 지정하여 지내고 있다. 남한에서는 청명보다는 한식을 더 친숙하게 인식한다. 이렇듯 남북 간에는 중요한 명절로 지내는 공통된 부분과 차이가 나는 부분이 존재한다. 그러나 공동의 언어로 문화적 공동체라는 상호인식의 확대를 통해서 통합이 가능할 것이다. 문화적 공감을 얻을 수 있는 세시풍속을 중심으로 사용되는 '명절', '세시놀이', '세시음식', '세시의례' 용어는 남북한 사람들이 공동으로 인식하는 표현이 되리라 본다.

남북공동편찬사업회에서 진행하는 〈겨레말큰사전〉[17)]은 남

17) 〈겨레말큰사전〉은 1989년 문익환 목사의 방북 당시 문 목사가 김일성 주석과의 회담에서 남북통일 국어사전 편찬의 필요성을 제기한 것이 시초가 되었다. 2005년 2월 남북관계자가 금강산에 모여 〈겨레말큰사전〉 공동편찬위원회 결성식을 갖고 남북한이 공동보도문을 채택하면서 본격적으로 시작되었다. 2015년까지 총 25차의 공동회의를 통해 남북한이 공동으로 사전 편찬 작업을 진행하여 오다가 2021년 6년 가까이 공동회의가 열

북이 사용하는 언어의 이질화를 극복하고 언어의 통합이라는 관점에서 완성해 가는 매우 뜻깊은 사전이다. 〈겨레말큰사전〉 남측 편찬위원인 유현경 교수는 이 사전에 대해서 다음과 같이 언급하였다.

"이 사전은 남한의 언어와 북한의 언어, 그리고 그 외에 우리말이 사용되고 있는 지역의 언어가 함께 통합되는 사전인 동시에 아직 통합이 완성되지 않은 채 현재 진행형으로 과정형 사전으로서의 의미를 담고 있다."

남북에서 사용하는 명절과 민속놀이 용어들이 어떻게 다른지 그 차이를 살펴보자. 〈겨레말큰사전〉에는 민속놀이인 널뛰기에 대해 남북의 사전을 통해 그 정의를 제시한다.

남북한의 명절과 민속놀이 용어

남한	북한
명절-민속명절을 뜻함	명절-민속명절, 국가명절, 기념일 포함
구슬치기	알치기
연날리기	연띄우기
줄다리기	바줄당기기
닭싸움	무릎싸움

리지 않는 상태로 편찬사업이 지속되고 있다. 남북이 공동으로 분담하여 집필하기로 되어 있는 원고 집필은 완료하였고, 남북이 분담 집필하여 합의한 원고와 남측에서 집필한 남측분 원고 및 북측분 원고를 교열 교정하였다. 2021년 3월 종이사전 형식의 임시제본을 제작하였고, 4월에는 통일부 후원 송영길 의원의 주최로 국회의사당 본관에 〈겨레말큰사전〉 임시제본을 전시하였다. 제본은 남북한이 합의한 올림말 약 30만7000개를 수록했으며, 그동안 남북한이 합의한 자료를 사전의 형태로 제작한 최초의 결과물이다. (www.gyeoremal.or.kr)

널뛰기 뜻풀이	
표준국어대사전	**조선말대사전**
〈민속〉 긴 널빤지의 중간을 괴어 놓고 양쪽 끝에 한 사람씩 올라서서 번갈아 뛰어 오르는 놀이. 우리나라 고유의 놀이로 주로 음력 정월이나 단오, 추석에 여자들이 한다.	민족경기의 한가지. 고임목우에 길게 놓은 널판의 량끝에서 서로 엇바꾸어 뛰여오르기와 내려밟기를 하는 경기이다. 경쾌하고 률동적이며 재치있는 뛰기운동으로 다리힘살을 튼튼히 하고 공간지각을 발달시키며 다담성, 용감성 등을 키운다.

〈표준국어대사전〉에서는 '민속놀이'라는 점에 핵심을 두어 제시했지만, 〈조선말대사전〉에서는 '경기'라는 점에 핵심을 두어 풀이되어 있다. 이러한 널뛰기에 대한 뜻풀이를 남북한이 통합된 의미로 만든 〈겨레말큰사전〉에는 다음과 같이 제안되어 있다.

널뛰기 [널ː뛰기] [명]

① 〈민속〉 긴 널의 가운데를 괴어놓고 양쪽 끝에 한 사람씩 올라서서 번갈아 뛰어오르는 놀이. 우리나라 고유의 놀이로 주로 음력 정월이나 단오, 추석 때 여자들이 한다.
② 〈체육〉 널을 뛰면서 정해진 동작을 하여 그 완성도 등을 겨루는 경기

이러한 방식으로 뜻풀이가 이루어지면 남과 북에서 실제적으로 사용되는 뜻이 반영된 사전이 될 수 있을 것으로 보고 있다. 권혜진 겨레말큰사전 연구원은 널뛰기 이외에 씨름, 그네뛰기, 줄다리기 등 남북 차이를 반영하여 서로의 문화적 차이를 이해할 수 있는 뜻풀이가 이루어져야 할 것이라

고 하였다(www.gyeoremal.or.kr). 이러한 노력은 향후 일상적인 용어에 대해 공감하고 이해할 수 있는 길의 확장으로 이어질 것이다.

협동, 화합의 공동체 문화를 지향하는 교육적 가치

통일교육은 그동안 정치나 군사 · 경제 · 안보 차원의 교육이 주류를 이루었다. 그러나 정치적 변화에 따라 통일교육의 방향성과 인식에 혼동을 주기도 했다. 통일교육이 정치적 변화에 민감하지 않고 일관성 있게 전개될 수 있도록 교육콘텐츠의 개발이 선행되어야 한다. 예컨대 문화 및 체육활동을 중심으로 한 교류는 이미 남북 공감의 문화를 만들어 가는 데에 기여해왔다. 이렇듯 남북 주민 간에 서로 이해하기 쉽고 동질적인 공동체라는 정체성을 형성할 수 있는 일상생활과 관련된 교육콘텐츠가 적용된다면 통일교육으로도 의미가 클 것이다. 일상과 밀착된 교육콘텐츠는 좀 더 친숙하고 실천 가능한 통일교육으로 전달될 수 있다.

이러한 관점에서 보면, 세시풍속은 공동체의 정체성을 일깨우고, 민족적인 연대의식을 형성하는 데에 유용하다. 동일한 자연환경과 오랜 역사와 전통을 공유하고 있는 남북한이 향후 맞이하게 될 통일시대를 기대하며, 세시풍속과 같은 우리의 생활문화를 중심으로 공감대를 형성하는 것은 문화적 충돌과 갈등을 해결하며 화합을 위한 매체로 활용될 수 있다.

SNS를 중심으로 세시풍속 용어와 문화를 확산하는 젊은 세대의 노력도 기대된다. SNS의 확산은 하나의 관심사라도 전 세계로 빠르게 확산시키는 큰 역할을 할 수 있기 때문이다. 그리고 유치원을 비롯한 초 · 중 · 고등교육기관과 사회교육을 통해서도 세시풍속 생활문화교육이 확대될 수 있다면, 바람직할 것이다. 최근에는 유튜브의 1인 방송이 확대되고 있고, 북한이탈주민이 운영하는 채널도 많아졌다. 이들은 북한 사회에서 경험한 일상과 명절, 놀이, 음식 등을 다양하게 소개하며 남북한이 분단 이후 달라진 환경에서 서로 제한된 경험 속에서 생활하면서 몰이해했던 부분들을 새롭게 인식하고 공감할 수 있는 기회를 제공한다. 이러한 열린 채널을 이용한 문화교류도 남북한 주민들이 서로의 삶을 이해하는 중요한 길이 될 수 있다.

2장 세시음식

한국인은 예로부터 사계절과 명절에 따른 세시음식을 즐겨왔다. 설날 떡국, 정월 대보름의 오곡밥, 한여름 복날 삼계탕, 동지 팥죽 등은 예나 지금이나 일상생활에서 한국인들이 즐기고 있는 대표적인 음식이다.
K-Culture의 확산과 더불어 K-Food에 대한 관심이 높아지면서 세시를 중심으로 발전해 온 한국음식은 새로운 스토리텔링을 위한 소재로도 주목받고 있다.

1. K-Food와 세시음식

우리의 일상에서 음식은 생존을 위한 필수 요소이다. 그러나 음식은 생존을 위한 것만이 아니라 다양한 의미도 내포하고 있다. 음식에는 각 국가와 민족의 '문화'가 담겨 있어서 '음식'에 대해서 안다는 것은 그 음식의 문화와 역사를 아는 것과도 연결된다. 전 세계인들은 기후와 지리적 여건 등 자연환경에 따라서 각기 다른 음식을 즐기며 살아간다. 또한 기술의 발달에 따른 새로운 먹거리의 생산은 삶의 질을 좌우하기도 하고, 정치나 종교적 영향도 음식문화를 만들어 가는 데에 중요한 요인이다.

뉴욕타임즈와 뉴욕 타임스퀘어에 실린 비빔밥 광고

출처 : MBC무한도전팀, 2009, 2010.

한식[1)]은 K-Food로 전 세계에 알려져 있다. 이 배경에는 방탄소년단, 영화 기생충, 미나리, 킹덤, 오징어게임 등이 세계인들의 주목을 받는 콘텐츠로 인기가 높아진 것을 빼놓을 수 없다. 각종 언론과 SNS로 확산된 한국의 콘텐츠는 부흥기를 맞고 있다. 세계인들의 관심은 이미 K-Drama, K-Movie, K-Pop과 함께 한국문화, 한글, 한국인들이 살아가는 일상의 생활문화까지로 넓어졌다. 특히 한국음식에 대한 관심은 '먹거리' 관광으로 확산되었다. 이러한 관심은 언제부터였을까? 2003년부터 2004년까지 MBC 드라마로 방영되었던 〈대장금〉은 한국음식을 전 세계에 널리 알리는 계기가 되었다. 그리고 2009년에 미국에서 한국음식문화를 소개했던 MBC '무한도전'팀이 뉴욕타임즈에 '비빔밥(BIBIMBAP)'이란 제목의 전면 광고를 시도한 것도 많은 주목을 받았다. 세계인에게 한식의 대표 음식인 비빔밥을 알리고 한국음식점을 소개해서 외국인들의 방문을 유도하고자 했던 것이었다. 2010년에는 뉴욕의 타임스퀘어에 비빔밥 홍보 영상도 게시되었다.

2010년에는 한식세계화를 추진하기 위한 '한식재단'이 출범하게 되었고, 2019년에는 '한식진흥법'[2)]이 제정되어 2020년에

1) 한식은 우리의 음식으로 그와 관련된 유무형의 자원이며 활동과 식문화를 총괄하는 용어로 사용된다. 전통음식이란 전통식품인 국산 농수산물을 주원료 또는 주재료로 하여 예로부터 전승되어 오는 원리에 따라서 제조하고 가공 조리되어 우리 고유의 맛과 향과 색을 내는 식품을 말한다. 한편 K-Food는 Korean-Food의 약자로 사용되고 있고, 한국식품을 의미하며 한식의 재료, 한식, 가공식품을 포함한 개념이다.

2) 한식진흥법은 한식 및 한식산업의 진흥과 발전에 필요한 사항을 정하여 한식산업의 경쟁력

시행되었다. 한식재단은 2017년에 한식진흥원으로 기관의 명칭이 변경되어 한식의 세계화를 위한 더 큰 발돋움을 하고 있다. 한식재단은 한식 및 한식산업의 진흥과 관련 산업의 경쟁력 강화를 통해 국민의 삶의 질 향상과 국가경제발전에 기여함을 목적으로 농림축산신품부 산하의 공공기관으로 몫을 담당하고 있다.

현재도 각종 영화나 드라마에서 보이는 한국음식은 세계인들의 호기심을 불러일으키고 있으며, 그 음식을 판매하는 곳들은 새로운 관광지로 부상한다. 2021년에는 한류스타가 참여하는 '김치의 역사', '김치의 문화' 등 김치의 세계화를 위한 영상 제작도 진행되었다. 엔터테인먼트 콘텐츠를 세계인이 즐기는 현시점에서는 특히 우리의 음식문화가 하나의 자원으로 콘텐츠화되어 국가의 브랜드는 물론 식품산업에서도 부가가치를 창출하고 있다.

2017년 10월 16일부터 11월 24일까지는 KBS 방송에서 시사교양 프로그램으로 '한식'이 30부작으로 진행되었다. 한식문화의 경이로움을 확인하고, 다른 세계와의 소통과 융합이라는 미래 음식문화의 가치를 발견하고자 하는 다큐멘터리였다. 한식에서 빠질 수 없는 젓갈, 다양한 채소로도 만들 수 있는 전, 맛의 깊이가 다른 고추장, 김치를 담그고 나누는 김장문화[3)], 자연이 주는 선물인 나물, 비빔밥, 쌈, 냉면 등 다양한

을 강화함으로써 국민의 삶의 질 향상과 국가경제 발전에 이바지함을 목적으로 한다. 한식산업은 한식과 관련된 기획, 개발, 생산, 유통, 소비, 수출 등의 산업을 말한다.

음식과 스토리가 포함되었다. 방송을 매체로 한 한식 사랑의 모습은 그만큼 한식이 자연식이자 영양식이며, 맛과 아름다움까지 내포한 깊이 있는 우리 고유의 음식이라는 점을 확인시켜 주었다. 한식은 오랜 세월 유지되어온 소중한 문화이기 때문이다.

2019년 문화체육관광부 해외문화홍보원이 실시한 대한민국 국가이미지 조사 발표에 따르면, 한국의 음식문화가 주목받고 있다는 것을 재확인할 수 있다. 외국인들이 한국에 대해 가장 많이 접할 수 있는 분야는 한류, 기초예술 등 현대문화(36.2%)이며, 경제(18.1%), 안보(17.8%), 문화유산(10.7%) 순이었다. 정보를 습득하는 매체는 SNS(누리소통망), 인터넷 등 온라인 매체(46.6%), 방송(33.4%), 신문잡지(9.5%) 순이었다. 그리고 '한국' 하면 떠오르는 이미지는 '한식'이 40%로 가장 높게 나타났고, 이어서 K-pop(22.8%), 한국문화(19.1%), K-beauty(14.2%) 등으로 조사되었다. 대한민국에 대한 이미지는 한국 국민보다 외국인들이 긍정적으로 평가(80.3%)하는 것으로 나타났다.

---

3) 김치 담그기(Kimchi Damgeugi, Kimchi Making)는 2017년 11월 15일 국가무형문화재로 등록되었다. 김치는 한국인의 식사에서 빼놓을 수 없는 음식이고, 한식을 대표하는 음식 중 하나이다. 또한 김치 담그기는 협동과 나눔 결속의 공동체 정신이 담겨진 문화로 오늘날까지도 이어지고 있다. 한국 전역에서 전승되는 생활문화이다.

한국의 이미지

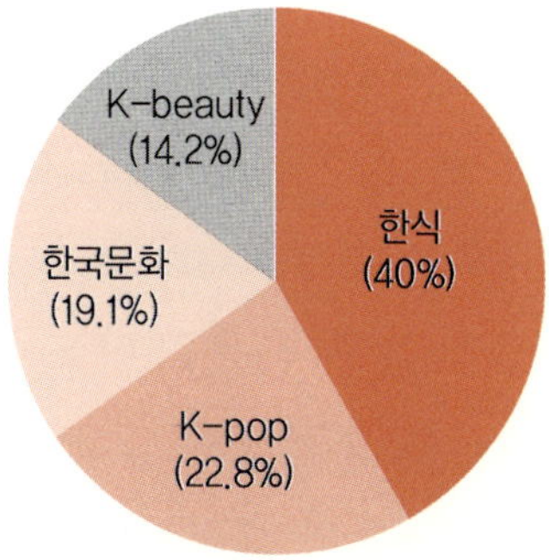

건강한 음식, 한식

한식은 건강한 음식으로 알려져 있다. 2008년 농림수산식품부와 전북 의대가 진행한 '한식 및 전통식품의 우수성에 대한 임상실험'에서는 그 효과성을 확인했는데, 대표적인 비빔밥이나 김밥 등 한식 위주의 식단을 따르는 사람들은 탄수화물 섭취량이 많아도 혈당지수가 높지 않고, 인슐린 지수도 낮아서 당뇨나 성인병 위험이 상대적으로 적다는 것이다(www.hansik.or.kr). 비빔밥과 김밥은 돈가스나 햄버거에 비해 중성지방이 현저히 낮고, 고추장 된장이 비만에도 뚜렷한 효과가 있다. 김치를 만드는 데 필요한 마늘이나 생강, 쪽파, 고춧가루 등 양념 채소는 암세포 성장 억제 효과가 있고, 양념 채소가 김치의 부재료로 발효되면서 항암 효과를 증가시킨다. 세계김치연구소(2018)에서는 김치유산균인 '락토바실러스 사케아이 Wikim30'이 아토피 피부염의 예방과 증상 개선에 효과적으로 작용한다는 사실을 밝혔다. 이미 김치는 2006년에 세계 5대 건강식으로 선정(Health Magazine)되었다. 젖산균이나 효모 등 미생물의 발효 작용을 이용하여 만든 발효식품은 세계적으로 건강식으로 알려져 있다. 대표적으로 동유럽과 러시아를 대표하는 치즈와 요구르트는 물론이고 동유럽과 러시아를 대표하는 케피어(Kefir), 독일의 김치 사우어크라우트(sauerkraut), 일본의 낫또 등이 유명하다. 한식에 활용되는 발효식품인 김치와 청국장, 된장, 고추장 등은 항암 효과, 간 기능 강화, 유산균의 정장 작용, 인슐린의 분비 촉진 기능 등을 갖고 있다.

조화와 균형, 아름다움을 담은 한국을 상징하는 비빔밥

한식은 아름다움과 영양이 조화와 균형을 갖춘 음식이다. 다채로운 색과 모양의 아름다움을 갖추고 있어서 맛은 물론 보는 즐거움을 더해 준다. 한국을 상징하는 비빔밥은 2004년 WHO에서 영양학적으로 균형 잡힌 '모범식'으로 선정된 음식이다. '비빔밥'이 세계 최고의 기내식으로 선정되기도 했다는 것(1996, 1998, ITCA Mecury Award)을 보면 한국문화의 상징으로 그 몫을 단단히 해내고 있음을 알 수 있다. 특히 비빔밥은 오방색을 적절하게 배열한 음식으로 적색, 청색, 백색, 흑색, 황색이 조화롭게 어울린 음식이다. 밥 위에 오색이 담긴 각종 채소를 볶아 나물로 올리고, 고기와 황백 지단으로 고명을 얹은 비빔밥은 골동반(骨董飯) 혹은 화반(花飯)으로 불리기도 한다. 마치 잘 가꾸어진 화원을 그릇에 옮겨 담은 듯하다 하여 아름다운 꽃밥이라고도 한다.

비빔밥은 밥과 갖은 나물 고명들을 잘 비벼서 먹을 때, 색과 맛이 함께 어울려 조화와 융합의 맛을 내는 '어울림'의 상징이다. 비빔밥은 한국문화를 상징하는 음식이며, 섣달그믐날에 먹었던 세시음식이다. 다섯 가지의 색과 맛을 느낄 수 있는 오색(五色)과 오미(五味)의 식재료는 한식을 조화롭게 만들어준다. 세시음식(歲時飮食)이란 일 년 중 때때마다 만들어 먹는 명절음식(名節飮食)과 시절음식(時節飮食)을 통칭한다. 계절에 따라 산출되는 식품으로 한 한식의 기본 식재료를 활용하여 만들어진 세시음식은 맛과 멋, 영양, 정성, 나눔의 가치를 담고 있다.

한식 식재료의 오색과 오미

오색(五色)					오미(五味)				
붉은색	녹색	노란색	흰색	검정색	짠맛	단맛	신맛	매운맛	쓴맛
고추 대추 당근	미나리 호박 오이 실파	달걀 노란자	달걀 흰자	석이버섯 목이버섯 표고버섯	소금 간장 된장 고추장	설탕 꿀 조청 엿	식초 감귤류	고추 겨자 천초 후추 생강	생강

한식 식재료의 오색과 오미

곡물류

장류

양념류

출처 : 한식재단.

K-Culture → 한국의 생활문화 → 한국음식 → 세시음식

비빔밥은 세시음식이지만 이제는 한국인들의 일상음식이며, 외국인도 즐기는 세계인의 음식이 되었다. 비행기의 기내식으로도 활용된 지도 오래이다. 비빔밥의 유래와 관련된 몇 가지의 이야기가 전해온다.

〈비빔밥의 유래〉

• 예로부터 행해져 온 산신제, 동제 등 마을을 벗어난 특정 장소에서 이루어지는 마을 단위 행사에서 제물을 음복하는 차원에서 제사상에 올려진 적, 숙채, 간납 등 여러 음식을 하나의 그릇에 넣고 비벼서 나누어 먹었던 것에서부터 비빔밥이 유래했다고 추측되고 있다.

• 섣달그믐에 부엌에 남은 반찬을 모두 모아 한 해를 넘기지 않고 비벼서 밤참으로 나누어 먹는 풍습에 따른 것이다. 새해를 맞이하기 위해 새로운 음식을 만들게 되므로, 남은 반찬을 한데 비벼 먹은 것에서 유래한다.

• 농사철에 아낙네들이 들밥을 머리에 이고 나가는데, 이때 밥을 큰 그릇 하나에 담고, 나물도 바가지에 듬뿍 담아서 작은 빈 바가지와 함께 가져가면, 가져간 작은 바가지에 자신이 먹을 만큼 밥과 각종 나물을 넣고, 고추장을 넣어 비벼 먹었다.

여러 가지 비빔밥

돌솥비빔밥

새싹비빔밥

육회비빔밥

출처 : 한식재단.

2. 명절과 절기에 먹는 내림음식

설이나 추석과 같은 우리나라의 대표적인 명절이 오면, 차례상이나 아침상에 올라오는 음식은 할머니와 어머니의 손맛 깊은 음식이다. 떡국은 설날에 반드시 먹어야 할 음식으로 '떡국 한 그릇 먹으면 한 살 먹는다'는 이야기와 더불어 "떡국 열 그릇 먹으면 열 살 더 먹는 거야?"라는 아이들의 해맑은 이야기도 듣는다. 어느덧 떡국은 설날이면 언제나 우리 곁을 지키는 음식이 되었다. 굳이 가르쳐 주지 않았어도 알고 있는 익숙한 생활문화가 되었다. 명절과 절기에 먹는 음식은 그런 특징을 갖는 음식들이다. 봄철이면 봄나물을 먹고, 여름에는 더위를 이겨낼 수 있는 보신 음식을 먹고, 가을이면 햇곡식과 햇과일을 먹는 것이 매우 자연스러운 한국인들의 삶이다.

한식은 약과 음식의 근원이 같다는 약식동원(藥食同源) 사상을 따른다. 좋은 음식을 먹으면 몸에 보약이 된다는 점을 강조한다. 사계절이 있는 한국은 계절의 변화에 따라 수확할 수 있는 식품 재료를 활용하여 봄 여름 가을 겨울의 사계절 환경에 적합한 먹거리를 세시음식으로 다양하게 발달시켰다. 세시음식은 우리가 알고 있듯이 명절이나 절기에 먹는 음식으로, 그 계절에 생산되는 신선한 재료로 만든 음식이다. 그것은 인간이 자연 속에 어울려 존재하며 자연의 이치를 따르는 유기체로, 자연 친화적인 삶의 모습을 보이는 것은 그야말로 자연스러운 일이다.

세시음식은 자연식이며 보양(保養) 음식

가정마다 전통적으로 만들어 먹었던 세시음식이 있다는 점은 참으로 흥미롭고, 우리의 생활문화가 전수된다는 측면에서 의미가 크다. 과거 우리의 생활문화에 나타난 가가례(家家禮)의 모습이 세시음식에도 고스란히 남아 있다는 것이다. 명절 제사상에 올리는 음식으로 경상도 지방에서는 문어를, 전라도 지방에서는 병어나 굴비를, 제주도에서는 옥돔을 말하는데, 이는 지역이나 가정마다 그에 맞는 색다른 세시음식을 내림음식[4)]으로 지켜 왔다는 것을 알려준다. 내림음식이 반드시 종가(宗家)를 중심으로만 전해지는 것은 아니다. 토속음식이자 내림음식으로 전통문화포털(kculture.or.kr)에서는 계절음식을 소개하고 있다. 김장 때 먹던 서울의 곱창배춧국, 경

4) 내림음식이란 조상 때부터 집안 대대로 전하여 내려오는 음식을 말한다. 예컨대, 〈한국인의 밥상〉 방송프로그램에서는 간송 전형필가의 장김치와 누름적 솔만두가 내림음식으로 소개되었다. 『한국 종가의 내림 발효음식』(2015)에는 종가 12곳의 종부가 직접 내림 발효음식이 수록되어 있다. 종가의 겨울 김치로 청원 문화 류씨 종가의 동치미, 논산 파평 윤씨 윤증 종가의 장김치, 의정부 반남 박씨 박세당 종사의 보쌈김치 등을 볼 수 있고 만드는 레시피도 기록되어 있다.

기도식 여름 풋김치와 겨울 묵은지, 김장을 담그기 전에 만들어 먹은 전북 정읍의 싱건지 등도 내림음식이다. 가정마다 명절에 독특하게 지켜오는 음식이 있다.

〈세시음식이란 무엇인가?〉

- 명절이나 절기에 먹는 음식이다.
- 계절에 나는 신선한 재료로 만든 음식이다.
- 조상들이 향유해 온 전통음식이다.
- 자연이나 신에게 복을 기원하는 음식이다.
- 대대로 내려오는 내림 음식이다.

오늘날은 4차 산업혁명 시대다. 농업기술도 크게 발달하여 비닐하우스 생산은 물론 도시농장에서도 계절과 관계없이 원하는 채소와 식재료를 생산하고 있어서 제철에 생산되는 식품 재료가 무엇인지 혼란스러울 정도가 되었지만, 예로부터 사계절에 따라 수확했던 식품 재료를 조리에 응용한 것은 계절에 따라 순응하며 살아온 조상들의 삶의 지혜가 스며 있다는 의미가 크다. 한국인에게는 제철 식품 재료로 조리하여 음식을 섭취하는 것 자체가 보약으로 인식되었다. 문화적 · 환경적 영향에 따라 지금도 한국인들에게 제철에 나오는 식품은 관심의 대상이다. 봄이 오면 겨우내 구하기 힘들었던 새로 돋아나는 신선한 봄철 채소를 이용하여 입맛을 돋우는 봄나물을 먹고, 한여름 삼복더위에는 보신(保身)음식으로 삼계탕을 찾으며, 겨울 동지에는 액을 멀리하게 해주는 팥죽을 먹어야 한다고 자연스럽게 생각한다. 이 외에도 추석에는 송편과 햇과일, 설날에는 떡국, 정월 대보름에는 오곡밥과 묶은 나물 등 세시음식의 주 메뉴로 정형화된 문화를 지켜오고 있다. 세시음식은 보양의 음식이었다. 계절변화에 적응하기 위한 삶의 지혜가 세시음식을 만들어 냈다. 계절과 무관하게 먹거리가 풍부해진 오늘날, 과거로부터 이어온 세시음식이 다양한 음식 산업을 견인하는 원동력이 되고 있으니, 선조들의 삶의 지혜와 문화 계승의 의미는 더욱 소중하다.

한국의 세시음식에는 어떤 것이 있을까? 우리나라는 계절에 따라 생산되는 식품이 제한되었기 때문에 절기마다 관습적으로 생산되는 식품을 이용하여 독특한 계절식과 시식을 만들어 먹었고, 이것이 세시음식으로 정착되었다. 농경의례를 하기 위해서 제철에 나는 재료로 음식을 만들어 제례를 올리는 것이 기본이었다. 제례(祭禮) 후에는 '음복(飮福)'이라 하여 만든 음식을 가족은 물론이고 이웃과도 서로 나누어 먹으면서 계절마다 필요한 영양도 보충하고, 상부상조하는 문화를 만들었다. 유득공의 『경도잡지(京都雜志)』에 따르면 오늘날과 같은 세시음식은 18세기경에 정착되었다고 기록하고 있다. 정학유의 『농가월령가(農家月令歌)』에도 농가에서 매달 해야 할 일, 철마다 알아두어야 할 풍속이나 예의범절 등도 월별로 구분하여 적어 놓았다. 월별 음식을 준비하기 위해서 비축해야 하는 식품의 준비와 관리를 해 왔던 모습도 엿볼 수 있다.

세시풍속과 세시음식 연구(윤나리, 2010)를 보면 지금까지 세시음식으로 가장 많이 알고 있고 만들어 먹는 음식은 떡국(90.4%), 삼계탕(87.7%), 오곡밥과 팥죽(78.6%), 송편(77%), 토란탕(68.45) 등의 음식과 부럼, 식혜, 쑥떡과 같은 후식류가 있고, 반찬류로는 묵은 나물(68.4%) 등으로 나타났다. 연구에서 나타난 바와 같이 설이나 정월 대보름, 단오, 삼복, 추석, 동지는 널리 알려져 있고, 그날 먹는 세시음식도 많은 이들이 알고 있다. 한편 냉면이나 설렁탕, 부각, 팥죽, 냉면, 약밥, 식혜 등은 반드시 세시음식으로 먹지 않더라도 일상에서 상품화되어 판매되고 있는 친숙한 음식이다.

세시음식을 만들어 먹지 않는 이유(윤나리, 2010)를 살펴보면, 세시를 지키고 음식을 만들어 먹는 것은 지켜야 할 미풍양속이라고 생각(31%)하고 있지만, 시간이 없고 번거롭기 때문(53.2%)이라고 한다. 시대환경이 변화하고 세시마다 필요한 음식을 만들기 어렵고 시간이 없지만, 기회가 되면 세시음식을 배우고 싶다(73.3%)고 하며, 그 이유는 우리나라의 전통문화이므로(80.7%)라고 답했다. 이는 곧 세시음식을 계승 발전시키는 것으로 생각하기 때문이다.

〈세시음식을 만들어 먹는 이유는?〉

- 지켜야 할 미풍양속이라고 생각해서
- 맛이 좋고 영양이 좋다고 생각해서
- 집안 대대로 내려오는 전통이므로
- 제철음식이므로
- 자녀 교육을 위해서

〈세시음식을 만들어 먹지 않는 이유는?〉

- 시간이 없고, 번거롭기 때문
- 조리법에 익숙하지 않으므로
- 세시풍속을 잘 몰라서
- 그에 따른 비용이 부담되기 때문

그러나 요즈음에는 세시음식을 직접 정성을 다해 만들어야 한다는 생각은 많이 바뀌고 있다. 과거에 세시음식 만들기의 책임자였던 여성들이 경제활동에 참여하면서 더 이상 직접 음식을 만들려 하지 않는다. 각 가정과 개인에 따라 차이가 있다 하더라도 이러한 변화는 대세이다.

명절음식도 새벽배송으로

현재 '명절음식'이라는 키워드를 포털사이트에 검색하면 가장 먼저 '명절음식 제사음식 전문 맛집', '명절음식 새벽배송' 등의 광고가 앞서서 나온다. 명절음식 세트가 화려하게 등장하는 광고사진을 보면, 곧바로 구매로 이어질 것만 같다. '시간=돈'으로 받아들여지는 시대에 시간과 노력을 들여야만 장만할 수 있었던 '명절음식'을 손쉽게 구매할 수 있다는 것은 아직도 명절음식 만들기에 대한 역할을 직간접적으로 담당해야 한다고 생각하는 여성들에게는 매력적으로 다가온다. 명절음식을 구매할 수 있는 여건이 되는 것도 그들의 능력으로 보고 있다. 과거 여성에게 요구되었던 음식과 바느질로 대표된 부공(婦功)의 능력이 여성들의 경제활동 능력으로 바뀐 것과 맞닿기 때문이다. 이유를 막론하고, 직접 명절음식을 만들든 만들어진 음식을 구매하든 명절음식을 지켜가고자 하는 인식이 오늘에까지 이어지고 있는 것은 분명하다.

3. 다양한 세시음식

설부터 그믐달까지 즐기는 세시음식은 매우 다양하다. 그리고 세시음식은 향토음식으로도 특색 있게 전해져 왔다. 명칭이 같은 세시음식이라도 그 지역에서 생산되는 식재료를 활용하여 만들기 때문에 같은 듯 다른, 특색 있는 음식으로 탄생하였다. 설날에 먹는 떡국 모양도 지방마다 가정마다 모두 같은 모양이 아니다. 떡을 써는 모양에 따라 가래떡을 반달로 썰기도 하고, 어슷썰기도 해서 떡국을 만들었다. 특이하게 누에고치 모양으로 조롱박 같은 떡(조롱이떡, 조랭이떡)으로도 만들었다. 특별히 조랭이떡으로 만든 이 떡국은 개성지방의 떡국으로 알려져 있다. 떡국에 넣어 끓이는 고기도 꿩고기, 쇠고기, 닭고기 등 다양하다. 떡을 비롯하여 국이나 김치, 탕, 찜, 산적, 나물, 만두, 죽, 국수 등 세시음식의 종류도 형형색색 다양하다.

세시음식

세시	음식				
설	떡국	만두국	갈비찜	식혜	수정과
입춘	승검초산적	오신반	산갓김치	탕평채	명태순대
대보름	오곡밥	묵은나물	원소병	귀밝이술	부럼
삼짇날	진달래화채	진달래 화전	책면	두견화주	애탕국
단오	준치만두	앵두화채	수리취떡	쑥떡	증편
삼복	삼계탕	육계장	민어탕	개장국	임지수탕
백중	밀개떡	감자떡	백가지나물	호박나물	김부각
추석	송편	토란탕	송이산적	녹두나물	배숙
중구절(중양절)	메밀만두	화채	국화주	도루묵찜	황계백숙
시월무오일	변씨만두	신선로	연포탕	호박고지시루떡	밀단고
동지	팥죽	냉면	비웃구이	골무떡	타락죽
섣달그믐(납일)	골동반	설렁탕	완자탕	내장전	동치미

〈설날 떡국〉

- 떡국은 맑은장국에 가래떡을 얇게 썰어 넣고 끓인 설날에 먹는 절식의 하나이다.
- 『동국세시기』, 『열양세시기』 등 기록에는 정초 차례와 세찬에 없어서는 안 될 음식이다.
- 개성에서는 조랭이 떡국이라 하여 흰떡을 가늘게 빚어 3cm가량 끊고 가운데를 잘록하게 만들어 끓인다.
- 충청도에서는 생떡국이라 하여 쌀가루를 익반죽하여 떡국을 끓여 먹기도 한다.
- 설날 떡국은 옛날에는 꿩고기를 많이 사용했으나, 지금은 쇠고기, 닭고기로도 끓인다.
- 새해 첫날, 밝음을 표시하는 흰색 둥근 떡을 사용하는 것은 태양숭배의

신앙에서 유래한 것으로 보인다. 둥근 흰떡은 태양을 상형한 것이다.
- 오늘날 떡국은 가정에서 설날 즐기는 음식이면서, 일품요리로 각 음식점에서 널리 판매되고, 반조리식품으로도 생산 유통되고 있다.

떡국

조랭이떡국

떡만둣국

출처 : 한식재단.

〈입춘 오신반〉

- 오신(五辛)은 파, 마늘, 부추, 염교, 생강 등 시고 매운 다섯 가지 생채 음식을 말하는 것으로 입춘 절식의 하나이다. 오신반을 먹으면 감염병을 예방할 수 있다고 믿었다.
- 『임원십육지』, 『세시풍요』, 『동국세시기』에는 다양한 오신반을 소개한다. 파, 무, 노란 겨자, 봄나물, 싱검초 등이다.
- 『동국세시기』, 『규곤시의방』의 기록으로 보아 조선시대에 이미 정착된 절식으로 추측된다.
- 오신반은 다섯 가지 재료를 살짝 데치거나 날것으로 겨자즙에 무치는 것이다.
- 산갓은 데쳐서 초장에 무쳐서 먹기도 하고, 당귀 싹은 꿀에 찍어 먹기도 하였다.
- 『농가월령가』 기록에 오신반은 일부 상류층에서 먹었던 음식으로 보인다.
- 겨울을 지내면서 신선한 채소가 귀했던 시기에 어린 새싹을 이용한 음식이었다.

〈정월 대보름 오곡밥과 묵은 나물, 원소병, 약밥〉

- 오곡밥은 대보름의 절식으로 쌀 보리 조 콩 기장 등 다섯가지 곡식을 넣어 지은 찰밥이다. 찰밥은 오곡밥과 약밥 두 종류로 나뉜다. 오곡이란 정확하게는 다섯 종류의 곡식을 의미하는 것이 아니며, 오곡백과라는 말과 같이 곡식 종류 총체를 뜻한다. 대보름의 오곡밥은 속이 가득 찬 보름달처럼 풍년을 기원하는 기대감이 담겨 있는 민속이다.
- 약밥은 약반(藥飯), 약식, 제약반 등으로도 불렸다. 찹쌀을 쪄서 달인 꿀물에 버무리고 여러 가지 조그마한 열매를 섞은 후 다시 그것을 쪄서 만든다.
- 묵은 나물은 고사리 호박고지 오이고지 가지고지 시래기 등 햇볕에 말린 갖은 나물을 물에 잘 우리고 삶아 무쳐서 먹는 음식이다.
- 『동국세시기』에는 박나물 버섯 등 말린 것과 대두황권(콩나물순을 말린 것) 순무 무 등을 묵혀둔다는 기록이 있다. 꼭지, 가지고기, 시래기 등을 말려두었다가 삶아 먹는다라고 하며 이것을 먹으면 더위를 먹지 않는다고 하여 대보름날 묵은 나물을 먹는 풍속이 되었다.
- 원소병은 찹쌀가루를 색색으로 반죽하여 소를 넣고 경단으로 빚어 삶아 내고 꿀물에 띄워내는 음료이다. 원소(元宵)는 '정월 보름날 밤'이라는 뜻으로 절식의 뜻이 있다.

오곡밥

다섯 가지 나물

아홉 가지 나물

출처 : 한식재단.

〈정월 대보름 부럼과 산적, 복쌈〉

- 대보름 절식인 부럼은 『세시기』에 기록되어 있기를 아이들은 핵도(核桃, 호두), 율자(栗子,밤), 백자(柏子, 잣)을 깨물어 소리를 내는데, 이를 작종(嚼腫)이라 하며, 부스럼병을 물리칠 수 있다고 하였다.
- 『동국세시기』에도 이른새벽 날밤, 호두, 은행, 잣, 무 등 속을 깨물며, 1년 열두 달 동안 무사태평하고 종기나 부스럼이 나지 않게 해 달라 기원했다고 하였다. 이를 작절(嚼癤, 부럼)이라 하고, 고치지방(固齒之方, 이를 단단하게 하는 방법)이라 한다.
- 『세시풍요』와 『해동죽지』에는 고치적(固齒炙)이라 하여 고기를 구워 먹었다는 기록이 있다. 이를 '이굳히산적'이라 하였다.
- 복쌈은 『세시풍요』에는 벅쌈으로, 『동국세시기』에는 복과(福裹)로 소개되어 있다.

〈삼짇날 진달래화전과 애탕국〉

- 진달래화전은 두견화전이라고도 함. 주로 삼월 삼짇날에 먹던 시절 음식이다. 찹쌀가루에 소금을 넣어 익반죽해서 둥글납작하게 빚어서 식용유에 지진 후 진달래꽃으로 장식하여 설탕이나 꿀에 재운 음식이다.
- 『시의전서』에 두견화전이 소개되어 있다.
- 애탕국은 어린 쑥을 데쳐 다진 쇠고기와 함께 섞어 완자 모양으로 빚어서 끓인 국이다.
- 『규곤시의방』, 『시의전서』, 『동국세시기』 등에 기록되어 있고, 쑥탕, 애탕(艾湯)이라고도 한다.

〈단오날 준치만두와 수리취떡〉

- 준치는 4월과 5월에 가장 맛이 좋은 생선으로 이 시기에 잠시 나왔다가 들어가는 비늘이 크고 가시가 많은 흰살생선 중의 하나이다. 『규합총서』, 『증보산림경제』에는 준치의 가시 없애는 법이 기록되어 있다.
- 준치만두는 준치를 통째로 쪄서 껍질을 벗긴 후 가시와 살을 골라내어 둥근 완자를 만들어 국을 끓이거나 밀가루에 여러 번 굴려 만든다. 준치만두는 오월 단오의 절기 음식으로 봄철의 보양식이다.
- 수리취떡은 멥쌀가루에 수리취나 쑥을 섞어 만든 절편으로 단오절식의 하나이다. 수레바퀴 모양으로 찍어낸 모양으로 차륜병(車輪餠), 애엽병(艾葉餠)이라고도 한다.

〈삼복(三伏) 삼계탕〉

- 초복(初伏) 중복(中伏) 말복(末伏)의 더위를 이기기 위해서 고기국을 끓여 먹는 풍습을 '복달임'이라 한다. 이때 보신을 위해 먹는 음식이 삼계탕이다. 이날의 풍속은 유두날과 유사하다.
- 무더운 날 뜨거운 삼계탕은 '이열치열(以熱治熱)'로 체온을 조절하고 건강하게 여름을 지내도록 하는 것이다. 삼복의 뜨거운 국에 고춧가루를 뿌리고 흰밥을 말아 먹고 땀을 흘리면 더위를 제거하고 허한 것을 보강할 수 있다고 하였다.
- 삼계탕은 약병아리에 인삼과 황기, 대추, 마늘, 찹쌀 등을 넣고 끓여 만든 음식이다.
- 오늘날 삼계탕은 보양식으로 내외국이 모두 선호하는 한식 메뉴로 삼계탕 전문음식점이 성행하고 있다. 다양한 보양식 재료를 곁들인 퓨전 삼계탕도 많다.
- 『경도잡지』, 『세시기』, 『열양세시기』, 『세시풍요』 등에 구갱(狗羹), 구팽(狗烹), 팽구위갱(烹狗爲羹)의 기록이 남아 있다. 한국에서 개고기는 금기식의 일종이다. 그래서 개고기는 상식이 아니라 특별식이며, 속담에 '복날 개 패듯 한다'라는 것은 복날만 허용되는 전통적 금기식으로 해석되고 있다.

〈백중 밀개떡과 시식〉

- 『경도잡지』, 『조선세시기』에는 백종절이라 하고 백중이라 하였다. 백가지 종자를 수확하게 해준 것에 대한 보답을 뜻한다고 보인다. 백종, 백중, 중원일, 망혼일 등 다른 이름으로도 불린다. 여름철 휴한기에 휴식하는 날이고, 농민들이 즐기는 명절이다.
- 밀개떡은 여름에 수확한 밀로 밀가루를 빻아서 납작하게 만들어 쪄낸 떡이며, 백중날 먹는다.
- 밀개떡은 밀갠떡이라고도 하고, 전남 영암에서는 밀겨떡이라고도 부른다.
- 『동국세시기』에는 이때의 시식(時食)으로 오미백과(五味百果, 온갖 과일), 소과주음(蔬果酒飮, 채소·과일·술·밥)이 소개되어 있다.

〈추석 송편과 토란탕〉

- 음력 8월 15일로 속칭 추석 또는 가배(嘉俳)라고도 한다.
- 송편은 추석의 대표적인 음식이다. 송병(松餠), 또는 송엽병(松葉餠)이라고도 한다. 쌀가루를 익반죽하여 풋콩이나 깨, 밤 등의 소를 넣어 예쁘게 빚어 시루에 솔잎을 넣고 쪄낸다.
- 가을걷이 후에 가장 풍성한 가을에 수확을 축하하는 의미로 솔내음 나는 송편을 만들어 먹었다. 요즈음에는 언제든지 송편을 먹을 수 있도록 판매되고 있지만, 풍습대로 추석에는 사람들이 송편을 만들거나, 구매해서 추석 차례를 지내고 나누어 먹는다.
- 추석 송편은 여러 떡의 일종으로 평소에 먹기도 하고 절식(節食)이나 제병(祭餠)의 용도로 사용되었다. 『경도잡지』, 『열양세시기』, 『동국세시기』에 근거해 보면, 18세기에 이르러 2월 초 머슴날 송편이 머슴의 배를 채워 풍년을 의도했듯이 추석에도 곡식의 모습을 닮은 송편을 빚어 풍요로움을 성취할 수 있는 소망떡으로 자리매김한 것으로 보고 있다.
- 『동국세시기』에 따르면 (추석에) 술집에서는 햅쌀 술을 빚어 팔며, 떡집에서는 햅쌀 송편과 무와 호박을 넣은 시루떡을 만든다는 기록이 있다.
- 조선시대 송편을 빚어 먹었다는 기록 중에는 이문건(1494~1567)의 『묵재일기』에서 3월 3일(삼짇날)에 명절음식으로 기록되어 있다.

• 『농가십이월속시』에는 치갱(鴟羹, 토란과 같은 국), 『세시풍요』에는 토련갱(土連羹, 토란국)이 소개되어 있다. 토란탕은 토란껍질을 벗겨 쌀뜨물에 소금 약간 넣어 살짝 삶아서 찬물에 씻어 놓고, 쇠고기 육수에 토란(土卵)을 넣고 끓인 국으로 토란국이라고도 하며, 추석 때 먹는 절식이다.

〈중양절의 국화전과 국화주〉

• 중양절은 삼월 삼짇날에 왔던 제비가 다시 강남으로 간다는 날로, 국화가 만발하는 때다.
• 국화전(菊花煎)은 찹쌀가루를 익반죽해서 동그랗게 만들어 그 위에 국화꽃 잎을 붙인 후 기름에 지져내는 음식으로 9월 9일 중양절의 절식이다. 국고(菊糕), 국고(菊餻)라고 한다. 『동국세시기』에는 빛나는 누런 국화를 따다가 찹쌀떡을 만든다고 하며, 진달래 떡 만드는 방법과 같다고 하며, 이를 화전(花煎)이라고 한다고 되어 있다.
• 국화주는 누룩, 물을 섞어 빚은 곡주에 국화 향기를 넣는 화향입주법(花香入酒法)을 기본으로 하지만, 술을 빚을 때 국화를 함께 넣는 직접 혼합하는 가향(加香)국화주나 술에 국화꽃을 띄워 운치를 더해 마시기도 한다. 국화주는 궁중의 축하주로 애용되었고, 민간에서는 중양절에 마시면 장수하고 무병하다 하여 조상들이 즐겼던 계절 술의 하나이다.

추석 송편

중양절 국화주

출처 : 한식재단.

시월 무오일 시루떡과 김장하기

- 음력 10월 중 말(馬)이라는 의미의 오(午)자가 들어간 날을 마일(馬日)이라고 하며, 이때는 말을 소중하게 여겨 팥떡을 해서 마구간 앞에 놓고 말의 무병과 건강을 비는 풍속이 있다. 『동국세시기』, 『경도잡지』에는 마구간 고사를 무오(戊午)의 무(戊)가 풍성하다는 무(茂)와 같은 음으로 표현되므로 이날 말 고사를 지내고 말의 번성을 기원했다고 하였다.
- 오늘날에는 풍년에 대한 감사를 표현하는 가을 고사의 날로 10월 말날을 택일하는데, 이는 가장 길일(吉日)로 여기기 때문이다.
- 무시루떡은 멥쌀가루에 굵게 채 썬 무와 팥고물을 번갈아 놓아서 시루에 찐 떡으로 김장무가 나오는 10월 상달에 별미로 먹는 떡이다. 이에 대한 기록은 『규합총서』, 『임원십육지』 등에 나와 있다.
- 『동국세시기』에는 '서울 풍속에 무 배추 마늘 고추 소금 등으로 독에 김장을 담근다'라고 하였고, 『해동죽지』에도 시월 입동(立冬)이 가까워지면 집집마다 무와 배추를 담그니 이를 '김장'이라 한다고 소개되어 있다.

〈동지 팥죽과 전약〉

- 동지는 밤이 가장 길고 낮이 가장 짧은 날로 민간에서는 아세(亞歲), 즉 설 다음 가는 작은설이라고 한다. 동지 팥죽을 먹어야 진짜 나이를 한 살 먹는다라고 생각해 왔다.
- 동지 팥죽은 팥을 고아서 죽으로 만들고 찹쌀로 새알심을 만들어 넣어 끓인다. 강원도에서는 새알심으로 찹쌀이나 수수쌀로 만든 '옹심'을 넣어 나이 수대로 먹는다.
- 팥죽의 붉은 색은 귀신을 쫓는 효과가 있다고 믿었으므로, 팥죽을 쑤어 먼저 사당에 동지 고사를 지내고 나서 대문이나 벽에 뿌리며, 장독 헛간 같은 곳에 놓아두었다가 식은 다음에 식구들이 모여 먹는다. 악귀를 쫓는 주술적 의미가 있다. 붉은색은 귀신을 쫓아내는 색으로 여겼으므로 제사음식이나 차례음식에 고춧가루를 쓰지 않는 것도 이 때문이다.
- 『동국세시기』에는 이날 적두죽을 쑤는데 찹쌀가루로 새알 모양의 떡을 만들어 그 죽 속에 넣어 새알심을 만들고, 꿀을 타서 시절음식으로 삼아

제사에 쓴다고 기록되어 있다.

- 『한양세시기』에는 적두죽(赤豆粥), 『시의전서』에는 팟쥭(팥죽), 『해동죽지』에는 살두죽(撒豆粥, 팥죽 뿌리기) 등의 기록이 있다.
- 동지가 음력 11월 10일 안에 들면 애동지라고 하며 아이들에게 나쁘다고 생각해서 팥죽을 쑤지 않았다.
- 팥죽, 팥밥, 팥떡을 먹는 풍습은 팥이 들어간 음식이 소원을 이루어준다고 믿었기 때문이나, 팥은 건강식품이기도 하다.
- 전약(煎藥)은 동짓날 먹는 음식으로 우족이나 가죽을 푹 삶아서 대추나 계핏가루 생강 후추 꿀 등의 재료를 넣고 끓여서 식힌 후 족편처럼 썰어서 만든 음식이다. 족편에는 콜라겐과 단백질, 지방이 많은 음식으로 겨울철 음식이다.
- 조선후기 세시 기록에 의하면 동짓날 습속은 중국에서 기원해서 한국으로 전래된 풍속으로 나타나 있는데, 실제 중국에서도 현재 남부 지역 일부에서는 동지에 팥죽을 먹는 곳이 있지만, 대체로 만둣국으로 대체되었다고 한다. 중국에서 기원한 팥죽 먹는 풍속이 한국에서 더 잘 지켜지고 있는 사례이다.

〈섣달그믐 골동반과 동치미〉

- 비빔밥의 유래는 다양하나, 민간에서 섣달그믐날 새해를 맞이하기 전에 남은 음식을 모두 모아서 비벼서 먹었는데 이를 골동반(骨董飯)이라 하였다. 비빔밥을 가리키는 한자어이다. 『동국세시기』 『시의전서』 등에 골동반이 표현되어 있다. 한글로 '부븸밥'이라고 하였다. 20세기 이후에 비빔밥으로 대체되어 불리고 있다.
- 비빔밥은 전주비빔밥, 서울비빔밥, 전주비빔밥 등 지역마다 비빔밥에 넣는 각종 나물과 재료들이 차이가 있다. 일반적으로 밥 위에 각각 양념하여 볶은 오이나물, 도라지나물, 고사리나물, 콩나물무침, 쇠고기, 표고버섯, 달걀지단 고추장과 참기름을 올려 먹는다.
- 전주비빔밥은 콩나물비빔밥이라고 하며, 콩나물, 황포묵, 고추장, 쇠고기볶음 등이 특징적이다. 콩나물국을 곁들인다.
- 진주비빔밥은 바지락을 곱게 다져서 참기름으로 볶다가 물을 붓고 자작

하게 끓인 보탕국을 얹는 것이 특징이며, 콩나물, 숙주, 쑥갓, 무, 등을 올리고 육회와 청포묵을 올린다. 선짓국을 곁들여 먹는다.

- 오늘날에는 산나물로 만든 산채비빔밥, 곱돌솥에 담아내는 돌솥비빔밥, 홍합비빔밥, 멍게비빔밥, 새싹비빔밥 등 다양한 비빔밥이 등장했다.
- 동치미는 통무를 주재료로 담근 김치이며, 대표적 겨울 저장식품이다.

동지 팥죽

섣달그믐 골동반

동치미

출처 : 한식재단.

세시음식의 주술적 효용

우리나라의 세시음식에는 민속문화의 일종으로 전승되는 주술적 효용을 가능하게 하는 형태, 종류, 색채, 음양오행사상 등이 복합적으로 작동되었다. 이를 정리해서 나타내면 다음과 같다.

세시음식의 주술적 효용		
구분	세시음식	주술적 효용
형태	떡국	가래떡을 길게 늘이는 것은 국수나 실 등이 무병장수의 상징으로 활용되는 것과 유사하다. 새해를 맞아 생의 연속성을 강조하는 것으로 가래떡이 적용된다.
	송편	송편은 볍씨의 모양을 닮았다. 송편피는 쌀겨, 고물은 쌀알로 상징된다. 고물을 넣을 때 꾹꾹 눌러 속을 꽉 채운다. 벼가 알알이 속이 가득 차서 여물기를 기대하는 마음이 담긴 것이 송편이다.
	팥죽 새알심	둥근 모양의 새알은 낮의 길이가 점점 커지는 때로 시작되는 때를 상징한다.
종류	오곡밥	곡식 전체의 풍작을 염원하는 뜻을 함축한다.
	묵은나물	작물의 풍요를 간절하게 표현한다. 가능하면 많은 나물을 차례상에 제물로 올리는 것은 풍작을 소망하는 간절함의 투사이다.
색채	동지 팥죽	중국에서 시작된 동지 팥죽의 유래는 『형초세시기』에서 알 수 있듯이 바보였던 공공씨의 막내아들이 죽어 역귀가 되었는데 그가 살아 있을 때 붉은색의 팥은 무서워했다는 데서 기원했다.
음양 오행 사상	팥죽	동지는 음이 쇠하고 양이 승하는 분기점이다. 붉은색은 전형적인 양기색으로서 동지의 세시적 의미와 일치하며, 양기를 북돋우는 주술성을 지닌다.
	오곡밥	오행사상이 반영된 것으로, 곡식 전체를 아우르는 대표수로 읽힌다. 목, 화, 토, 금, 수로 설정되는 오행은 물질의 대표일 뿐만 아니라 상생과 상극이라는 작용력을 통해 생멸의 순환을 관장한다. 그해 첫 보름달은 생식력이 강한 것으로 믿어 곡식 전체를 뜻하는 오곡밥을 지어 풍작을 소망한다.
	복날개장국	중국에서는 구충주술(驅蟲呪術)의 일종으로 개를 살해하여 가을을 독촉했다. 가을이 오면 극성했던 병충해도 잦아든다. 12지 동물의 하나인 개[戌]는 오행으로 보면 가을에 속하는 동물이다. 가을을 앞당겨 여름의 더위를 쫓는 사상학적 주술이 개장국에 스며 있다. 가을에 속하는 동물은 개, 닭, 원숭이도 있다. 개장국이 주술적 효용을 지닌 요소로 믿어지듯, 복날 음식으로 즐겨 먹는 계장(삼계탕 포함) 역시 간지와 오행의 철학적 지지를 받는 주술적 요소의 일종이다.

출처 : 나경수 (2018). pp.85-116를 참고하여 정리한 것임.

세시음식, 페스티벌이 되다

2015년에는 'K-Food 페스티벌'이 개최되었다. '더불어 한상, 다함께 한식'이라는 주제로 '한국관광공사'와 '문화체육관광부'에서 주관하였다. 그리고 2016년에는 서울 코엑스에서 24절기의 우리 음식을 알리기 위한 K-Food 페스티벌이 '한식, 풍류가 있는 시절食'이라는 주제로 열려 계절에 맞는 음식과 놀이를 즐겼던 한국인의 음식문화를 보여주었다. 색다른 다양한 세시음식은 한식을 대표하는 음식이며, 절기에 따른 스토리가 있는 맛과 멋과 재미가 깃들여 있는 소중한 우리의 문화유산이다. 세시음식은 건강식이며, 계절의 변화를 이겨낼 수 있는 보양식이라는 점 이외에 다양한 뜻이 있다. 세시음식에 담겨 있는 주술적인 특성은 삶의 풍요와 복을 기원하는 한국인의 마음을 비유적으로 표현한 것이다. 주술적이라는 것은 비합리적이고 미신적인 요소라는 부정이고 비판적으로 받아들이기 쉽다. 그러나 세시음식에 담긴 주술적 특성은 합리적 잣대로 평가하기보다는 우리 민족이 주어진 환경에서 생존하기 위한 민간신앙적 차원의 대처였다는 것으로 인식해야 한다. 그리고 이러한 주술적 특성이 있었으므로 세시음식이 유지되고 계승될 수 있었다고 보인다. 향후 다양한 의미와 스토리가 담긴 세시음식을 중심으로 창의적인 콘텐츠로 확장되는 것을 기대해 볼 만하다.

4. 세시주(酒)

한국인들은 풍류를 즐기는 민족이다. 풍류를 즐기는데 빼놓을 수 없는 것이 술이다. 한국의 술문화는 그 역사가 매우 깊다. 아마도 이런 연유에서 한국인들에게 '술'은 인생의 맛과 멋을 누리게 했던 바가 아니었을까 한다.

세시주는 세시명절의 맛과 멋을 함께 만들다

세시주(酒)는 계절의 변화에 따라 주기적으로 맞이하는 명절과 의례 때에 차례나 제사에서 사용하고 나누어 마시며, 놀이와 함께 즐겼던 술이다. 술은 일상에서나 중요한 의례에서나 빼놓을 수 없다. 술은 사람에게 유익한 것으로 보기도 하지만, 지나치게 마시면 몸에 독이 되는 것으로, 술에 대한 관념은 상반된다. 전통성년례인 관례(冠禮) 때에는 초례(醮禮)라는 절차를 통해 어른 앞에서 술을 받아 마시고 답례하는 예법을 가르쳤다. 그 절차에서 술은 향기롭지만 지나치면 몸에 해로우므로 절제가 필요하다는 점을 강조한 것만 보아도, 술이 갖는 강점과 약점을 인식하여 적절하게 음용해야 한다는 것을 알 수 있다. 전 세계적으로도 몇몇 술을 금지하고 있는 국가 이외에는 민족과 국가마다 술 제조법과 음용법 등 다양한 술 문화를 지켜오고 있다.

한국인은 언제부터 술을 만들고 마시기 시작했을까? 한국인이 술을 마신 기록은 『제왕운기』 중 동명성왕의 탄생에 관한 기록에서 찾을 수 있다.

"지상에 천제의 아들인 해모수가 내려와 놀다가 연못에서 물을 관장하는 신인 하백의 딸들을 만나게 되었다. 유화, 선화, 위화 세 딸을 본 해모수는 그녀들의 아름다움에 혹하여 그들과 가까이하고자 술을 권했다. 선화, 위화는 도망쳤고 술을 받아 마신 큰딸 유화는 술에 취해 해모수에게 붙들려 돌아가지 못하고 해모수와 정이 들어 하룻밤의 달콤한 사랑을 나누고 열 달 후에 커다란 알을 낳게 되었다. 그 알 속에서 태어난 아기가 주몽으로 훗날 고구려를 세운 동명성왕이 되었다."

세 여성에게 가까이하려고 술을 권했다는 내용을 보면, 이때 이미 술이 존재했고 음용되었다는 것을 짐작할 수 있다. 이 외에도 『삼국지』 위지 동이전에는 동맹, 영고, 무천 등 농경의례로서 부족사회 공동체의 추수감사제와 같은 제천행사에서 밤낮으로 식음(食飮)하였다는 기록이 있다. 그리고 고구려 사람들은 술을 잘 빚는다는 기록도 있다. 술을 음복하는 것은 신과 사람이 함께 술을 마신다는 믿음에서 이루어진 의식이라고 볼 수 있다.

고려 때는 약주, 탁주, 소주의 형태가 완성되면서 다양한 술이 개발되었다. 약주는 약효가 있는 종류의 술이거나 처음부터 약재를 넣어 빚은 술을 말한다. 술은 지방이나 가문, 만드는 사람의 솜씨에 따라 여러 방법과 기술이 있어서 다양한 맛과 향을 담고 있다. 조선시대에는 특히 조상숭배와 추수감사제, 명절 등의 세시풍속을 중요하게 여겼으므로, 조상 제사에 올릴 정성스럽게 마련한 제주(祭酒)가 필요했다. 따라서 세시음식으로 빼놓을 수 없는 것이 '술'이었고, 자연스럽게 세시와 더불어 술문화가 발달했다.

약주와 탁주, 소주	
약주	약재를 넣어 빚은 술이다. 백하주, 향온주, 녹파주, 벽향주, 유하주, 소국주, 죽엽주, 절주, 청명주, 법주 등이 있다.
탁주	탁주는 맑지 않고 탁한 술로, 빛깔이 희다고 하여 백주, 집마다 담그는 술인 가주, 농가에서 필수적으로 만드는 술이라 하여 농주라고 불린다.
소주	청주를 증류하여 40도 내외의 술을 만들었고, 지역과 가문에 따라 특징이 강했다.

한편으로 술은 마시는 음식이며, 기호 식품이라고 할 수 있는데, 더불어 환자를 치료하기 위한 약용으로도 쓰였고, 각종 약재와 과실의 저장 방법으로도 활용되었다. 『동의보감』에는 출산 후에 바람 든 것을 치료하는 독활주(獨活酒)나 오장(五臟)이 허약해서 생기는 병에 고본주(固本酒)를 마신다고 되어 있다. 그리고 약을 만들 때도 술을 사용하였다고 기록되어 있는데, 숙지황의 경우 구증구포(九蒸九曝), 즉 아홉 번 찌고 아홉

번 말리는 방법을 통해서 찔 때마다 청주를 뿌려서 쪘다고 되어 있다. 아마도 물 대신에 술을 쓰면 약효가 더 증진되기 때문이었을 것으로 보인다.

술은 지금도 한국인의 일상생활과 매우 밀접하게 존재한다. 잔치나 놀이에서도 술을 빼놓을 수 없다. 오늘날도 과거와 크게 다르지 않다. 친지나 이웃과 정을 나누고 상부상조하는 공동체 생활에 큰 활력을 불어넣는 먹거리는 술이다. 보통 한국인들은 "술 한 잔 하자."라고 말하면, '마음을 열고 좋은 만남의 자리를 만들자'라는 숨은 뜻을 전하는 것이다. 술은 인간관계를 맺는 데에 필요한 중요한 매개체가 된다. 그런데 일제 강점기에는 술 제조를 금지한 탄압정책으로 인해 자유롭게 술을 만들어 먹지 못했다.

〈일제 강점기로부터 술 제조의 어려움에 처하다〉

일제 강점기에는 술 탄압정책으로 우리 술이 쇠퇴기를 겪었고, 이후에는 서양 술의 유입으로 세시주는 물론 전통주를 찾는 소비가 확대되지 못했다. 일제 강점기인 1909년에는 주세법(酒稅法)이 공표되어 주조업 전반이 통제를 받게 되었고, 1916년 주세령(酒稅令)의 제정으로 본격적인 통제가 시작되었다. 조선주를 탁주, 약주, 소주라고 규정하고 그 외의 술은 모두 제조를 금지시켰고, 이러한 술에 대해서는 높은 과세를 부과하여 술 제조를 금지하려 했다. 광복 이후에는 곡식이 부족하여 술을 만들지 못했고, 제3공화국이 들어서면서 식량 부족을 해결하는 방안으로 주세법 시행령을 개정하고, 술 제조에 필요한 쌀을 통제했다. 1965년에는 순곡주 제조를 금했고, 1966년에는 소주, 청주, 탁주를 포함하여 모든 술을 쌀로 빚지 못하게 하는 양곡관리법이 시행되기도 했다.

우리의 조상들은 춘하추동의 계절에 따라 생산되는 제철 식품 재료를 이용하여 다양한 술을 만들었다. 세시주(歲時酒)는 음력 정월부터 섣달 사이에 월별로 설정되어 제사나 민속놀이 등의 행사와 함께 즐기던 술로, 농경 세시와 계절 세시, 명절 세시에 모두 쓰였다. 절기에 따라서 꽃이나 열매, 껍질 등 자연 재료를 이용해서 술을 만들었는데, 계절에 따라 청명주, 국화주, 두견주 등을 만들어 음용했다. 명절 세시인 설날에는 도소주, 단오에는 창포주 등을 만들어 마셨다.

춘하추동의 제철 식품에서 탄생한 세시주(酒)

세시주이며 국가의 무형문화재로 지정된 술에는 두견주가 있다. 1986년 11월 1일 충청남도 당진의 '면천두견주보존회'가 관리단체로 지정되었다. 두견주는 진달래꽃을 넣어 만든 술이며, 봄철에 마시는 세시주다. 그리고 세시주는 아니지만, 2000년대 이후 막걸리 열풍이 불면서 최근에는 '막걸리 빚기'가 국가의 무형문화재로 등재(2021.6.5.)되었다. 막걸리는 물과 쌀, 누룩만 있으면 누구나 쉽게 만들 수 있고, 과거에도 농민들의 새참은 물론 마을 공동체의 생업과 의례, 경조사에 빠지지 않았고, 현재도 개업식이나 기공식, 준공식, 고사 등 여러 행사에 제물로 올려지는 문화가 계속되고 있다. 막걸리는 한반도 전역에서 온 국민이 전승 향유하고 있는 문화라는 점에서 특정 보유자나 보유단체를 인정하지 않게 되었다. 그래서 '막걸리'가 아니라 '막걸리 빚기'가 등재된 것으로 보인다. 이 외에 지역이 아닌 국가지정무형문화재로 등재된 술로는 '문배주'(1986.11.1, 김포시)가 있다.

세시 절기의 술

절기	술	술의 내용
입춘 우수	도소주(屠蘇酒)	정초 차례를 지내고 가족이 앉아 함께 나누어 마시는 술
	삼해주(三亥酒)	정월의 첫 해일에 빚기 시작하여 12일이나 한 달 간격으로 돌아오는 해일 해시에 세 번에 걸쳐 빚어 마시는 술
	이명주(耳明酒)	상원날 아침 식전에 귀가 밝아지라고 마시는 술
경칩, 춘분	머슴을 위한 술	머슴날 주인이 빚어 주는 술
청명 곡우	두견주(杜鵑酒) 도화주(桃花酒)	진달래 꽃을 넣어 만든 술 복숭아 꽃을 넣어 만든 술
	청명주(淸明酒)	청명일에 마시는 술
입하, 소만	등석주	석가탄신일에 빚은 술
망종, 하지	농주(農酒)	모내기와 논매기 후에 먹기 위해 빚은 술
	창포주(菖蒲酒)	액막이 술로 단오명절 제사에 사용함
소서, 대서	유두음(流頭飮)	유두연에 즐겼던 술
입추 처서	백중날 술	바쁜 농사를 끝으로 잔치하며 먹는 술
백로, 추분	신도주(新稻酒)	햇곡식으로 빚은 술
백로, 상강	국화주(菊花酒)	국화꽃을 이용하여 빚은 술
입동, 소설	청주(淸酒)	쌀 누룩을 이용하여 빚은 후 걸러낸 맑은 술
대설, 동지	동지술	동짓날 곡식으로 술을 만들어 동짓달 내내 마시는 술
소설, 대설	제석술	섣달그믐날에 복된 새해를 기원하며 마시는 제야의 술

출처 : 김다은(2014). pp.21-22.

『동국세시기』, 『경도잡지』, 『열양세시기』, 『해동죽지』, 『세시기속』, 『세시풍요』, 『규합총서』 등 세시풍속 고문헌에 의하면 가장 많이 언급된 '술'은 귀밝이술과 국화주, 도주(추석) 순(오순덕, 2012)으로 나타났다.

세시와 절기에 사용된 세시주의 의미

기복(祈福) 기풍(祈豐)	조상숭배	액막이 풍속	질병예방 치료	자연숭배 아름다움 즐김

〈설날 도소주〉

- 도소주는 설날 아침에 차례를 지내고 마시는 약주이다.
- 설날에 이 술을 마시면 괴질이나 악한 기운을 물리치며 장수한다고 믿었다. 중국에서 유래한 것으로 시대에 따라 술을 담그는 데 쓰이는 약제는 차이가 있지만, 길경, 육계, 방풍, 산초, 백출 등을 술에 담가 만들었다.
- 『열양세시기』에 설날 도소주를 마신 기록이 있다.
- 현재는 청주나 약주를 세주로 사용하고 있다.

〈정월 대보름 이명주(耳明酒)〉

- 이명주는 정월 대보름날 아침 식전에 마시면 귀가 밝아진다는 술이다.
- 『동국세시기』에는 유롱주(牖聾酒)라고 하였다. 『행동죽지』에는 총이주(聰耳酒)라 해서 '귀밝이술'이라고도 한다.
- 이 술을 마시면 일 년 동안 귀가 밝아지고 좋은 소식을 듣게 된다고 믿어서 남녀노소 모두 마셨다. 술을 데우지 않고 차게 마시는 것이 특징

이다.

- 가을에 추수가 끝나면 좋은 쌀을 따로 두었다가 술을 빚었다. 몸을 보호하는 술이므로 한약재를 넣어 빚기도 했다.
- 세시풍속과 관련한 고문헌에서 가장 많이 소개된 술이다.

〈봄철 도화주〉

- 도화주는 복숭아꽃을 곁들여 빚는 술로 봄철의 시절주(時節酒)이다.
- 『산림경제』, 『증보산림경제』, 『임원경제지』, 『부인필지』 등에 만드는 방법이 기록되어 있다.
- 『산림경제』에는 정월에 멥쌀 두말을 가루로 만들고 흐르는 물 두말을 팔팔 끓여 고루 섞어서 식힌 후에 누룩가루와 밀가루를 각각 한 되씩 독에 넣고 복숭아꽃이 필 때까지 기다려, 복숭아꽃이 피면 두 되를 따서, 술독 바닥에 깔고 먼저 빚은 술밑과 함께 넣고 복숭아꽃 두어 가지를 그 가운데 꽂아놓았다가 익은 뒤에 뜬다고 되어 있다.
- 도화주는 항상 서늘한 곳에 두어 3~4개월 동안 익기를 기다려야 한다.

〈봄철 두견주〉

- 진달래꽃잎으로 만든 술이다. 진달래꽃을 두견화라고 하므로 두견주라고 한다.
- 두견주는 고려 개국공신 복지겸에 얽힌 전설이 전하는데, 그가 병이 들어 좋은 약을 다써도 병이 낫지 않자, 어린딸이 아미산에 올라 100일기도를 드렸더니 신선이 나타나 진달래꽃으로 술을 빚되 반드시 안샘(현재 충남 당진 면천초교 뒤에 있는 우물)의 물로 빚어 100일 후에 마시고, 뜰에 두 그루의 은행나무를 심어 정성을 드려야 효과가 있다고 하여 그대로 하니, 아버지의 병이 나았다고 한다.
- 『운양집』, 『규합총서』, 『시의전서』 등에 제조법이 기록되어 있다.
- 『규합총서』에는 찹쌀과 가루누룩으로 청주를 빚어 술이 끓어오를 때 진달래꽃을 다듬어 명주 주머니에 넣어 1개월 이상 그대로 담가둔다고 하였다. 철쭉이나 진달래꽃의 꽃술에는 독성분이 있어서, 술을 담글 때

에 진달래꽃술이 들어가지 않도록 해야 한다.

- 두견주는 요통, 진통, 해열 등에 도움이 되고, 알코올 도수는 21도 정도이며, 삼월삼짇날의 절기주로 쓰인다.
- 두견주 제조는 국가무형문화재 제82-2호로 면천두견주(沔川杜鵑酒)가 지정되어 있다.

〈여름철 창포주〉

- 약재인 창포 뿌리즙을 넣고 빚어 약효를 가진 술이다.
- 『포은집』, 『목은집』, 『동의보감』, 『임원경제지』, 『농정회요』 등에 기록이 있다.
- 『임원경제지』에 나와 있는 제조법은 창포 뿌리를 즙을 낸 다음 찹쌀로 지에밥을 쪄서 누룩과 합하여 빚는다고 하였고, 청주에 창포 뿌리를 침지하여 만들기도 하였다.
- 창포주는 중풍치료에 효능이 있는 것으로 알려져 있다.
- 현재는 (사)강릉단오제위원회에서 전통 가양주의 맥을 잇는다는 뜻으로 '단오 창포주' 선발대회를 개최한다.

〈가을철 국화주〉

- 『동국이상국집』, 『파한집』, 『동의보감』, 『요록』, 『임원십육지』, 『규곤요람』 등에 제조법이 설명되어 있다.
- 『요록』에는 국화와 생지황 구기자 뿌리를 5근씩 함께 찧어서 1섬에 물을 넣고, 5말이 될 때까지 끓여서 즙을 만든 다음, 찹쌀 5말로 밥을 지어 누룩가루와 준비된 즙을 함께 섞어 항아리에 담고 봉했다가 익은 뒤에 사용하였고, 국화와 몇 가지 약재를 함께 넣어 약술의 구실도 한다고 하였다.
- 국화주는 하루 세 번 따뜻하게 마시면 근육이 튼튼해지고, 오래 산다고 알려져 있다.
- 『본초강목』에서는 두통을 낫게 하고 눈과 귀를 밝게 하는 데에 효능이 있다고 하였다.
- 궁중의 축하주로 애용되었고, 중양절의 세시주로 마셨다.

5. 세시떡

‘밥 위에 떡 있다’는 속담이 있다. 이는 떡이 우리 민족에게는 별식이었다는 것을 의미한다. 우리나라 사람들이 사계절 24절기마다 빼놓지 않고 만들어 먹었던 세시음식이 떡이다. 떡은 이외에도 일생의례인 백일, 돌을 비롯하여 혼례, 상장례, 제례 때에도 만들었던 대표적인 음식이다. 그래서 떡은 공동체의 화합을 위해 만들어서 나누어 먹는 나눔과 배려, 정(情)을 상징하는 특별식이다. 조선시대 세시음식에 관한 고문헌을 보더라도 가장 많이 언급된 음식이 ‘떡’(오순덕, 2012)이다. 떡은 곡식가루를 시루에 넣어서 찌거나, 쪄서 치거나, 물에 삶거나, 혹은 기름에 지져서 굽거나, 빚어서 찌는 방법을 이용하여 매우 다양하게 만들어진다. 떡의 의미와 독특한 만들기 방법의 전통성을 계승할 수 있도록 ‘떡 만들기’(Tteok Mandeulgi, Tteok making and sharing)는 2021년 11월 1일 국가무형문화재로 등록이 되었다.

떡의 어원은 중국 한자에서 찾을 수 있는데, 한대(漢代) 이전에는 이(餌)라고 표기했다. 밀가루가 보급되기 전의 떡 재료는 쌀이나 기장, 조, 콩이었는데, 밀가루가 보급된 이후에는 떡의 표기가 병(餠)으로 바뀌었다. 그러나 요즈음에는 재료 구분 없이 떡이라 부르고 한자로는 병(餠)이라고 한다. 떡에 대한 기록은 『삼국사기』 권48에서 찾아볼 수 있다. 아마도 떡방아 소리를 냈다는 기록을 보아 떡은 찐 곡물을 쳐서 만든 흰 떡이나 인절미, 절편 등이 아니었을까 한다.

> 백결선생은 신라 자비왕대(458~479) 사람으로 경주에 살았는데 세모가 되었을 때 이웃집에서 떡방아를 찧었으므로…
>
> 출처 : 『삼국사기』 권48.

백결선생은 가난해서 설에도 떡을 찌지 못해 아내를 위로하느라고 떡방아 소리와 비슷한 곡으로 거문고를 연주했다는 이야기도 있다. 『가야국기』에는 해마다 지내는 제사음식에 떡이 들어 있다고 되어 있고, 『삼국유사』에는 화랑 '죽지랑'이 친구를 만나러 가면서 술과 떡을 들고 갔다는 내용이 있다. 이러한 근거는 떡의 쓰임새에 대해 잘 알 수 있는 내용이다.

세시명절의 필수 음식, 떡

유교를 숭상한 조선시대에는 떡이 혼례, 제례 등 각종 의례와 연회에 필수 음식으로 자리잡았고 고급화되었다. 떡을 만들 때 곡물을 배합하고 과일과 채소, 버섯, 한약재, 해조류 등을 주재료로 이용했으며, 소와 고물, 꿀, 계피, 설탕, 참깨, 팥, 밤, 대추 등을 썼다. 쑥이나 오미자, 수리취, 치자, 쑥 등 천연

색소가 이용되면서 떡은 매우 다양해졌다. 떡 중에 두텁떡은 고급화되어 오늘까지 전승되고 있는데, 이 떡은 찹쌀가루를 쪄서 유자청 등의 소를 박고 볶은 팥가루 고물을 얹어 찐 것이다. 그리고 절편은 쑥이나 수리취 등을 첨가하고 떡살로 무늬를 박아 모양과 색을 아름답게 만들었는데, 그 안에 소를 넣고 반달 모양으로 만든 개피떡이 유명하다. 개피떡이라는 말은 조선시대 허균이 지은 『도문대작』과 작가는 미상이나 1800년대 말 지어진 『시의전서』에 제사음식으로도 소개되어 있다. 요즈음에도 개피떡을 많이 즐기고 있는데, 일반적으로 바람떡이라 불린다. 생활환경의 변화에 따라 집에서 만들어 먹었던 떡은 떡집이나 떡방앗간 등에서 구매할 수 있게 되었으며, 빵이 보급되면서 오랜 역사 속에서 사랑받았던 우리 떡에 대한 관심은 줄어들었다. 그러나 오늘날 한식이 관심을 받으면서 떡은 한식과 함께 다시 주목받고 있으며, 의례나 각종 행사에 고급 다과나 디저트로도 인기를 얻고 있다.

19세기 말 풍속 화가인 김준근의 작품인 〈떡매질〉을 보면, 떡판에 찰밥을 놓고 두 명의 장정이 양쪽에 떡매를 들어 떡을 치는 모습이 보인다. 옆에는 아낙이 앉아 치댄 떡을 뒤집는다. 옆에는 그릇에 물을 담아 떡을 만지는 손에 물을 묻혀 떡이 손에 붙지 않도록 하고 있다. 떡 종류 중 '치는 떡' 만드는 모습이 현실감 있게 표현되어 있다.

김준근의 〈떡매질〉

(19세기 말 김준근 작품, 오스트리아 비엔나민족학박물관 소장)
출처 : 한식재단 한식아카이브 시각자료.

지금으로부터 50년 전인 1972년에는 정부에서 쌀 사용을 통제했으므로 추석에도 햅쌀로 빚은 송편을 볼 수 없었다(동아일보, 1972.9.21). 이후 송편을 집에서 만들지 않고 사다 먹는 사람들이 늘며, 도시에서는 '이웃과 송편을 나눠먹는다'는 풍속은 사라져가고 있다. "우리집 송편 맛 좀 봐요."라고 하며 서로서로 나누어 먹었던 모습은 옛말이 되었다. 과거 집에서 떡을 만들었던 풍속이 점차 변화했다.

1979년 한국의 조리학 전공 교수들이 남북한 10개 지역의 향토음식조사를 발표한 적이 있다. 이때 발표한 떡 종류는 매우 다양했다. 1992년 한겨레신문(1992.5.15.)에는 서울 농촌지도소의 '떡 전시회'를 소개했다. 전시회는 서구화되어가는 입맛으로 잊혀지는 고유의 떡 문화를 되살리고자 하는 뜻에서 개최되었는데, 무지개떡으로 꾸민 생일 케이크도 등장했으며, 찹쌀부꾸미, 복숭아 모양의 증편, 밤 · 대추 채 썬 것을 곱게 입힌 경단 등이 소개되었다. 떡 만들기의 새로운 변화가 예고되었다.

향토음식 조사에 나타난 지역별 떡 종류(1979년 조사)

지역	종류
경기도	색떡, 개성경단, 수수지지미, 색떡, 여주산병, 개성우메기, 개성경단, 수수부꾸미(지지미), 근대떡, 개떡, 흰절편 등
충청도	꽃산병, 쇠모리떡, 수수팥떡, 약편, 해장떡, 막편, 곤떡, 볍씨쑥버무리, 수수팥떡, 감자떡, 감자송편, 칡개떡, 햇보리개떡, 도토리떡 등

강원도	감자녹말송편, 메밀전병, 방울증편, 인절미, 감자시루떡, 감자떡, 감자경단, 옥수수설기, 옥수수보리개떡, 매싹떡, 흑임자 인절미, 각색 차조인절미, 무송편
전라도	감시리떡, 수리취떡, 감인절미, 감고지떡, 감단자, 나복병, 호박메시리떡, 복령떡, 수리치떡, 송피떡, 고치떡, 삐삐떡, 호박고지차시루편, 경단, 우찌지, 차조기떡, 섭전 등
경상도	모시잎송편, 쑥굴레, 잣구리, 감자송편, 밀비지, 만경떡, 칡떡 등
제주도	달떡, 반찬곤떡달떡, 도둠떡, 차좁쌀떡, 오메기떡, 빙떡, 매대기떡, 상애떡 등
황해도	무설기떡, 혼인인절미, 혼인절편, 잡쌀부치기, 잡곡부치기, 좁쌀떡, 닭알범벅, 오쟁이떡, 꿀물경단, 수수무살이 등
평안도	송기떡(절편, 개피떡), 골미떡, 조개송편, 장떡, 뽕떡, 무지개떡, 니도래미, 참부꾸미 등
함경도	찰떡, 인절미, 오드랑떡, 꼽장떡, 괴명떡, 언감자떡 등

참고: 1979년 조리학 전공교수들의 조사, 박춘옥(2003). pp.109-137를 참조하여 정리함

우리나라 떡 문화의 특징을 몇 가지로 나누어 보면, 첫째 떡은 정을 나누는 음식이다. 가족이 나누어 먹는 것은 물론 제의례를 통해서 천지신명과 조상께 올리고, 이웃과 나누어 먹기 위해 만들어졌다. 둘째는 명절이나 잔치와 같은 때에 만들었던 특별식이다. 셋째는 떡이란 약이 되는 음식이었다. 건강 유지를 위해서 떡을 만들 때는 다양한 곡물재료와 함께 한약재를 섞어 만들었다. 넷째는 각 지역별로 독특한 향토색을 담은 떡을 만들었다는 점도 빼놓을 수 없다.

정을 나누는 특별식 떡, 약이 되는 향토색이 담긴 떡

명절에는 명절 떡을 만들어 조상의 차례상에 올리고 가족 친척들이 나누어 먹었다. 아이들의 백일이나 돌잔치, 노인들의 장수잔치는 물론이고 혼례, 제례, 상례 등 의례에도 빠짐없이 떡을 만들었다. 설날 세시음식으로 떡국을 해 먹고, 추석에 송편을 빚어서 먹는 이외에도 때마다 각종 떡을 만들어 먹었으며, 지금까지도 떡은 명절에도 일상에서도 자주 찾는 음식이다. 특히 지역 산물을 활용한 강원도의 감자시루떡, 찰옥수수시루떡, 제주도의 오메기떡, 빙떡, 차좁쌀떡 등이 유명하다. 각 가정에서 떡을 만들어 먹을 수도 있지만, 최근에는 브랜드화된 떡집과 수제떡집, 방앗간 떡집, 모바일 온라인 쇼핑을 통해서도 각종 떡을 쉽게 주문하고 구매할 수 있다.

떡의 종류는 시루떡, 단자, 도병, 전병 등으로 나눌 수 있는데, 시루떡이란 곡식을 가루로 만들어 증기에 찌는 떡을 말하며 한자로는 증병(甑餠)이라고 한다. 한편 시루에 쪄낸 찹쌀이나 멥쌀을 더울 때 절구나 떡판에 놓고 찧어서 끈기가 나게 만드는 떡은 도병이라 하고 인절미나 흰떡, 절편, 개피떡 등이 있다. 가루를 반죽해서 지지는 것은 전병(煎餠), 반죽해서 삶아서 건지는 것은 단자(團子)라고 한다. 단자는 찹쌀가루에 쑥이나 은행, 석이버섯, 대추 같은 부재료가 들어간다. 쑥구

리단자에는 팥고물을, 석이단자에는 잣가루를, 대추단자에는 채 썬 대추와 밤을 묻힌다.

떡의 종류와 용도

종류		용도
시루떡	무리떡	백설기(흰무리떡) – 삼칠일, 백일, 돌에 사용 꿀설기, 쑥설기(쑥버무리)
	팥시루떡	10월 상달, 액막이, 고사떡(붉은 팥)
	콩설기	느티떡, 생일떡
	각색편	혼례, 회갑, 제례
	가래떡	정월, 흰떡국
단자	노비송편	2월 노비일 떡
	송편	한가위 추석 떡, 아기돌떡(10살 때까지)
	수수경단	아기돌떡(10살 때까지), 동지찹쌀경단
	기타단자	의례용 웃기떡
도병	절편	5월단오 수리취떡, 쑥절편, 혼례, 회갑, 선물용 지방마다 다른 이름 사용(제주도에서는 반달떡, 함경도에서는 달떡, 강원도에서는 절떡)
	개피떡	쑥이 나는 이른 봄에 먹는 쑥개피떡
	인절미	혼례, 회갑, 제례, 선물용 대추인절미, 석이인절미, 차조인절미
전병	꿀전병	6월 유두 떡, 회갑 웃기떡, 고사떡
	차전병	3월 9월 떡, 회갑 웃기떡, 의례용

참고: 김종욱 외 4인(2009).

흥미로운 세시떡 만들기

떡을 만드는 방법은 찌는 떡, 치는 떡, 빚는 떡, 지지는 떡으로 크게 네 가지로 나누어 볼 수 있다.

떡 만드는 방법	
찌는 떡	무지개떡, 팥시루떡, 증편, 삼색별편, 메시백편, 느티떡, 두텁편, 상화, 양식, 솔방울떡
치는 떡	가래떡, 고치떡, 꽃절편, 인절미, 개피떡, 오쟁이떡, 절편, 재증병, 달떡, 호박샘색단자
빚는 떡	삼색경단, 오메기떡, 오그랑떡, 닭알떡, 송편, 부편, 쑥굴레, 수수도가니, 개성경단, 율무단자
지지는 떡	찹쌀부꾸미, 진달래화전, 잡곡부치개, 개성주악, 토란병, 삼색산승, 빙떡, 석류병, 밀쌈, 녹두빈대떡

명절에 만들어 먹었던 떡은 설날의 가래떡, 정월 대보름의 약식, 중화절에 노비송편, 삼월에 곱장떡, 청명과 한식에 쑥절편, 사월초파일에 느티떡, 단오에 수리취떡, 유두에 상화병, 칠석과 삼복더위에 증편, 추석과 중양절에 송편, 상달에 시루떡, 동짓날에 경단, 납일에 골무떡이 있다.

〈설날의 가래떡〉

- 가래떡은 설날 떡국을 만들 때 사용되는 떡이다.
- 가래떡은 멥쌀가루를 쪄서 둥글고 길게 늘여 만든 모양이 길어서 가래떡이라 부른다. 국수와 같이 긴 모양의 떡을 만드는 것은 한해도 길이길이 무사 안녕하기를 바라는 수복(壽福)을 기원하는 의미를 담고 있다.
- 가래떡으로 만든 설날 떡국을 『동국세시기』에는 백탕(白湯), 또는 병탕(餠湯)이라고 했다.
- 대부분 어슷하게 썬 가래떡으로 떡국을 끓여 먹고 있지만, 태양처럼 동그랗게 썰어 먹는 태양 떡국을 먹기도 했다.
- 개성에서는 허리가 잘록한 조롱박 모양의 조랭이떡국을 먹었는데, 이는 엽전 꾸러미와 닮았기 때문에 장삿술에 능숙했던 개성인들이 새해에도 재물복을 얻길 기원하는 뜻이 있었다.

〈정월 대보름의 약식〉

- 정월 대보름의 대표적인 음식 중의 하나인 약식이다.
- 찹쌀을 쪄서 밤과 대추, 설탕을 섞고 참기름과 진간장을 함께 버무리고 쪄낸 떡이다.
- 『삼국유사』에 따르면 정월 대보름날 신라 21대 소지왕의 재앙을 알려줘 목숨을 살려준 까마귀에 대한 보은으로 이 날을 까마귀 제삿날로 삼아 찰밥을 지어 먹이도록 했던 풍습이 전해진 것으로 알려져 있다.

약밥

노비송편

출처 : 궁중음식연구원, 한국세시풍속사전. / 한국의맛연구회, 한국의식주생활사전.

〈중화절 노비송편〉

- 2월 초하루를 중화절 또는 노비일이라 하였다.
- 『경도잡지』에 따르면, 중화절에 송편을 쪄서 농사 시작 전 노비들에게 그들의 나이 수대로 만들어 주었다는 데에서 유래한 것이다. 이를 '노비송편'이라고 하는데, 2월 초하루를 삭일이라고 하여 '삭일송편'이라고도 한다.

〈삼월 곱장떡(꼽장떡)〉

- 곱장떡, 꼽장떡, 수란떡, 산병, 산떡 등 다양한 이름으로 불린다. 곱장은 구부러져 있다는 것으로 떡을 구부려 붙였다는 의미다.
- 산병은 멥쌀로 작은 떡을 만들어 콩으로 속을 넣고 머리 쪽을 오므린 다음 오색 물감을 들여 다섯 개를 이은 것이다.
- 환병은 소나무 속껍질과 제비쑥을 섞어 만든 오색의 둥근 떡이다.

〈청명과 한식의 쑥절편〉

- 봄철에 나오는 햇쑥을 넣어 만든 떡으로 멥쌀가루에 데친 쑥을 같이 빻은 것에 소금과 물을 넣어 반죽하고 둥글납작하게 빚어 찐 떡이다.
- 쑥절편은 쑥개떡, 쑥갠떡 등으로도 불린다.

수리취떡

느티떡

출처 : 궁중음식연구원, 한국세시풍속사전.

〈사월 초파일의 느티떡〉

- 멥쌀가루에 느티나무의 잎을 넣어서 거피팥고물과 켜켜로 안쳐서 찐 시루떡이며, 유엽병이라고도 하고, 사월초파일에 먹는 절식이다.
- 『경도잡지』에는 '손님을 맞이해 느티떡과 볶은 콩, 삶은 미나리로 반찬을 차려 놓는데, 이것을 부처님 탄신일 소반이라고 한다'는 기록이 있다.
- 이외에 쑥서리, 삼색편, 콩설기, 개피떡 등

〈단오 수리취떡〉

- 단오는 수릿날이라고 하며, 수리는 우리말의 수레를 뜻한다.
- 수리취를 넣어 만든 절편을 만들어 먹었는데, 떡살문양이 수레바퀴 모양이므로 차륜병이라고도 하였다.
- 수레바퀴처럼 인생이 술술 잘 돌아가기를 뜻하며 장수를 기원하는 의미도 있다.
- 이외에 쑥버무리, 절편, 인절미, 경단, 주악 등

쑥절편

개성주악

출처 : 농촌진흥청, 한국의식주생활사전.

〈유두절 상화병〉

• 상화병은 밀가루를 막걸리로 반죽하여 발효시킨 뒤 팥소를 넣고 둥글게 빚어낸 떡이다.
• 상화병은 증편처럼 막걸리로 발효시켜 특유의 향기가 있으며, 소로 쓰이는 팥소의 풍미가 어우러진다. 상화는 서리 상(霜)에 꽃 화(花) 자를 써서 뽀얗게 부풀어진 상태를 이름으로 지은 것이다. 고려시대 원나라에서 전래된 음식이다. 오늘날 찐빵으로 이해하면 된다.
• 여름철의 떡으로 상외떡, 상애떡으로도 불린다.
• 이외에 깨찰편, 상추떡, 옥수수설기, 떡수단 등

〈칠석과 삼복의 증편〉

• 증편은 여름철에 먹는 대표적인 떡이다.
• 멥쌀가루를 막걸리를 탄 뜨거운 물로 묽게 반죽하여 덥게 부풀려, 밤이나 대추, 잣 등의 고명을 얹어 틀에 넣어 찐다.
• 음식물이 쉽게 상하는 여름에도 2~3일 간 먹을 수 있다.
• 우리말로는 술기운을 발효시키는 것을 '기주(起酒)'한다고 하여, 증편을 주로 기주떡, 술떡이라고 한다. 술맛과 단맛이 돌며, 상하거나 쉴 염려가 없다.
• 『규합총서』, 『시의전서』에도 증편 만드는 방법이 소개되어 있다.
• 이외에 꿀설기, 각색편, 깨찰떡, 쇠머리떡 등

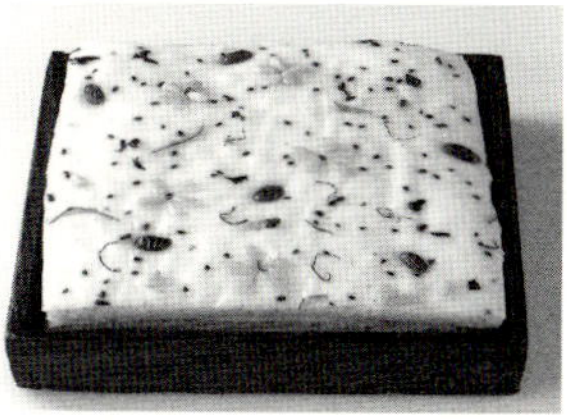

증편

출처 : 한국의맛연구회, 한국의식주생활사전.

〈추석 한가위와 중양절의 송편〉

- 멥쌀가루를 익반죽해서 풋콩, 밤, 깨 등의 소를 넣어 반달모양으로 빚어서 솔잎을 켜켜로 올려놓고 찐 떡이다.
- 솔잎을 넣어 쪘다는 뜻으로 송병(松餠), 송엽병(松葉餠)이라고도 하며, 올해 수확한 쌀로 빚었다고 하여 '오려송편'이라고도 한다.
- 송편은 추석의 차례상과 성묘 때에 올리는 명절 떡이다.
- 이외에 꽃송편, 신과병, 토란병, 물호박 시루떡, 무시루떡, 밤단자, 대추인절미 등

〈상달 시루떡〉

- 상달에는 집집마다 시루떡을 만들어 고사를 지냈다.
- 『세시풍요』에는 '집집마다 떡을 찌니 설날과도 같네'라고 되어 있어 떡을 지어 복을 빈 것으로 보인다.
- 고사떡으로는 팥시루떡을 만드는데, 붉은 팥색이 악귀를 쫓는다는 믿음을 따른 것이다.
- 팥시루떡은 상달에 고사 지낼 때도 먹는 떡이지만, 이사할 때, 함을 받을 때도 가장 많이 하는 떡이다.
- 이외에 단자류, 빙자병, 무시루떡 등

시루떡

인절미

출처 : 한국의맛연구회, 한국의식주생활사전.

〈동짓날 경단〉

- 동지 팥죽을 먹는데. 이때 찹쌀가루로 경단을 만든다.
- 찹쌀가루를 익반죽하여 익혀 여러 가지 고물을 묻혀서 만들어 먹는 겨울 시식떡이다. 고물로는 콩가루, 계핏가루, 깨, 잣, 팥, 석이채, 대추채, 밤채 등이 쓰인다.
- 경단은 백일떡이나 돌떡으로도 많이 쓰인다.
- 『동국세시기』, 『임원십육지』 등에는 경단 만드는 방법과 겨울의 시식으로 소개되어 있다.
- 이외에 두텁떡, 유자단자, 혼돈병 등

〈납일의 골무떡〉

- 『열양세시기』에 따르면 '좋은 쌀을 빻아 체로 쳐서 고수레 한 다음 시루에 쪄서 안반 위에 놓고 떡메로 쳐서 조금씩 떼어 손으로 비벼 둥글고 길게 늘이는데 이것을 권모(골무떡)이라고 한다'고 기록되어 있다.
- 골무떡이란 가래떡과 같이 손으로 잡아 비벼 길게 늘여 잘라 만든 떡이다. 작은 절편으로 골무만하다고 하여 골무떡이라고 부른다. 색색의 골무떡을 빚어 제사상에 올리고, 이웃과 나누어 먹었다.

골무떡

율단자

출처 : 궁중음식연구원, 한국세시풍속사전.

6. 명절 차례상

제례는 한국의 가족주의를 상징하는 조상을 향한 가정의례이다. 한국에서 설이나 추석 명절에는 가족이 모여서 조상을 기리는 제사를 지내는데, 명절에 지내는 제사를 이름하여 차례(茶禮)라고 한다. 유교적인 문화를 지켜온 가정이나 불교, 혹은 무교인 가정은 대부분 차례상을 차려 놓고 차례를 지낸다. 기독교나 천주교를 믿는 가정에서도 명절에는 차례상을 준비하지만 제사는 올리지는 않고, 추도예배나 미사를 올리고 난 후 준비한 명절음식을 가족과 친지들이 모여 나누어 먹으며 가족애를 나눈다. 설이나 추석 이외에 대보름이나 한식, 단오, 중양절, 동지 때에도 차례를 올리기도 하지만, 많은 한국 가정에서는 주로 설 차례와 추석 차례를 올린다. 차례상에 올릴 음식을 마련하고, 차례를 지내며 조상을 기리고, 차례가 끝난 후 음복(飮福)[5]한다. 이러한 차례와 음복이라는 행위를 통해서 조상으로부터 이어져 현재까지 존재하고 있는 가족의 소중함과 혈연의 연대의식을 일깨우고 함께 한다.

5) 음복(飮福)이란 제사를 마치고 나서 참석한 사람들이 조상에게 올렸던 술과 음식을 나누어 먹는 것을 말한다. 조상이 내려주는 복을 받는다는 의미로 음복이라고 한다.

차례를 모시는 조상의 범위는 불천위와 4대 조상

기제사는 돌아가신 분을 추모하기 위해 지내는 제사로 '건전가정의례준칙'에 따르면 그 대상을 2대조, 즉 부모와 조부모까지 모시는 것으로 명시되어 있다. 그러나 차례에서 모시는 조상은 불천위(不遷位)[6]와 4대 조상이 그 범위에 속한다. 4대 조상은 부모와 조부모, 증조부모, 고조부모까지를 말한다. 일반적으로 4대 조상까지가 보통 차례에서 모시는 조상이 된다. 5대조 이상의 선조에 대해서는 차례나 기제사를 지내지 않으며, 10월에 지내는 시제(時祭)로 차례와 기제사를 대신한다.

설과 추석은 연휴로 이어지고, 시기에 맞는 차례상에 올릴 음식을 마련하기 위해 각 가정에서는 많은 수고가 이어진다. 가족이 함께, 보다 쉽게 차례를 지내는 절차가 소개된 바 있다. 이는 오늘날 차례 지내는 것을 힘겹게 여기는 추세에 맞추어 제안된 것이다.

---

6) 불천위(不遷位)란 나라에 큰 공적을 세우거나 학문적으로 뛰어난 업적은 남긴 이들에게 내려지는 것으로 보통 4대 봉사(四代奉祀)의 원칙과 관계없이 자손 대대로 제사를 받을 수 있는 자격을 말한다. 불천위제를 모실 수 있다는 것은 각 가문에서는 큰 영광으로 여겼다. 즉 사당에 모셔 영원히 제사를 받들도록 허락한 분의 위패를 말한다. 안동지역에서는 약 40개의 종가에서 이 불천위제사(不遷位祭祀)를 지내고 있고, 경북 영주지역에서는 15위를 지내고 있다. 불천위제사는 전통의례 중에서도 그 형태가 가장 잘 보존되어 있고, 문화적 가치가 담겨 있다. 불천위에는 나라에서 내린 국불천위와 유림에서 인정한 사불천 또는 향불천이 있다.

간소화된 차례 절차	
제사상 차리기	사진이나 지방 모시기 후 참가자는 단정한 복장을 하고 참석
신위 모시기	사진이나 지방을 붙여 신위를 모시고, 향을 피우고 술을 모사기에 세 번 나누어 붓기
인사 드리기	조상님께 모든 참사자가 재배(과거에는 남자 두 번, 여자 네 번 큰절)
술잔 올리기	제주(남편이나 아내 또는 가족)가 잔 올리고 재배
수저 올리고 엎드려 기다리기	제수를 드시도록 숟가락을 올리고, 젓가락은 반찬 위에 올린 후 엎드려 기다림
물이나 차 올리기	물(숭늉)이나 차를 올림
수저 내리기	수저를 거두어 제자리에 놓고 그릇 뚜껑을 덮음
작별인사 드리기	떠나시는 조상님께 재배
상 물리기	사진은 원자리에 모시고, 지방은 불 사르고 상을 물림
음식 나누어 먹기	복(福)을 나눈다는 의미로 가족과 참가자가 음식을 나누어 먹음

출처 : 전민자(2007). 일부 수정.

설날에 살아계신 어른께는 세배를, 조상께는 차례를

조상을 추모하는 기제사는 조상의 돌아가신 날을 기리는 의례를 말하지만, 차례는 조상에게 올리는 것으로 달과 계절, 해가 바뀌고 새로운 날이 되었음 알리는 시식과 절찬을 천신하는 의례이다. 설날에는 새해를 맞이하면서 살아계신 어른께는 세배로 인사를 드린다면, 차례는 돌아가신 조상께 드리는 새해 인사이다. 그리고 추석 차례는 한여름을 지나고 오랫동안 정성으로 가꾼 곡식을 추수하며, 이에 대한 감사의 뜻을 조상께 전하는 것이다. 한편 한식에도 차례를 지내는데, 이때는 성묘(省墓)로 대신한다. 추석 차례는 묘제, 즉 산소에 가서 올렸으나, 오늘날에는 각 가정에서 차례를 지내고 성묘를 하는 경우가 많다. 한편 추석연휴에 예정된 일이 있거나 여행을 가게 되면, 추석 전 휴일이나 날짜를 따로 정해서 성묘를 한다. 기제사나 차례를 가정에서 지낼 때는 유기로 만든 제기를 사용하지만, 성묘 때는 나무로 만든 제기인 목기(木器)를 사용하고, 과일, 포, 떡, 산자, 술 등을 준비한다. 즉 주과포(酒果脯)를 가져가서 성묘한다. 기제사든 차례든 돌아가신 부모나 조부모, 조상들이 살아계신 것처럼 제사상과 차례상을 준비한다. 이는 돌아가신 분을 향한 상징적인 의식으로 몸과 마음으로 정성을 다하여 추모와 감사를 표현한다.

차례상에는 절식으로 떡국이나 송편을

기제사 상에는 기본적으로 보통 밥과 국을 올린다. 밥은 메라고 하고, 국은 갱이라고도 한다. 그렇지만 설 차례상에는 대표적인 설 음식인 떡국을 차례상에 올린다. 그래서 설 차례는 '떡국 차례'라고도 한다. 반면에 추석 차례는 밥이나 떡국 대신에 시절 음식인 송편을 올린다. 기제사와 차례는 제사의 절차와 대상, 시간, 옷차림, 음식 등에서 차이점이 있다.

기제사와 차례의 차이점		
구분	기제사	차례
절차	세 번 술잔을 올리고 축문을 읽는다.	한 번 술잔을 올린다.
대상	돌아가신 부모, 조부모	불천위, 4대 조상
시간	돌아가신 날 밤에 지낸다.	명절 아침에 지낸다.
옷	검소한 옷차림을 한다.	명절 한복 등 화려한 옷을 입는다.
음식	메(밥), 갱(국) 등 계절과 관계없이 차리는 제사의 기본 상차림이다.	절식으로 차리는 명절음식(떡국, 송편 등) 상차림이다.
기타	촛불을 켠다.	촛불을 켜지 않는다.

안동과 강릉지역의 추석 차례상 진설 사례(윤덕인, 2005)를 보면 다음과 같다. 종가와 일반가정의 사례에서는 대부분 차례상을 차릴 때, 송편을 비롯한 떡, 포, 갖가지 과일, 탕, 전, 적, 나물, 찜 등이 놓였는데, 지역에 따라 그 지역의 산물을 중심으로 구성되었다. 한편 우암 송시열 종가에서는 음식의 종류나 내용보다는 정성과 청결, 조심함을 강조하는 소박한 상차림을 강조하기도 했다.

종가와 일반가정의 추석 차례상	
구분	추석 차례상 진설 관행
안동 하회마을의 풍산 류씨 종가	• 양진당과 충효당의 추석 차례는 음력 9월 9일 중구절에 모신다. • 2001년 양진당 추석 차례는 두 분의 불천위와 종손으로부터 4대를 모시는 12상 차림이었다. • 한 분의 상마다 올려진 제물은 떡, 적, 포, 탕, 나박김치, 갖가지 햇과일과 술로 모두 7가지였다. • 양진당 차례의 특징은 술안주로 올려진 적으로 모두 날 것이었다. 혈식군자(血食君子)라 하여 군자는 익히지 않은 음식을 올린다는 뜻이다.

학봉 김성일 종가	• 추석 차례는 설과 같으며, 사당에서 거행한다. 제수는 간소하다. • 서쪽의 불천위 제상부터 맨 뒤쪽 중앙에 시접을 중심으로 좌우에 잔반(술잔)을 놓고 양쪽에 촛대를 설치한다. • 맨 앞 줄에는 왼쪽으로부터 과실을 대추, 밤, 배, 감의 순서로 배열하고 중간에 제철 과실인 사과와 포도 등 6가지를 놓았다. • 편은 밑에 시루떡을 5단 괴고, 그 위에 송편을 삼색으로 3단 쌓는다. • 추석날 성묘를 하지 않고 추석 전날 종가 인근에 있는 묘소에 가족끼리 약식으로 성묘한다.
은진 송씨 우암 송시열 종가	• 정성과 청결, 조심을 으뜸으로 하고, 제물을 많이 장만하지 않는다. • 종가의 차례상 차림은 모두 다섯 가지였고, 차례상의 음식 가짓수보다 의례 순서가 많았다. • 종가의 제사음식은 파, 마늘, 후추, 고춧가루 등 양념이 가리지 않고 들어간다.
강릉 옥천동 김씨댁	• 1열에는 메와 갱이 각각 3개씩 진설, 2열에는 전유어, 송편, 쇠고기적, 송편, 파적, 꼬치누름적 등이 진설되었다. • 전유어는 명태전을 놓았고, 송편은 흰송편, 쑥송편의 두 가지 색이다. • 송편의 소는 팥, 설탕, 밤, 청태콩을 넣는다. 송편은 세 그릇을 놓았고, 3열에는 생선찜, 시금치나물이 진설되었다. 생선찜은 명태, 열기, 가자미를 통째로 찐 것이다. • 4열에는 건오징어포, 두부지지미, 고사리나물, 숙주나물, 문어를 놓는다. • 5열에는 대추, 다례, 밤, 배, 사과, 단감, 포도, 참외, 석류, 바나나, 비스킷, 사탕, 과줄을 놓았다.

잔반 시접 잔반
촛대 떡국 떡국 촛대
탕 도적 탕
대추 밤 사과 귤 배 감

김성일 종가의 설 차례상

잔반 시접 잔반
촛대 촛대
도적 청장 탕
대추 밤 사과 포도 배 감

김성일 종가의 추석 차례상

출처 : 윤덕인(2005). pp.329-365를 참고하여 정리함.

1960년대 매일경제신문(1969.2.11.)에는 서울사대 현기순 교수의 차례상 차리기 기사가 실렸다. 옛풍습을 고집하지 말고 간소화 위주로 차례상을 차리도록 소개했다. 물질적으로는 간소하게 하지만 결례가 되지 않도록 하라는 지침이었다. 주(酒), 과(果), 포(脯), 혜(醯)의 준비를 하도록 했는데, 술은 집에서 담근 포도주가 있으면 사용하고, 정종이나 소주 등 어떠한 술도 무방하다 했다. 과일로는 밤, 대추, 곶감, 사과, 배를 갖추는 것이 맞지만, 밤이나 대추, 곶감은 가격이 비싸므로 밤 대신 사탕밤을 사용하고 과일도 사과만 상에 올려도 된다고 제안한다. 포는 값비싼 북어포만 차례상에 올리려 하지 말고 비교적 값이 싼 오징어를 가위로 오려서 사용해도 된다는 것이다. 식혜만은 장만하라고 하였다. 생선전은 민어, 대구보다는 값이 싼 광어, 동태로 생선전을 만들도록 했다.

1973년 문교부에서는 검소한 추석을 지내도록 어머니교실을 통해서 계몽을 벌였고, 각급 여학교의 가정과 시간에 추석음식 만들기를 실습시켜 각 가정에 보급하도록 했으며, 여교사들은 추석상 차리기 특별강좌를 마련하여 지역 주부들을 계도하도록 했다. 성묘 때에는 재배나 묵념으로 하고 음식은 일체 차리지 말도록 했다(매일경제, 1973.8.18). 이후로도 1970년대에는 간소한 추석상 차리기나 낭비 없는 중추절 보내기를 계도해 왔다. 가정의례준칙에서 제시하는 대로 돌아가신 부모와 조부모에게만 차례를 드리도록 했다.

추석 차례상차림에 대해 중앙대 윤서석 교수가 제안한 바(동아일보, 1981.9.10.)를 보면 조선시대 『사례편람(四禮便覽)』을 기준으로 준비하는 주과포(酒果脯)를 기본으로 하는데, 적(炙)을 곁들였던 제사음식이 당시에 매우 합리적이었다고 지적하고, 차례상차림을 두 가지 방향으로 제안했다. 첫째는 돌아가신 분이 특별히 좋아하는 음식이 있다면 그것이 무엇이든 제상에 올린다고 안 될 것이 없다는 것이고, 둘째는 좋아하신 음식을 일일이 차리기 어렵다면 옛 기준을 적용하되, 소가족으로 변한 오늘날의 현실에 맞도록 간소화하라 하였다. 상을 차릴 때는 절하는 사람을 기준으로 맨 앞줄에 여러 가지 과일을 놓고, 둘째 줄에는 나물과 저냐, 포, 김치, 간장, 그 다음 줄에 떡과 식혜나 화채를 놓는다고 했다. 맨 뒤쪽에 밥과 국 그리고 빈 쟁반에 수저를 받쳐 놓는데, 산 사람이 상을 받을 때 국을 오른쪽, 밥은 왼쪽에 놓는 것과는 달리 제사상에는 국은 왼쪽에 밥은 오른쪽에 놓고, 과일 중에 복숭아는 귀신을 쫓는다고 하여 상에 올리지 않는다고 제시하였다. 이러한 내용을 보면, 과거의 기준은 있지만, 현실에 맞는 차례상을 차릴 것을 제안했다. 차례상차림에 대해 모르는 이들을 대상으로 차례상 차리기 시범을 보이는 뉴스 방송이 방영(KBS, 1982.9.2.; MBC, 1985.9.21.)되기도 했다. 궁중요리 무형문화재였던 황혜성 교수의 차례상차림에 대한 소개도 진행되었다. 상차림에 놓여질 음식의 위치와 순서로 홍동백서(紅東白西), 조율시이(棗栗시이), 동두서미(東頭西尾) 등을 지키도록 하고, 음식을 만들 때는 고춧가루를 넣지 않아야 하는 점, 김치도 물김치로 준비하고, 삼색나물은 한 접시에 모아 담기, 도라지 · 숙주 · 고사리 · 시금치 · 무나물 중에서 흰색, 노란색, 녹색을 갖추는데 고비나물은 피하도록 하라 했다. 그러나 무엇보다 가장 소중한 것은 차례상을 차리는 정성이 담긴 마음이라는 점을 강조했다. 그리고 제시했던 격식은 기본이지만, 가계에 무리가 가지 않도록 형편대로 지내라고 하였다.

명절 차례상 준비의 변화

정성을 다해서 집에서 명절음식을 만들어 차례상을 차려왔던 문화는 점차 변화하고 있다. 최근 호텔 셰프가 만든 설음식으로 차례상을 차리기만 하면 된다(아시아경제, 2022.1.21.)는 기사는 명절음식 재료의 장만과 손질, 요리에 드는 에너지를 줄이면서 고급스럽게 제대로 차릴 수 있다는 점에서 인기를 끌고 있음을 단적으로 나타낸다. H호텔이 운영하는 설 명절 차례 음식의 매출이 전년에 비해 62%가 상승했다고 한다. 호텔과 전통음식 발전 협약을 맺은 전국 12곳 종가의 전통적인 방식으로 차례 음식을 만들었고, 종가가 있는 지역에서 보내온 재료를 이용하여 당일 조리하여 인기를 얻었다는 것은 명절 차례 음식의 사회화를 극명하게 보여준다. 설 차례상에 올리는 떡국, 모듬전, 전복 소꼬리찜, 섭산적, 잡채, 버섯 불고기, 문어숙회, 삼색나물, 수제 약과, 수정과 등 다양한 메뉴가 포함되어 있다.

JW 메리어트 명절 투고(To-go)

인터컨티넨탈호텔 프리미엄차례상 포장

출처 : 아시아경제(2022.1.21). / 파이낸셜뉴스(2022.1.28).

물론 과거에는 명절음식을 직접 만드는 것이 가족과의 유대를 돈독하게 했던 행위였다. 그러나 시대가 변화하면서 명절음식을 만드는 것에 대해서 가족원들의 각기 다른 의식이 충돌했다. 음식을 만드는 방법도 잘 모를 뿐 아니라, 많은 시간과 노력이 수반되는 일을 하기 어려워진 라이프스타일이 대세를 이루고 있기 때문이다. 이를 극복하려는 다양한 방법들이 모색되는 가운데에 차례음식을 직접 만들기보다는 고급화, 편리화, 합리화를 지향하는 새로운 명절음식 준비 방식이 소비자들에게 수용되는 현실이 되었다. 명절음식을 직접 만드는 정성만을 중요하게 생각할 것이 아니라, 명절에 모여서 가족과 함께 맛있는 음식을 나누어 먹으며 관계를 돈독히 하는 것에 더 의미를 두고자 하는 사람들의 생활양식과 가치관의 변화를 보여준다.

3장

명절과 스트레스

명절은 떨어져 지냈던 가족이 함께 모여 오늘의 삶이 이어지도록 한 조상을 기억하며 함께 가족애를 나누는 뜻 깊은 시간이다. 한국인들은 설과 추석 명절에 가족이 만나는 것을 당연하다고 생각하고 기대하며, 그날을 즐긴다. 그러나 때로는 명절로 인한 스트레스 때문에 반갑고 행복한 가족 만남이 되지 못하는 경우도 생긴다. 한국인들은 명절에 왜, 그리고 어떤 명절 스트레스를 겪고 있을까? 명절 스트레스는 어떤 메시지를 시사하는가?

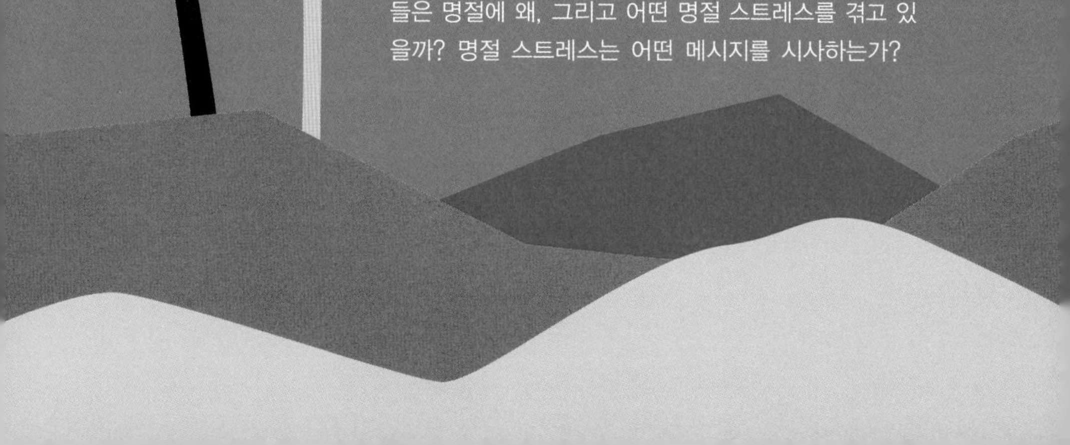

1. 여성의 명절 스트레스

한국의 개화기에서 일제강점기까지 서양인들의 여행기에 등장하는 한국의 세시풍속 이미지를 살펴본 연구(서영수 · 장두식, 2013)에 따르면, 당시 선교사들과 여행객들은 한국에 대한 온정주의적인 시각을 갖고 있었고, 놀이는 스포츠로 인식하고, 개성의 단오날은 '신부의 날'로 가부장적 제도에 있었던 여성들의 '해방일'로 묘사한다. 즉 세시를 통해서 여성들이 해방과 즐거움을 느낄 수 있었다는 점이 눈에 띈다. 이후에도 이러한 세시를 즐겼던 상황은 1920년 신문기사에서도 볼 수 있다. 〈동아일보〉 기사 '경성(京城)과 단오절(端午節)'에는 다음의 글이 실려 있다. 이 역시 단오절에 세시를 즐기는 여성들이 해방과 즐거움을 만끽했다는 내용이다.

> 관왕묘와 창경원은 단오를 독차지한 듯 아가씨의 발자최도 단오가절을 말하여 작이십일은 마침 단오이자 겸하야 공일이였슴으로 삼십만경성 시민은 거의다 풀녀나온가십헛는대 어엿분아가씨네들은 송화색적삼에 분홍치마를 꼿가치입고 곱게 비슨머리에 향취가촉비하는 장포를 꼿고 초록바탕비단신을 삽풋삽풋내노흐며 고사리가튼 손에는 다각기 작난감들을 사들고 거리거리로 왕래하는 양은 보는자로하여곰 단오라는감상을 긴절히누시게하엿스며....
>
> **출처 : 동아일보(1920.6.21).**

그러나 신문기사에서 여성이 해방과 즐거움을 만끽했다는 내용이 현재에는 낯설기만 한 이야기다. 100여년이 지난 2020년대를 살아가는 오늘날, 명절은 여성에게 더 이상 '해방일'이 되지 못한다. 오히려 명절은 스트레스와 연결되는 날이 되었다. 현대에 이르러 여성의 관점에서 보면, 지금으로부터 30여년 전 이미 명절 지내기에 대한 문제가 거론되었다.

세시와 명절을 통해서 가족들과 오랜만에 만나는 기쁨까지 행복과 관계가 없다고 보는 것은 아니지만, 명절과 세시를 지내는 가족 시스템 내에 존재하는 부담과 스트레스를 받는 많은 주부와 여성은 명절의 즐거움과 행복을 누리지 못한다. 그 이유는 명절에는 가사노동의 부담이 급증하는데, 주로 여성이 그 책임을 맡아 왔다는 것에서 출발한다. 시대의 변화에 따라 가치관이 변화하고 여성의 취업과 사회활동이 활발하게 이루어지면서 모두가 즐거워야 하는 명절이 '스트레스를 받는 날'이 되었기 때문이다. 최근 가사노동 트렌드 연구(이현아 · 권순범, 2021)에 따르면, 1990~1994년 가사노동과 연결 중심성의 상위를 차지하는 단어는 가사노동을 주로 담당하던 '여성들', '주부들'이었다고 분석되었는데, 이는 당시 가사노동의 주된 책임자가 여성이었다는 것을 빅데이터로 확인한 것이다. 1995년부터 1999년에도 여성과 주부가 가사노동의 책임자로서 역할은 지속되었으나, 이후 여성의 가사노동에 대한 관점은 점차 변화하였다.

여성의 명절 스트레스는 무엇인가?

〈연합뉴스〉에 '추석 앞두고 며느리증후군 확산'(1996.9.25)이라는 기사가 실렸다. 20~30대 주부들이 갑자기 팔다리가 아프거나 힘이 없는 등 스트레스성 신경질환의 일종인 '며느리증후군'에 시달리고 있다는 내용이다. 특히 대졸 등 고학력 주부들 사이에 더욱 확산하는 '현대병'으로 회자되었고, 전문가들은 이러한 현상을 전통적 관습과 현실 간의 괴리를 극복하지 못한 좌절감의 결과라고 평가했다. 1997년 〈경향신문〉(1997.2.5)에는 결혼한 여성이 겪은 명절날 받은 충격이 실렸다. 원가족에서는 느끼지 못했던 낯선 상황에 당황하는 현실을 극명하게 보여주었다.

- 각오는 하고 있었지만 시어머니가 남자들이 먹다 물린 상에서 밥을 먹자고 했을 때 기가 막혔다. 남자들이 뜯다 남긴 조기에 젓가락질을 하며 모욕감이 치밀었다. … 저녁에 늦게 들어온 동갑내기 시누이의 밥상을 차리면서 비애를 느꼈다. '같은 여자인데 왜 이렇게 처지가 다른가'라는 의문을 지울 수 없었다.

- 동서들 간에 분명한 경쟁심리가 존재한다. 손윗동서가 설거지를 하면 막내인 나는 서성거리기라도 해야 한다. 나중엔 '노가다식'을 생각해 냈다. 쉬지 않고 일하는 모습을 보여주기 위해 무슨 일이든 천천히, 꼼꼼하게 하는 것, 그래도 '이 일이 끝나면 또 뭘 하나' 하는 걱정이 앞서곤 했다. 쉬라는 말 한마디 하지 않는 시어머니가 원망스러웠다.

- 일이 없길래 내 방에 들어가 쉬다가 혼난 적이 있다. 친척들이 와 있는

데 혼자 방에 쏙 들어가 버렸다는 것이다. 하는 수 없이 명절 3일 내내 TV 앞에 앉아 있으면서 '아까운 연휴를 왜 이렇게 보내야 하나' 하는 생각만 했다. …

출처 : 경향신문(1997.2.5).

명절에 느끼는 여성들의 스트레스는 노동보다는 감정, 남편과 아내 간의 불공평, 시누이와의 차별대우, 가족의 일원임을 인정받지 못하는 데서 오는 소외감, 시댁만 가면 하찮은 존재로 취급당하는 현실을 받아들일 수 없는 문제가 원인이다. 명절에 하는 증가된 가사노동도 문제지만 가사노동의 비합리성 문제에 더욱 스트레스가 증가한다. 불만에 찬 며느리 못지않게 시어머니도 스트레스에 시달린다. 시어머니는 자신 때문에 나중에 며느리가 아들과 싸울까 봐 전전긍긍한다.

명절에 '여성의 고생이 말이 아니다'(연합뉴스, 1998.1.22), '올 추석엔 여자도 허리를 펴자. 여성민우회 작은 반란 지침, 웃어라 명절!'(한겨레, 1999.9.5) 등의 기사가 실렸다. 명절이 다가오면 국내 병원의 우울클리닉에는 신체 이상증세를 호소하는 주부들이 늘어난다. 평상시에는 드러나지 않았지만, 명절이면 등장하는 가정 내 '성차별'이 주부들에게 큰 스트레스였다. 1999년에 한국여성민우회의 조사에서는 여성차별 사례 2040여건 중 '명절음식상의 성차별'이 1위에 올랐다(국민일보, 2000.9.7)는 사회상을 보여주었다.

〈좋은 명절을 만드는 다섯 가지 방법〉

- 남녀가 함께 일하고 함께 쉬기
- 딸도 조상 모시기
- 시집과 친정 번갈아 방문하기
- 제사 때 여자도 절하기
- 여성에 대한 명절 금기 없애기

출처 : 한국여성민우회(1999).

며느리증후군	명절 스트레스	명절증후군

며느리증후군, 명절 스트레스, 명절증후군 등 다양한 표현을 통해서 세시나 명절 때에 여성들이 겪는 고충을 이야기해 왔다. 우리말샘(https://opendict.korean.go.kr)에는 명절 스트레스(名節stress)라는 말로 표현되어 있다. 명절을 쇠면서 받는 여러 심리적 · 신체적 긴장이나 피로를 '명절 스트레스'라고 한다. 그러나 명절 스트레스란 여성만, 며느리만 받는다는 것을 의미하지 않는다. 남성도, 학생도, 청년층들도 스트레스를 받는다. 그러나 오랫동안 가장 크게 스트레스를 받는 사람은 여성이며, 며느리였다.

2002년 〈조선일보〉가 20~30대 기혼 남녀를 대상으로 조사한 명절 스트레스 결과를 보면, 여성에게는 음식 준비, 경제적 부담, 시댁 방문이 스트레스로 다가오고, 남성에게는 경제적 부담과 교통체증, 아내의 짜증 등으로 스트레스가 쌓이는 것으로 조사되었다. 남성이 명절 스트레스를 받는 내용 중에 '아내의 짜증'이란 무엇인가? 아내의 명절 스트레스가 남편에게로 전이되었다는 점이다. 결국 부부가 모두 명절 스트레스를 겪게 된다는 것이다.

명절 스트레스		
스트레스 순위	여성	남성
1위	음식준비	경제적 부담
2위	경제적 부담	교통체증
3위	시댁 방문	아내의 짜증

출처 : 조선일보(2002.2.7). 20–30대 기혼남녀 대상 조사결과.

그러나 이러한 추이는 지속되었다. 2008년 〈경향신문〉에서 성인남녀 3,500명을 대상으로 명절 스트레스를 조사한 결과에서는 여성은 여전히 음식 장만, 금전적 부담, 교통체증을, 남성은 교통체증, 금전적 부담, 낯선 친척집 방문으로 스트레스를 받은 것으로 나타났다.

'한국 기혼 여성의 명절 스트레스'에 대한 연구(강동수 외, 2010)에서는 2006년 3월부터 7월까지 대학병원 종합건강증진센터를 방문한 99명의 기혼 여성들이 추석과 설에 겪고 있는 스트레스를 조사한 결과, 스트레스 점수가 평균 38.7점으로 서양의 명절인 크리스마스의 스트레스 점수로 나타난 12점에

비하여 높았다. 고유의 아름다운 풍속인 명절이 스트레스의 요인이 되고 있다는 점이었다. 명절이 주는 스트레스는 그동안 겉으로 드러내지 않았던 일상에서 겪어온 여성들의 어려움이라는 것을 명백하게 보여주었다.

세시와 명절이 되면 오랫동안 만나지 못했던 가족과 친지들을 만나 즐겁고 행복한 시간을 보내야 하나, 현실은 그렇지 못한 경우가 많다. 명절증후군이 문제가 되기 때문이다. 명절증후군은 명절을 전후하여 신체적 · 정신적 피로감과 스트레스를 일으키는 일반적인 사회적 현상이 되었다. 명절에 겪는 스트레스는 파산이나 사업의 합병, 재정 상태의 변화 등과도 맞먹는 정도(조세정, 2013)라고 하니 그 심각함을 생각하면 무시해 버릴 사항이 아니다. 특히 임산부가 겪는 명절 스트레스는 신생아의 몸무게에도 영향을 미쳤고, 보수적인 성향이 강한 영호남 지역에서는 더욱 두드러졌다는 연구(Sohn, 2017)도 있다.

주말이 낀 추석연휴라 어느 때보다 짧게 느껴지지만, 추석은 그 존재 자체만으로도 팍팍한 일상의 활력소가 되기도 한다. 가족, 친지들과 모여서 즐거운 시간을 보내는 시간이지만, 그 시간이 지나고 나면 항상 몸에서 이상 신호가 오기도 한다. 그것을 '명절증후군'이라고 한다.
명절증후군은 명절 때 받는 스트레스로 인해 정신적으로 또는 육체적으로 고통을 받는 것을 말한다. 과거 명절증후군은 오랜 시간 동안 운전을 하거나, 음식을 만드는 등의 가사노동과 같은 신체적 피로를 나타내는 말로 많이 쓰였다.

하지만 최근에는 정신적 피로가 만들어내는 스트레스를 포함하는 말이 됐다. 명절증후군은 본격적인 산업화 이후 전통적인 가족제도가 사라지고 핵가족화가 되면서 개인주의 문화가 정착됐고, 그로 인해 대가족 중심의 틀을 유지하고 있는 한국 전통적 가정에서 발생하고 있는 것으로 보인다. 명절증후군의 증상으로는 두통과 어지러움, 위장장애와 소화불량과 같은 신체적인 증상과 피로, 우울, 호흡곤란 등의 정신적 증상으로 나눠볼 수 있다. 명절증후군을 겪는 대상은 주로 음식을 하는 등 가사노동을 많이 하는 주부였으나, 최근에는 남편이나 미취업자, 미혼자, 시어머니 등 그 범위가 확대되고 있다.

출처 : 사이언스타임즈(2012.9.28).

2012년 주부 2,180명을 대상으로 〈국민일보〉의 조사에서도 명절의 가사노동이 변함없는 스트레스 1위를 차지했고 이어 2위는 시댁 식구들과의 불편한 만남이었다. 2013년 남편 516명을 대상으로 〈조선일보〉에서 조사한 보고에서는 장거리 운전에 대한 부담, 고부 및 장서갈등, 아내의 잔소리 등 부정적인 스트레스가 이전의 조사와 크게 다르지 않음을 보여주었다. 여성만이 아니라 남성들도 명절로 인한 스트레스를 호소했다.

한편 명절 스트레스 점수를 조사한 연구에서는 여성이 남성보다 의미 있게 높은 것으로 조사되었다(조세정, 2013). 스트레스 점수에 영향을 미치는 요인도 남녀 간에 차이가 있었는데, 남성은 나이가 스트레스 점수와 유의한 관계가 있었고, 여성은 교육수준이 유의한 관계가 있었다. 즉 남성의 나이가 많을수록, 여성의 교육수준이 높을수록 명절 스트레스가 높다는 결과를 보였다.

앞서 살펴보았던 가사노동의 트렌드를 분석한 연구(이현아 · 권순범, 2021)를 보면, 2000~2004년에는 가사노동과 연결성이 높게 나타난 키워드로 '증후군', '우울증' 같은 단어들이 등장하고, '손목터널증후군', '명절증후군' 등이 추가로 등장했다는 결과가 나타났다. 가사노동과 연결성이 높은 키워드는 당시 여성이 담당해 오던 가사노동으로 인해 명절에 그 스트레스가 크게 높아졌다는 것을 보여준다.

빅데이터에 나타난 가사노동 트렌드

연대	가사노동과 연결성이 높은 키워드
1990~1994년	여성들, 주부들
1995~1999년	여성들, 주부들, 시간데이터
2000~2004년	증후군, 우울증, 손목터널증후군, 명절증후군

출처 : 이현아, 권순범(2021). 참고하여 정리한 것임.

소설과 영화에 나타난 명절 스트레스

한편 소설과 영화를 통해서 명절 스트레스가 조명되면서 많은 사람의 공감을 얻었다. 2016년 출간된 조남주 작가의 장편소설 『82년생 김지영』에서는 전업주부인 한국 여성의 삶에 대한 차별적 시각의 문제점을 등장시켰다. 이는 2019년 영화로 제작되면서 더욱 사회적 반향을 일으켰고, 이후 여성들의 삶에도 영향을 미쳤다. 영화에서는 시대변화와 가족 가치관 및 세대 가치관의 차이 속에서 갈등하는 여성의 모습이 그려졌고, 한국사회 여성의 삶에 대해 깊이 살펴보아야 한다는 점을 사실적으로 표현하였다.

여성이 겪는 명절 스트레스를 보여주는 소설과 영화

2021년 1월 개봉한 영화 〈큰엄마의 미친봉고〉에서는 명절 스트레스를 중심으로 공감을 주는 코믹이 펼쳐졌다. 명절날 늘 그랬듯이 남성들은 빈둥빈둥, 여성들은 음식을 장만해야 하는 상황에서 큰며느리가 동서들을 모두 데리고 그 환경을 탈출하는 설정이다. 주인공들의 코믹 연기가 흥미로웠음은 물론이고 그 내용에 함축된 명절과 여성의 삶을 재조명해야 한다는 사회적 관심을 요청하고 있었다.

'며느리증후군', '명절 스트레스', '명절증후군'이라는 말들이 한국사회에서 회자된 지도 벌써 30년이 넘어가고 있고, 1990년대에 20~30대를 지내 온 여성들은 현재 60세를 넘어가고 있다. 그렇지만 여전히 이러한 내용이 영화화되고 대중들에게 공감되는 소재가 된다는 것은 무엇을 뜻하는가? 그 핵심은 여성의 스트레스만이 문제가 되는 것이 아니라 남성도 스트레스를 받고 있고, 가족 전체가 명절 스트레스에 그대로 노출되어 있다는 점이다. 명절 스트레스, 명절증후군은 사회변동과 가치관의 변화로 가족 갈등과 충돌을 일으키는 원인이 되고 있다. 인생에서 사랑과 행복의 근원이 되어야 하는 가정이 '명절과 세시' 속에 내재된 옛 문화의 변동과 혼란 속에서 상처받고, 확대된 갈등으로 위태롭다는 점을 심각하게 살펴야 한다.

2020년대를 살아가는 한국인들은 확대가족 핵가족시대를 지나 1인가구와 다양한 가족들이 공존하는 시대를 살아간다. 그러나 세시와 명절은 아직도 확대가족 시스템과 전통이라는 이름 속에 존재하면서 '명절증후군'은 그 안에 불협화음으로 여전히 존재한다. 명절은 우리가 지켜내야 하는 고유의 전통문화이지만, 분명히 이 시대를 살아가는 이들이 겪고 있는 문제이다. 세시와 명절을 지키기 위해 전통사회에서 여성들이 해왔던 수고와 노력을 오늘에까지 요구했던 것이 엇박자를 내기 때문이다. 과거와 전통은 지켜져야 한다는 관념 속에서 여성이 감당할 의무만 남고, 자신의 권리를 포기하게 하는 것은 아닌가에 대한 깊은 시름이 생기는 때이다. 그렇다면 누가 전통을 소중히 여길 수 있을 것인가? 전통은 시대에 맞춰 변용되면서 새롭게 창조되어야 그 의미를 발휘하며 이어질 수 있다. 이제는 전통의 가치를 포함한 새로운 명절문화가 자리매김 되어야 한다. '명절', '쉼', '관계성 회복'을 조화롭게 풀어가는 지혜가 필요하다.

2. 가족의 명절 스트레스

명절은 모든 세대가 참여하면서 그 사회의 역사를 이어가는 함축적 장(場)이다. '명절'은 사회와 가치관의 변화에 따른 시공(時空)을 통해 시대의 가치와 더불어 갈등의 양상을 내포한다. 특히 한국사회는 가족을 중요시하는 가족중심주의가 여전히 지배적이다. 그래서 명절은 '가족'이라는 큰 중심축에서 파생되는 복합적인 의미를 갖는 가족과 친지가 모이는 집안의 행사이며 한국사회의 대표적인 문화이다. 그러면 위에서 살펴본 바와 같이 가족중심주의 한국문화인 명절과 세시로부터 발생하는 스트레스는 무엇을 시사하는가?

명절과 세시의 스트레스는 여성만이 아니라 가족 모두가 겪는 문제가 되고 있다는 점에 주목해야 한다. 가족이 겪는 명절 스트레스는 무엇인가? 오랜만에 만나는 가족이 즐겁고 행복해야 할 명절에 가족 스트레스가 작용하는 원인은 무엇인가?

1980년대에 명절 스트레스로 보는 것은 다소 다른 차원일지 모르나 연말연시에 언급되었던 사례가 있다. 연말연시에 아동들이 겪었던 '연말연시 고아'라는 당시 신조어로 자녀들이 노출된 스트레스를 보여준다. 연말에 부부모임이 많아지면서 아이들이 겪었던 스트레스를 주목한 것이다. 아동들의 스트레스는 선물이나 물질적 보상으로 치유될 수 없음을 지적한다.

• '연말연시 고아'라는 새 유행어가 등장했다. … 부부모임이 많아지고 또 부부가 별도로 망년회로 바빠지면서 방학을 맞은 동심들이 우울해지고 있기 때문에 나온 얘기다. 1,2,3차 등으로 이어지는 가장의 '술망년회'로 귀가 시간은 점점 늦어지고 이에 따라 가족 사이의 분위기도 다른 때보다 오히려 더 서먹해지는 경우도 적지 않다. … 최근에는 부인들까지 계모임이나 동창회 등의 명목으로 가정을 뒷전으로 한채 나들이를 즐기고 있어 어린이들은 외톨이가 되어 버려 '연말연시 고아'라는 새 유행어가 생기게 된 것. … 아이들의 소외감을 해소시키기 위해 일부 '물질만능 부모'들은 선물꾸러미나 현금을 주는 경우도 있으나 특히 취학전 아동들에게는 심리적 이유로 생긴 스트레스가 이런 방식으로는 해결될 수 없다고 전문가들은 지적한다. …

출처 : 경향신문(1986.12.23).

명절 스트레스는 주로 여성이 받는 것으로 회자되지만 남성도 명절 스트레스의 피해자가 되고 있다. 1997년 신문기사에는 남성이 겪는 명절 스트레스가 실려 있다.

• 명절날 아내를 보고 있으면 시한폭탄 같다. 마음이 불안해서 아예 방에 처박혀 잠만 잔다.… 도와주고 싶어도 어른들 눈치를 보지 않을 수 없다. … 차라리 명절이 없었으면 좋겠다.

출처 : 경향신문(1997.2.5).

고향 오가는 자손들의 교통안전과 부모의 스트레스

명절이 되면 고향을 오가는 교통체증과 교통사고로 인한 스트레스를 빼놓을 수 없다. 1980년대와 1990년대 명절은 곧 민족의 대이동을 뜻했다. 도시에서 일하던 노동자들이 고향을 찾는 때였기 때문이다. 교통체증 문제는 명절 때마다 겪어온 명절 귀향(歸鄕)과 귀경(歸京)이 원인이 되었다. '대중교통 이용을 극대화해야 한다, 자가용 안 타는 풍토가 절실하다, 한정된 도로에 버스를 늘려야 한다'(조선일보, 1989.9.19)는 것은 그 시절 교통상황을 말해준다. 한가위가 되면 고향으로 귀향하는 사람이 8백만 명(매일경제, 1986.9.17)에 이르기도 했고, 구청에서는 추석 귀향 버스를 마련하여 민족의 명절인 추석에 고향을 찾는 지역주민을 위한 노력(동아일보, 1997.9.2)도 있었다. 직장에서도 직원들의 귀향을 돕기 위해 고향가는 버스를 대기시켰다. 1990년대 명절 때가 되면 각 대학의 총학생회에서는 전세버스를 동원해서 지방 출신 학생의 귀향을 돕는 사업을 펼치는 경우(한겨레, 1995.9.3)도 많았고, 카풀로 고향 가는 대책(동아일보, 1996.2.10)도 등장했다. 고향을 오가는 길에 안타까운 귀향길 교통사고도 한층 증가했다. 그래서 '귀향길이 고생길'이라는 이야기도 종종 나오곤 했다. 명절을 맞아 귀향하는 것은 즐거운 일이었지만, 고향으로 오가는 길에서 겪는 교통 문제는 오가는 사람뿐 아니라, 고향에 계신 부모에게도 걱정이 되었다. 자손들이 안전하게 집에 도착하기를 노심초사하는 마음으로 지켜보았던 부모들에게도 스트레스가 되었다.

소설가 박태순의 칼럼이 1986년 '도시노동자 애환의 추석 귀향길'이라는 내용으로 〈한겨레〉 신문에 실렸다. 퇴색되고 변질된 명절 풍속에 대한 우려와 도시노동자의 힘든 상황을 묘사하였다. 농경 중심의 명절과 세시풍속이 도시화 산업화로 인해 변화해 가는 시대상을 보여주었다.

- 이른바 산업사회니 과학기술 정보화 시대니 하는 오늘의 남한 땅에서 그 가장 최일선에 서 있는 노동자의 실태를 통해 이 나라의 표정을 살피는 일은 참으로 난감하기 그지없는 일이다. 온갖 모순과 갈등을 짊어져야 하는 이들에게 가을철의 추석세시풍속은 과연 즐거운 명절인가 아니면 또 다른 혼란인 것인가. 추석은 신라시대에 부녀노동인 길쌈을 독려하기 위한 '일과 놀이'의 문화에서 연유되었던 데에서 알 수 있듯, … 농민축제의 성격을 지녔다. 가을걷이의 보람과 가문의 화합과 선조에 대한 경배가 모두 농경문화의 표현이었다 할 수 있다. 그렇다면 남한의 4천2백만명 인구 중에서 농촌 거주자가 7백만명 안팎에 불과하고, … 농업비중이 10% 안팎에 머무르고 있는 남한의 산업구조 속에서 추석명절은 노동자와 농민의 축제로서의 성격을 과연 담아내고 있는 것인가. … 가을철의 피고개넘기가 보리고개보다 더 힘들다는 탄식 속에 깊어가는 가을밤을 … 시름으로 지새우는 것이 오늘의 농민현실이다. … 먹고 사는 문제의 고통 속에서 실의의 나날을 보내야 하는 계절에 추석은 때 아닌 '야단법석'을 치러야 하는 세시풍속으로 둔갑되고 있다. 명절 아닌 '광란의 한철' …

- 젊은이들이 헛돈 써가며 짊어지고 온 재벌회사만 돈 벌게 하는 선물꾸러미 따위가 모두 짐스럽기만 하다. … 모처럼 고향에 돌아온 젊은 것들은 제 또래의 동무를 만나 고스톱 화투놀이에 술주정으로 몸과 마음이 모두 엉망으로 되어 후닥닥 떠나버리고 만다. '한가위 졸경 치르는 게 태풍 만나는 것보다 무서울 지경'이라는 푸념도 들려오는 것이다. 잘못된 도시집중화, 농촌진공화는 추석명절을 본의 아닌 '소동과 광란의 한철'이 되게 하고 있다. … 왜곡된 한국사회의 생산양식에 덩달아서 더욱 변질된 오늘의 민족생활양식은 처절할 지경으로 엉망진창이다. … 한때를 '황금연휴'로만 여기어 귀향 아닌 관광만을 탐내는 자들에 의한 이 땅의 '광란문화'에 대해서는 우리가 다시 무슨 말을 더 할 수 있을까?

출처 : 경향신문(1986.12.23).

청소년과 젊은이들도 겪는 명절 스트레스

한국사회에서 명절을 맞이하는 청소년이 스트레스를 경험하는 것도 여성과 며느리, 남편과 다르지 않다. 이들은 어떤 명절 스트레스를 겪고 있을까? 청소년 시기는 성인으로 성장해 가는 과도기로 감정적으로도 매우 민감하고 예민한 때이다. 이때 당면한 발달과업은 학업에 대한 성취, 원만한 친구관계 형성, 진로의 선택, 미래 취업을 위한 준비, 이성 교제와 배우자의 선택 등 다양하며, 이를 대처하는 방식도 좌충우돌하면서 성장해 가는 과정이다. 그래서도 감정조절이 어렵고, 의사결정과 선택에서 혼란스러워하며, 아픔도 많고 스트레스도 많은 시기다. 즉 인간 발달단계에서 보더라도 자신이 처한 당면과제로 스트레스가 높은 시기이다.

한국사회에서 대학입시를 앞둔 자녀가 있을 때, 가족은 자녀의 입시를 위해 모두 집중한다. 공부하는 데에 방해가 되지 않도록 건강을 잘 유지하도록 하는 것은 물론이고, 집에서 소음도 용납되지 않고, 부정적인 감정이 들지 않도록 주의한다. 가족의 일상적인 의사결정과 가족 행사나 주거의 선택까지 자녀의 입시에 맞춰진다. 그래서 입시를 앞둔 자녀가 있는 가정에서는 '가족과 친지가 모이는 명절 모임에 가지 않아도 된다'는 말이 있다. 대학입시가 모든 일상의 의사결정에서 면죄부가 되는 형국이다. 그렇지만 "1년에 한두 번 명절이니 참여해야 한다."는 어른들의 권유에 따라 자녀들이 명절 모임에 참여하기도 한다. 그러나 명절 모임에 참여한 청소년들은 대부분 "입시 잘 치러야지. 좋은 대학 가야지…." 등의 말을 듣게 되고, 고도의 스트레스 상황에 직면한다.

취업준비생이나 통념상 결혼 적령기이지만 혼인하지 않은 가족에게도 유사한 상황이 생긴다. 가족과 친지로부터 "취업해야지? 취업 안 하니?", "결혼은 언제 하냐? 사귀는 사람은 있냐?" 등의 듣기 싫은 부담스러운 질문을 받는 경우다. 그래서 점점 명절 모임에 참여하기를 거부하는 가족들이 나타난다. 청소년과 젊은이들은 당면한 현실과 자신이 극복해야 할 문제가 답답하기만 한데, 명절이면 이 모든 것이 '가족애'와 '덕담'이라는 범주에서 이야기가 나오며, 말하고 싶지 않은 내용도 개방하라고 하는 것은 당사자들에게는 상처와 스트레스로 작용한다. 그러나 당사자가 아닌 어른들에게는 '대수롭지 않은 내용인데. 가족끼리 편하게 물어볼 수도 있는 말인데, 오히려 그런 관심마저 안 보인다면 가족이 맞나'라는 등 다른 생각으로 접근하기 때문이다.

2019년 2월 1일 <스넵타임>에 따르면 명절이면 빼놓을 수 없는 스트레스, 과도한 가사노동, 사생활에 대한 관심, 듣기 싫은 말 듣기를 꼽았다. 취업포털 <사람인>이 성인남녀 1004명 대상 '설 스트레스 여부'에 대한 조사결과를 인용했는데, 근황을 묻는 과도한 관심이 싫어서(22.1%) 명절을 기피하고 싶다는 결과를 보였다. '얼마를 벌어? 월급은 많이 받냐? 살 쪘니? 다이어트 좀 해야겠다. 누구는 그 회사에 다닌다더라. 취직 안 하니? 결혼 안 하니?' 등의 질문은 피하고 싶은 것으로 나타났다. 기혼은 '월급은 얼마니?', 미혼은 '결혼 언제 하니?'를 가장 듣기 싫은 질문으로 꼽았다.

명절에 개인 생활에 대한 관심은 부담

그런데 이렇게 피하고 싶은 반응들은 현재의 문제가 아니며, 과거에도 있었다. 2008년 〈여성신문〉 조사를 보면, 이러한 반응들이 유사하게 나타났다. 결혼한다는 것을 의미하는 '국수 언제 먹여줄래?'[1)]라는 말이나 '취업은 언제 하니?' 등 사생활에 대한 친척들의 과도한 관심이 2030 여성들에게는 명절의 가장 큰 스트레스로 나타났다. 특히 1인가구가 급증하는 시대를 사는 2020년대의 MZ세대들은 개인생활에 대해 침해받거나 자극받는 것을 기피하고, 사적인 질문을 매우 불편해한다. 그러나 이러한 세대들의 생각을 이해하지 못하는 친척들로부터 받기 싫은 질문을 받고, 이로 인해 명절의 의미마저 퇴색되어 가는 것은 문제가 아닐 수 없다. 이들은 싫어하

1) 결혼하는 날은 '국수 먹는 날'로 여겼다. 혼인 잔치가 있는 집에서는 국수를 대접했는데, 이러한 말이 전해지면서 결혼 언제 하니? 라는 말을 직접적으로 표현하는 대신에 '국수 언제 먹여줄래?'라는 말을 사용한다.

는 내색을 하지 않고, 참고 그냥 웃어넘기면서 대처하지만, 그때 받은 명절 스트레스는 그대로 남는다. 그런 말을 들으면, 소화가 안 되고, 머리가 아프거나 무력함을 경험하게 되는 등 다양한 스트레스의 증상이 나타나게 된다.

2008년 서울특별시 '건강가정지원센터'에서는 '명절문화캠페인'을 시도했다. 명절에 가족과 스트레스 없는 시간을 갖도록 독려했다. 가까운 가족 친척이지만, 명절과 가족행사에 특히 서로 조심하고 배려하며 나누는 삶의 자세를 갖출 것을 제안했다. 이 캠페인은 현재에도 유의미하게 수용할 내용이다.

온가족이 참여하는 행복한 명절문화·가족행사 "나눔과 참여"로 이렇게 합시다!	
음식문화	함께 준비하고 간소하게!
	• 음식은 적당량으로 간소하게 준비하고 과음이나 과식하지 마세요. • 남편과 자녀들도 역할을 분담하여 집안일과 음식을 준비하고 설거지와 청소도 함께 해요. • 명절이나 가족행사 시 음식은 계절식품을 이용하여 경제적으로 준비하고 음식문화도 가꾸세요.
소통문화	즐거운 대화를!
	• 명절이나 가족행사 시 가족 간, 친척 간 격려와 칭찬을 해 주세요. • 조상이나 가까운 친척 등에 대한 긍정적인 이야기를 나누세요. • 종교나 정치이야기로 논쟁하지 말고 밥맛 나는 이야기를 하도록 해요. • 다른 가족과 친척의 가치관도 존중해 주세요.

여가문화	명절연휴 가족과 함께! • 가족 모두가 참여할 수 있는 윷놀이, 투호놀이, 볼링, 공원산책, 가족 영화를 감상해요. • 내기문화는 지양해 주세요. • 가족과 추억을 만드는 이벤트가 있는 연휴, 명절문화를 즐기는 가족 행사가 되도록 노력해요. • 가족이 모이는 명절, 자녀들에게 금전보다는 멋진 이름의 상(실천을 잘 하는 어린이 상, 운동을 열심히 하는 건강한 어린이 상 등)을 주거나 진심어린 칭찬을 해 주세요.
양성 평등한 명절문화	양가 가족과 나누는 명절! • 양가 어른을 방문하기 전 미리 약속하고 찾아뵙고 인사드려요. • 양성평등한 명절연휴, 가족 모두 웃는 명절과 가족행사를 만들어요. • 고향이나 양가 방문 시 운전할 때는 교통법규를 지키고 공공질서를 지켜요.
나누는 명절문화	세대 간 마음 나누고 이웃과도 나누는 문화 • 가족, 친지, 이웃 등 세대간, 이웃 간 감사의 마음을 나누는 명절문화를 만들어요. • 독거노인, 결혼이민자 가족, 조손가족, 외국인노동자 가족, 소년소녀가장 가족, 한부모 가족, 새터민 가족 등 다양한 가족과 더불어 함께 음식을 나누고 이웃과도 나누는 명절 되세요.

출처 : 서울특별시건강가정지원센터, 2008 명절문화캠페인 자료집 중에서.

최근 코로나19, 델타변이, 오미크론 등 바이러스에 의한 감염병 확산은 우리의 모든 일상을 변화시켰다. 명절에 대한 인식도 크게 변했다. 2020년 추석의 경우, 정부는 코로나19 확산으로 인해 사회적 거리두기를 강화하여 연휴동안 고향 방문 자제를 권고하고 인터넷 차례 지내기, 온라인 추모, 성묘 서비스 제공 등의 비대면 추석 지원 방안을 마련하였다. 한 보도(YTN, 2021.9.17)에 따르면, 코로나가 확산되기 시작했던

2020년에는 '불효자는 옵니다'라는 현수막까지 등장했다. 부모들이 자식들한테 고향에 오지 말라고 했지만, '올해 추석은 백신 맞았으니까 오라'는 이야기도 있었다. 코로나로 인해 사회적 거리 두기가 명절에도 거리두기로 이어졌다. 이에 대한 자녀들의 반응도 서로 다르지만, 자녀들은 70%가 명절에 고향 가기 싫다는 반응을 보였다. 기성세대와 젊은세대가 생각하는 명절에 대한 의식 차이를 극명하게 보여주었다.

가족들의 명절 스트레스는 코로나19 감염스트레스와 맞물려 매우 예민하게 나타났다. 코로나로 인한 명절문화의 변화와 전망 연구(손서희, 2021)에서는 20세 이상 55세 이하 성인 1,100명(미/비혼부모 포함)을 대상으로 온라인 조사연구를 진행했다. 그 결과, 전체적으로 이전 추석과 비교해 코로나19 확산 예방을 위해 2020년 추석에는 '본인 혹은 배우자 부모님 방문'이 감소하고(85.9% > 64.5%), '부부 혹은 부부/부/모+자녀가 집에서 휴식'을 취한 경우가 크게 증가하였다(70% > 27.5%). 조사참여자들이 보내고 싶은 추석 명절의 모습으로 '본인 혹은 배우자 부모님 방문'과 같이 떨어져 생활하는 가족과의 만남 및 교류에 대한 응답이 가장 많았음에도 불구하고, 상당수는 코로나19와 같은 감염병으로 인해 명절문화가 변화할 것으로 전망하였다. 특히 향후 변화할 명절의 모습으로 가족 간 교류를 위해 명절 동안의 집중 이동보다 분산 이동, 명절문화의 간소화, 가족 중심보다 개인 중심의 시간 활용 등의 변화가 나타날 것으로 전망하였다. 그리고 조사대상자들은 부모-자녀 관계를 만족하는 경우, 결혼에 대해 긍정적인 인식을 갖는 경우, 가족의 평등 수준이 높을수록 지난 명절에 대한 경험이 긍정적이었다. 반면, 부모-자녀 관계에 불만족하는 경우와 결혼에 대해 부정적으로 인식하는 경우, 그리고 가족 내 불평등 정도가 높을수록 함께 모이는 명절문화 변화에 따라 가족관계가 소원해지거나, 가족보다 친구나 지인들과 명절을 보내는 것, 개인 중심의 시간 활용 증가 등의 변화 전망에 동의하는 비율이 높았다. 이러한 조사결과를 볼 때, 가족관계를 향상시키고 민주적이고 성평등한 가족문화 조성을 위한 노력이 이루어질 때, 가족 구성원 모두가 만족하는 명절이 될 수 있을 것임을 시사하였다.

'질병관리청'(2021.9.16)에서는 '마음으로 함께, 가족건강 지키는 한가위 방역수칙'을 발표했다. 모임 수를 줄이고, 만남 시간도 12시간에서 4시간으로 줄이면 감염 가능성이 60%에서 35%로 감소한다는 내용과 실내 환기를 자주 해줄 것, 식사 중 대화를 삼갈 것, 가급적 어르신들은 추석 이전에 백신 접종을 할 것을 권고하였다. 가족의 스트레스 관점에서 보면 코로나19의 확산은 가족체계에 변화를 가져온 가족스트레스 사건(family stressor event)이다. 스트레스를 넘어 우울 등 심리적 복지에 매우 부정적 결과를 가져왔다. 개인의 정신건강뿐 아니라 가족생활과 가족관계의 다양한 차원에서도 2차적인 스트레스원으로 이어지기 때문이다.

마음으로 함께, 가족건강 지키는 한가위 방역수칙

출처 : 질병관리청(2020).

최근에는 코로나19로 가족모임을 갖지 못하는 경우가 늘고 있고, 명절 스트레스를 벗어나고 싶은 사람들도 많아지면서 이들을 대상으로 하는 재테크나 취미 교양, 외국어 등 자기계발 강의를 할인한다는 '명절대피소 이벤트'가 펼쳐지면서 다양한 강의콘텐츠로 사람들의 관심을 모은다. 명절 스트레스를 벗어나기 위한 갖가지 방법들이 등장했다.

코로나19로 확산에 따른 가족생활 및 가족관계의 변화와 스트레스	
구분	내용
가사노동	• 가사노동 활동이 증가하여 전반적으로 힘들어졌다 33.0% • 자녀돌봄이 힘들어졌다 47.1%
여가활동	• 비대면 여가활동의 증가 • 친구 지인 만남 큰 폭 감소, 가족 여가시간 증가
가정경제	• 가구소득 감소 비율 36.7%, 부채증가 비율 18.2% • 전반적인 경제 상태가 나빠졌다는 비율 38.12%, 가계 불안정 심화 우려
가족관계	• 자녀와의 관계가 나빠졌다는 비율이 12~13%, 부모자녀 관계 갈등 증가
남녀역할	• 가사노동 증가 : 여성 〉 남성, 자녀돌봄 증가 : 여성 〉 남성 • 개인적 여가 증가 : 남성 〉 여성
스트레스	• 근로시간 변화, 경제 악화, 배우자와 관계 악화로 인한 스트레스 수준 증가 • 자녀돌봄 부담 증가, 자녀관계에서는 스트레스에 유의한 영향 나타나지 않음 • 초중고등 자녀가 있는 부모는 여성이 남성보다 스트레스가 낮게 나타남

출처 : 진미정 외(2020). pp.447-461 내용을 요약한 것임.

가족 친지들이 함께 명절을 보내면서도 민주적이고 양성평등적인 명절문화를 만들어 스트레스가 없는 세시풍속이 되도록 하는 방법은 무엇일까? 이는 가족 간에 피해야 할 대화 내용을 바르게 인식하고, 대화에 조심하려는 노력이 있을 때 가능할 것이다. 가족 간의 대화는 가장 쉬운 듯하지만, 가장 어렵다. 가족은 혈육 간으로 가장 가까운 사이고, 이해해 줄 거라는 기대와 믿음이 있으나, 실은 가족도 개개인의 특성이 있는 존재이므로 '가족이라는 울타리'로만 생각하면, 대화가 어려워지고 갈등이 심화될 수 있다.

명절 스트레스를 줄이기 위해 주의해야 할 대화

가족은 혈연이라는 동질적인 특성을 가진 집단이라는 것을 우선시하고 강조하기 쉽다. 그러나 가족은 혈연의 동질적인 특성을 제외하고 보면, 매우 이질적인 특성을 가진 사람들이 모여 있다. 각자의 성(性)이 다르고, 연령이 다르며, 성격은 물론이고 가족 내의 위치와 역할이 모두 다르다. 물론 여성과 남성, 자녀, 부모라는 상황으로 동질성을 갖는 범주로 나눌 수 있지만, 일반적인 사회나 학교의 조직보다도 사회인구학적 특성상 더 복잡하고 다양한 이질적 특성을 갖는다. 그래서 가족은 가치관의 충돌, 성별에 따른 충돌, 세대에 따른 충돌, 역할에 따른 충돌 등이 복합적으로 내재되어 있는 집단이다. 따라서 가족관계에서 대화는 쉽지 않다. 말을 안 하면 '가족끼리 말도 안 하느냐?' 하고 이야기를 많이 하면, '가족이라도 할 말이 있고 안 할 말이 있다'고 하고, '가까운 가족이라도 조심해야 한다'고 하거나 '가족 대화가 필요하다'고 하면서 '뭐 가족끼리 별 할 말이 있냐'라고 한다. 어디에 초점을 두고 대화가 이루어져야 할 것인가 혼란스럽기만 하다.

가족 사이에도 조심하고 주의해야 할 대화 방법이 필요하다. 지나치게 자기주장을 하거나 가족관계라 해서 편하게 대화한다는 것이 오히려 상처와 불만으로 이어질 수 있다는 점을 기억해야 한다. 비교하는 말이나 부정적인 감정을 담아서 하는 말, 배려 없는 말, 지시하는 말, 확대해석하는 말, 무시하는 말, 자기 입장만을 주장하고 강요하는 말들은 피해야 한다. 부부관계, 부모나 시부모와의 관계, 형제자매 관계, 동서관계, 친척과의 관계 등 명절에 가족 만남에서 대면하게 되는 이들 관계에서는 공감하고 상호 배려하며 공감하는 말, 있는 사실을 근거로 말하면서 확대하지 않는 말, 긍정적인 말로 이루어지는 대화는 명절 스트레스를 방지하는 현명한 자세이다.

〈명절에 주의해야 할 말〉

1. 명절에 가족모임에서는 학업 문제나 진학, 취직, 연봉, 결혼, 연애, 출산, 외모 등 민감한 사적인 질문은 피한다.
2. 다른 집안의 아들과 딸, 며느리와 사위를 비교하는 말은 하지 않는다.
3. 며느리(사위)의 친부모 안부를 미리 챙기는 인사말을 한다.
4. 직설적인 표현은 의도하지 않았더라도 상대방에게 상처를 줄 수 있음을 기억한다.
5. '가족이니까 이해하겠지, 가족끼리 하지 못할 말이 있나'라는 등의 말은 하지 않는다.
6. '잘 되라고 하는 말이다'라고 말하면서 자신의 주장을 강요하지 말아야 한다.
7. 가족 친지로부터 사적 질문을 받았어도 화를 내거나 불쾌감을 표시하지 않도록 주의한다.
8. 남녀노소를 불문하고 상대방의 감정과 상황을 이해하고 배려하도록 한다.

9. 명절날에는 평소에 쌓였던 감정이 섞인 말은 가능하면 하지 않도록 특별히 주의한다.
10. 성차별적인 발언을 하지 않도록 주의한다.
11. 가부장적인 가족문화를 강요하지 않도록 한다.
12. 민감한 정치문제, 지지하는 정당 등에 대한 언급은 생각이 다른 가족에게 불쾌감을 줄 수 있으므로 대화에서는 피하도록 한다.
13. 건강, 새해 소망 등 편한 대화를 나누면서 격려하고 공감하는 반응을 보인다.

3. 명절과 경제적 스트레스

명절에는 경제적 지출이 급증한다. 명절 때 경제적 스트레스는 간과해서는 안 되는 스트레스 중 하나이다. 최근 경제적 자유를 갈구하는 이들이 많아지고 경제적 가치에 대한 관심이 어느 때보다 높아지고 있는 상황에서 명절은 부담스런 날로 인식되는 경우가 많다.

직장인들의 급여 체계가 호봉제인 경우는 설과 추석을 중심으로 '보너스'의 개념이 당연하게 존재한다. 그러나 호봉제에서 연봉제로 변화하는 과정에서 명절 보너스의 방식을 적용하지 않고, 일 년 12개월 동안 똑같은 액수의 급여를 받는 체계를 도입한 경우가 많아졌다. 이러한 시스템은 직장인들에게는 금전 소비가 증가하는 설과 추석 명절이 더욱 경제적 부담으로 다가오게 하는 요인이다. 더욱이 가족 중심 라이프스타일에서 개인 중심 라이프스타일로 변화되고, 비정규직과 아르바이트로 살아가는 삶이 증가한 현실에서는 '무슨 무슨 날이면 금전 소비가 늘어 무섭다'라고 생각하는 이들이 많다. 특히 명절 즈음에는 곳곳에서 생필품의 가격이 상승하고, 과일, 고기, 생선을 비롯하여 대추, 잣, 호두 등도 가격이 올라 서민들에게는 경제적 스트레스가 찾아온다. 2021년 한 때는 대파가격이 너무 치솟아 '대파값이 금값', '대파코인', '파테크'라는 말까지 회자되면서 대파를 화분에 심어 놓고 조금씩 먹자는 아이디어들이 SNS를 중심으로 확산되었다.

명절 물가상승을 비롯하여 경제적인 부담으로 인한 경제적 스트레스는 40년 전에도 여전히 존재했다. 즉 명절의 경제적 스트레스는 해마다 주기적으로 겪는 스트레스라는 점이다. 주부들은 추석 차례상 차리기와 선물 장만에 대한 씀씀이를 걱정하며, 제한된 가계예산으로 합리적 지출을 위한 정보에 관심이 쏠렸다. 이를 위해 신문에서는 시장경기, 선물, 제물 고르는 법, 성묫길 교통편 등 정보를 제공했다(경향신문, 1976.8.30). 그리고 10여년이 지난 후에도 여전히 명절선물에 대한 강박관념으로 무리하게 지출한다든지, 신용카드의 무절제한 사용으로 명절 후 적자를 메우느라 고생하는 세태(경향신문, 1992.1.20)를 조심하라는 기사는 여전히 등장했다. 그리고 차례상차림 비용은 명절을 지내는 소비의 기준처럼 매년 예상 비용이 등장하곤 한다.

2014년 〈벼룩시장〉 구인구직에서 20~60대 남녀 750명을 대상으로 진행한 추석연휴 가장 스트레스를 주는 요인에 대한 조사결과를 보면, 추석에 선물 마련과 부모님 용돈에 드는 경제적인 부담감을 꼽았다.

〈추석연휴 가장 스트레스를 주는 요인은?〉

• 이리저리 나가는 돈으로 인한 경제적 부담	56.3%
• (배우자) 가족들과 함께 해야 하는 시간	6.5%
• 장거리 운전과 교통체증	13.1%
• 명절음식 준비 등의 가사노동	24.1%

해마다 느끼는 명절의 경제적 부담과 스트레스

그리고 추석연휴에도 경제활동을 할 의사가 있다는 것으로 나타났는데, 그 이유는 '추석 때 이리저리 나갈 돈이 너무 많다'는 것이었다. 추석 보너스를 받는다면, 그 용도로는 '나중에 비상금으로 저금해 둔다(46.5%)', '부모님께 용돈을 드린다(25.3%)', '여름휴가비에 보탠다(9.8%)', '추석 음식 장만에 보탠다(9.4%)'로 나타났다. 한편 직장인들이 추석이 설보다 좋은 이유로 '세뱃돈을 주지 않아서'를 1순위로 지목했다는 것을 보면 명절에 느끼는 경제적 부담감은 매우 크다는 것을 알 수 있다.

설보다 추석이 좋은 이유는 세뱃돈의 지출이 없다는 점에서 세뱃돈의 문제도 짚어 보아야 한다. 세배(歲拜)란 새해 첫날인 설날에 차례를 지낸 뒤에 아랫사람이 윗사람에게 새해 인사로 절을 올리는 것을 말한다. 세배는 우리 고유의 아름다운 풍속으로 새해를 맞이하여 가족 친지 어른들을 찾아뵙고 인사하는 것으로 한해의 복과 덕담을 주고받는 의미 있는 행사다. 한편 설 전날에는 한해를 잘 지냈다는 의미로 묶은 세배도 한다. 1920년대 설이야기 기사에는 다음과 같은 글이 실렸다. 1920년대에는 어린이에게 세뱃돈을 주는 풍속은 있었지만, 그렇게 좋은 시선으로 보지는 않았다. 세뱃돈 주는 것에 대한 부정적인 시각과 교육상 문제가 있으므로 돈 대신에 학용품이나 장난감, 일상에서 필요하고 오래 간직할 수 있는 것을 주는 것이 좋을 것임을 계도하였다. 부모가 아이들에게 세뱃돈을 받아오라고 시키는 경우도 있음을 경계하여 주의해야 한다(조선일보, 1930.1.26, 1935.1.31)는 바도 있었다.

〈설 이야기〉

• 설날 떡국으로 차례를 지내고 떡국 먹고 설비음으로 새옷을 입고 세배를 다니면 세배상이 생기고 아희들은 세뱃돈이 생깁니다. …

출처 : 동아일보(1925.1.30).

〈어린아희에게 절갑을 주지 마라〉

- 다른 나라에서는 세배를 어른만 다니지마는 우리조선에서는 어린아희들이먼저 세배를 다니는 것이다. 어린아희들이 정월초하로날 꼭두식전부터 새옷을 내라고 펄펄 뛰며 설빔을 어더닙고 어룬보다 먼저 세배를 나가는 것이다. 어룬들이 세배를 다닐 때에도 의례히 어린아희들을 다리고 다니는 것이 통례이다.

- 어린아희들이 세배를 가면 집집마다 반듯이 돈을 주는 것이라 이것을 '절갑'이라고도 하고 혹은 '세뱃돈'이라고도 하여 웬만히 사는 사람은 정월초하로날 돈원이나 바꾸어노아야 하는 것이다.

- 어린아희가 세배절을 하고나서는 의례히 돈을 줄줄 알고 기다리는 것이다. 그래서 혹시절갑을 아니주는 집이 잇스면(그런집은 별로업지마는) 어린아희는 집에도라와서 그집을조치안케 말한다.

- 이것은 심히 나분 풍속이다. 어린아희에게 돈을 주어 돈이란 관념을 길너주는 것은 어린아희장래를 위하여 심히 조지 못한 일이니 그리함으로 어린아희가 욕심이라는 조치못한 관념이 만하지고 돈의가치를 세음치게 되고 따지게 되는 것이니 이것은 인생의 불행을 넘우 일즉부터 가르쳐주는 것이다. 아무조록 어린아희에게는 돈의 관념을 너혀주지아니하야 그아희의 천진한 성질을 북도둘수가 있는 것이다. .... 우리나라에서 어린아희에게 새배절을밧고 돈을 주는 풍속은 퍽예전부터 내려오는 풍속이라고 한다. 그러므로 우리조선사람은 돈의 욕심이 만은모양이다.

출처 : 동아일보(1926.2.13).

한편 세뱃돈을 모아서 어린소년들이 만주에 있는 피난동포에게 보내달라고 신문사에 기탁(동아일보, 1933.1.31)한 경우도 있었다. 세뱃돈 기부는 그 후에도 여러 차례 이루어졌다. 세뱃돈을 모아 눈이 많이 와서 고생하는 울릉도에 있는 어린아이에게 보낸 경우(동아일보, 1934.2.17, 2.21, 조선일보, 1934.2.26, 2.28)가 수차례 기록되어 있다. 그 후에도 아이들이 세뱃돈을 헌금하거나 불쌍한 이들을 위해 써달라고 기탁하는 분위기는 1980년대에도 지속되었다. 한편 당시에는 어린이의 세뱃돈을 노리는 거리의 도박꾼들이 등장(조선일보, 1936.1.27, 1937.2.13)하기도 했다. 1970년에는 새해 세뱃돈은 어린이 예금통장에 넣으라는 광고가 등장(동아일보, 1970.12.24.)했다. 세뱃돈으로 얼마를 주어야 하는지에 대한 내용도 등장했는데, 자기 분수에 맞게 주어야 하지만 50원이면 어린이 기대를 채우기에 적당하다고 제시했고, 세뱃돈보다는 선물로 대신하는 방법이 세배에 대한 진정한 보답으로 좋다(매일경제, 1971.12.24)고 하였다. 세뱃돈 때문에 경제적 부담감을 느낀다는 기록은 오늘날 보아도 공감되는 내용이다.

- 세배(歲拜) 돈도 골치아픈 문제다. 어렸을 때 세뱃돈을 받아보던 재미를 맛본 罪(?)가 있는 몸으로서는 세뱃돈에 대한 어린이들이 걸고 있는 기대가 얼마나 큰 것인지를 잘 안다. 세뱃돈이라는 풍습을 좋은 풍습이라고는 생각하지 않으면서도 어린이들을 배신(?)할 수도 없다. 어린이들에게 세뱃돈이 없는 설날이란 음흑의 설날이다. 별로 미풍양속으로 손꼽아지는 풍습은 아니라도 어린이들의 기대를 짓밟기는 어렵다. …

출처 : 동아일보(1972.12.5).

1980년대의 세뱃돈에 대한 이야기를 보자. 세뱃돈으로 아이들에게 얼마를 주어야 할지 고민하는 마음을 잘 표현한다.

〈세뱃돈〉

엄마에게 맡기면 떼어 쓰는 걸 보더니, 은행에 예금. 통장 보관해 달라

- 1천원은 요즈음 같은 물가고 시대에 아무리 상대가 미성년들이라지만 1년에 고작 한번인 절값으로는 너무 빈약한 거 같고, 그렇다고 5천원권을 일일이 뿌리기는 우리 처지엔 벅차다. 궁리 끝에 미취학 아동에겐 1천원짜리 두 장, 초등학교 학생에겐 석 장, 중학생에겐 눈 질끈 감고 5천원짜리 한 장 주기로 결정을 보고 … 그런데 세배를 마친 우리 아이에게 세종대왕의 영정도 근엄한 빳빳한 1만원권을 한 장 내미는 … 아찔해지고 말았다. 세뱃돈이 결국은 품앗이라는 것을 다시 한 번 확인하지 않을 수가 없었다. 내가 준 것만큼 상대가 우리 아이게 주지 않을 때엔 아무래도 밑졌다는 기분이 들게만 되니, 돈이란 인간사에 있어 참으로 음흉한 복병인가 보다. (소설가 이순)

출처 : 조선일보(1982.1.9).

명절 스트레스 연구(조세정, 2013)에 따르면 스트레스 점수에 영향을 주는 요인을 분석한 결과, 가족기능지수가 남녀 모두 공통적으로 스트레스에 가장 큰 영향을 미치는 것으로 나타났다. 명절에는 가족의 기능이 제대로 작동해야 한다는 부담감이 크다는 것이다. 명절 가족모임에 빠지지 말고, 즐거운 만남이 되어야 하고, 각자의 역할과 위치에 따라 해야 할 바를 해야 명절을 잘 보내는 것이라 인식하기 때문이다. 그 밖에 남성은 명절에 부모님께 드리는 용돈의 액수가 스트레스 요인이었다. 이는 남편의 경우 가족의 주부양자로서 책임이 큰 스트레스로 작용한 것으로 보인다. 명절에 지출되는 비용에 대해 여성보다 남성이 더 민감하게 반응하는 것임을 알 수 있다. 명절 차례에 대한 연구(김순종, 2014)에서는 경제적으로 여유가 있는 사람이라도 명절 차례비용을 전담할 경우 명절 스트레스가 높아지므로, 명절 차례비용은 가족기금을 매달 일정액으로 적립하면 명절 차례 주관자의 경제적 부담을 덜어주고, 이에 동참한 가족이 명절차례에 대해 더욱 관심을 갖게 될 것이라고 하였다. 즉, 명절의 선물뿐 아니라 명절 차례를 주관하는 가정의 경제적 부담은 더 크기 때문에 그 부담을 덜어주는 형제간의 배려가 필요하고, 그 방법의 하나로 명절 차례비용을 적립하자는 제안을 했다.

경제적 책임을 지고 있는 '기혼남'들에게 명절의 경제적 스트레스는 극대화되었는데, 2015년 경기도능력개발센터의 조사에 따르면, 기혼남성의 49.7%가 '목돈지출에 따른 경제적 부담'을 가장 큰 명절 스트레스로 꼽는 것으로 나타났다. 1993년부터 2016년까지 신문기사를 통해 본 명절 스트레스 양상에 관한 연구(김미동 · 김해란, 2018)를 보면, '기혼남'과 유사한 맥락에서 '장손의 명절 스트레스도 등장했는데, 묘지관리와 제사 등에 대해 스트레스가 높은 것으로 나타났다. 전통적 가족가치관하에서 장손의 권리이자 의무이며, 가부장권의 상징이 되었던 묘지관리와 제사는 가족환경의 변화에 따라 당사자인 장손에게도 스트레스가 되고 있음을 보여준 것이다.

경기도민 1,092명을 대상으로 진행된 여론조사결과(2018)에서는 '추석명절이 즐거운 일이다'가 60.2%, '즐겁지 않은 일이다'가 39.8%로 나타났다. 여전히 명절이 즐겁다는 반응을 보이고 있지만, 10명 중 4명은 즐겁지 않다는 반응을 보였다. 추석명절이 즐겁지 않다는 사람들은 그 이유로 경제적 부담(33.8%)이 가장 높았다. 그리고 명절노동부담(17.5%), 가족 간 갈등(14.3%), 친지의 잔소리(13.3%)로 나타났다. 이 조사에서도 명절의 경제적 부담이 가장 높은 것을 보여주었다.

결혼정보회사 '듀오'에서 미혼남녀 406명을 대상으로 추석명절 스트레스 조사를 한 결과를 보면, 명절 동안 소비하는 경제적인 부담(용돈 · 선물 등)과 상여금이 없다는 어려움이 2위를 차지한 것(시민일보, 2020.10.01)으로 나타났다. 명절맞이에 대한 경제적 부담감을 덜어주기 위해 기초지자체인 대구에서는 저소득 한부모가족 450가구에 명절지원금을 지급(대구 달성군, 2021.02.01)하기도 했다. 명절이란 곧 경제적 문제를 실감하게 되는 때로 인식되는 현실이다.

통계자료에 따르면 설 직후인 2~3월과 추석 직후인 10~11월 이혼 건수가 그 전달보다 평균 10% 늘어난다. 이혼 상담 변호사의 상담 경험으로 보면(조선일보, 2021.9.18), 명절이 지난 후 이혼이 급증하는데 가장 큰 이유는 명절 때의 가사분담 문제에서부터 비롯되고, 두 번째는 명절 때 부모님 용돈과 선물로 큰 지출을 하는 경제적인 부담으로 다툼이 시작되어 큰 싸움으로 번진 결과라는 점이다. 이뿐만 아니라 명절 가족모임에서 상속재산 관련 분쟁으로 인해 갈등이 생겨 가족 간 폭언과 폭행이 오가는 경우(데일리시큐, 2021.9.23)도 있다. 이렇듯 명절의 경제적 문제는 가족관계의 붕괴까지 이르게 하는 큰 스트레스 요인이 된다.

명절을 지내는 나의 위치에 따라 경제적 부담도 바뀌고

명절에 느끼는 경제적 부담감은 앞으로도 지속될 것으로 보인다. 사회 전반적으로 '경제적 자유'를 희망하는 사람들이 늘고, 더 나아가 일찍 일로부터 자유롭기를 원하는 조기은퇴족, 일명 '파이어족'[2)]이 늘어가고 있다. 이렇듯 경제활동은 삶에서 필수적이나 진정한 행복을 추구함에 있어서는 안정적인 자본을 토대로 각자 원하는 삶을 살고자 하는 욕구가 높아지고 있기 때문이다.

이러한 변화 속에서 명절의 의미는 무엇이며, 주기적이고 반복적인 일련의 명절 행사와 맞닿았을 때 어떻게 처신해야

2) 파이어족(FIRE: Financial Independence Retire Early)이란 재정적 자립, 조기은퇴를 지향하는 사람들을 말한다. 30대 말이나 늦어도 40대 초반까지는 조기은퇴를 하겠다는 목표로 회사생활을 하면서 소비를 극단적으로 줄여 은퇴자금을 마련하려는 사람들이다. 미국에서는 고학력 고소득 계층을 중심으로 확산되었는데, 수입의 70~80%가 넘는 액수를 저축하면서 사는 극단적인 절약을 실천하는 사람들이다. 불필요한 소비를 줄이고 중요한 가치에 집중한다.

할 것인지는 누구나가 생각하게 된다. 개인이 처한 상황에 따라 명절의 의미와 지내는 방식을 다르게 느낄 것이며, 명절에 당면하는 경제적 스트레스도 달라질 것이다. 각 개인은 미취업에서 취업상태로, 미혼에서 기혼으로, 자녀의 위치에서 부모의 위치가 되면서, 또 명절에 단순 참여자에서 명절 행사를 주관하는 위치가 되면서, 분명히 그 의미는 각기 다르게 다가올 것이다. 명절을 지내는 방식, 명절에 이루어지는 소비행위, 경제적 지출의 부담감 등은 전통의 세시풍속을 현대의 생활양식에서 수용, 발전시켜 나가는 과도기에 필연적으로 당면하는 문제가 될 것이다.

4장 변화하는 세시풍속

시대의 변화에 따라 한국사회에서 지켜왔던 세시풍속도 다양하게 변화하고 있다. 산업구조가 변화되고, 도시생활이 보편화되면서, 농경중심의 세시풍속은 계승의 동력을 상실해 가고 있다. 기업의 마케팅에 따라 등장하는 기념일들이 일상에서 더욱 가깝게 받아들여지고 있고, 서구의 기념일이 더 많이 지켜지는 것을 어떻게 보아야 할 것인가? 전래되어 오던 세시풍속은 옛날이야기로만 생각하기에 이르렀다. 언제까지 한국 고유의 세시문화가 유지될 수 있을까?

1. 도시의 세시

OECD 자료에 의하면 세계의 절반 이상이 도시에서 생활하고 있다. 도시와 수도권은 국가 경제에 크게 기여하고 있으며, 세계 시장에서 노드로서 핵심적인 역할을 하고 있다. 현재 도시화가 92%에 이르는 한국의 상황에서 MZ 세대에게 농경생활로 형성된 전통 세시문화는 익숙하지 않다. 설이나 추석, 단오보다는 크리스마스와 발렌타인데이, 할로윈데이가 더 친숙하다. 세시풍속과 더불어 명절이란 단지 옛것이며 '배우는' 것일 뿐, '일상에서 지켜나가는' 세시문화로 받아들이는 데에는 한계가 있다.

전통 세시를 지키는 집안 분위기에서 성장했다면 전통 세시에 대해 친숙하겠지만, 라이프스타일이 변화하고 도시생활이 일반화된 현실에서는 세시와 명절이란 현실과 맞지 않는 거추장스러운 것이라고 여겨지기 쉽다. 물론 세시풍속의 대부분은 전통적인 농경생활을 중심으로 형성되어 도시생활과는 거리가 있다. 그러나 세시에는 오랫동안 지켜온 전통으로 생활문화와 정서가 담긴 계승의 가치가 담겨 있다는 점에 의미를 찾아야 한다. 김명자 교수(2005)는 세시풍속이 신성한 의례로서의 성격을 지녔지만, 오늘날에는 특별한 경우를 제외

하고는 세속화된 관습으로 전승되고 있다고 지적한 바 있다. 세속적인 관습이 되기 위해서는 최소한 한 세대 이상, 즉 30년 이상은 지속해서 되풀이되는 생활습관이 되어야 하는데, 이런 관점에서 보자면, 크리스마스는 근대화 이후 한국사회에 새롭게 정착한 대표적인 세시문화가 되었다.

크리스마스는 1890년대에 우리나라에 소개되었으나, 지금까지도 한국인들에게는 매년 연말에 주기적으로 반복되는 풍속으로 지켜지는 날로 그 역사성과 주기성, 반복성이 깊은 문화가 되어 있다. 정월 대보름이나 단오보다도 더 친근하고 일상에서 지키고 있는 세시풍속이다. 물론 크리스마스란 이제는 도시와 농촌을 나누어 생각할 필요없이 전국적으로 지내는 세시문화가 되었지만, 도시 세시를 말할 때, 크리스마스를 빼놓을 수 없다. 크리스마스는 근대의 여러 요소를 품은 문화현상으로 연구 가치가 충분하고, 자본과 도시와 일상 정치의 산물이자 매개항(조익상, 2012)이라는 지적을 주목해 봄직하다.

절기의례가 된 일제 강점기 경성(京城)의 크리스마스

크리스마스는 12월 24일부터 1월 6일까지 예수의 탄생을 축하하는 명절로, 우리나라에서는 12월 25일을 공휴일로 하고 있다. 한국에서 크리스마스는 양력과 기독교문화가 도입되고, 일제 강점기에 경성(京城; 지금의 서울)이라는 특수한 도시공간에서 두드러지게 나타난 절기 의례로 정착되었다(임원희, 2013). 우리의 세시풍속이 일제 강점기를 지나면서 전통과 현대의 시공간적인 변화 가운데에 있을 무렵, 예수의 탄생을 기념하는 성탄절은 널리 빠르게 확산하게 되었고, 소비적인 연말연시 문화로 정착되었다. 기독교의 절기 의례로는 크리스마스 이외에 부활절, 추수감사절을 꼽을 수 있는데, 당시에는 예로부터 한국인들이 지켜왔던 고유의 절기 의례와 어떠한 관계를 맺는가가 중요한 문제가 되었다. 크리스마스는 부활절이나 추수감사절과는 다르게 한국의 명절로 확고하게 자리를 잡았다. 그래서 크리스마스는 그리스도교 신자에게는 '전도하는 날', 비신자에게는 '구경 가는 날'이라는 의미화가 이루어졌고, 평소 교회에 가지 않던 사람도 크리스마스 때만 되면 교회 행사를 구경하기 위해 교회를 찾았다. 우리의 일상생활에서 양력을 따르는 문화가 제도화된 것은 1890년대 후반이며, 이 시기는 크리스마스가 한국에 정착된 시기와 일치한다. 이러한 현상에 대해 김명자 교수는 우리나라 24절기 중 하나인 동지(冬至)에 이루어졌던 한 해를 마무리하는 개념과 새해 달력을 나누어 가지던 문화가 함께 어우러져서 크리스마스로 대체되었다고 보았다. 전통 세시풍속인 동지가 유지되지 못하고 크리스마스로 대체된 것은 양력의 보급과 더불어 성탄(聖誕), 신정(新正), 구정(舊正), 연말연시의 절기가 한국사회에 자리잡았기 때문이다. 한편 삼국시대부터 지켜온 초파일(음력 4월 8일)인 석가탄신일에는 절에서 연등(燃燈)의 풍속을 지켜온 것처럼 한국인들은 크리스마스를 이와 같은 개념으로 이해했다고 보인다.

1921년 12월 24일 〈동아일보〉에는 다음과 같은 내용이 소개되었다. 산타가 아이들이 잠이 든 사이 여러 가지 선물을 버선 속에다 넣고 간다고 믿었기 때문에, 산타의 역할을 대신해야 하는 부모들은 여러 가지 장난감을 사서 아이들의 침상 옆 버선 속에 넣어두었고, 아이들은 자고 나서 선물을 보고 '산타클로스가 내려왔다가 갔다.'는 재미있는 일이 조선에서도 이루어지고 있다는 것을 소개하였다. 이러한 '산타클로스의 선물'은 이후에도 지속되었고, 아이들에게는 성탄절을 맞이하는 꿈과 설레임의 상징으로 자리잡았다. 1924년 사회복지사업 수행을 위해 한국 최초 제1호 법인으로 설립된 '구세군유지재단'에서는 1928년 성탄을 맞이하면서 자선냄비[1)]를 등장시켜 불우이웃돕기 거리모금을 시작했고, 이 자선냄비는 이후 오늘날까지도 이어지고 있다. 또한 크리스마스씰[2)] 모금

1) 구세군 자선냄비는 1891년 미국 샌프란시스코에서 도시빈민들과 갑작스런 재난을 당하여 슬픈 성탄을 맞이하게 된 사람들을 위해 처음 시작되었다고 알려져 있다. 구세군 사관 조셉 맥피(Joseph Mcfee)는 오클랜드 부둣가에 솥을 걸어도 좋다는 허가를 받고 사람들이 많은 곳에 솥을 걸어 놓았고, 그날 모금된 돈으로 난민들에게 따뜻한 스프를 끓여 먹일 수 있었다. 현재 자선냄비와 종소리는 겨울철 이웃돕기 모금운동의 대명사가 되고 있다.

2) 크리스마스씰 모금운동은 1904년 덴마크에서 시작되었다. 코펜하겐의 우체국장이던 '아이날 홀벨(Enar Holbell)이 연말에 쌓이는 우편물을 보고, 적은 값으로 살 수 있는 우표 모양의 씰을 붙이면 결핵으로 고생하는 수많은 어린 생명을 구할 수 있는 결핵퇴치 기금을 마련할 수 있겠다는 생각으로 당시 국왕인 크리스찬 9세에게 건의하여 1904년 12월 10일에 세계 최초의 크리스마스씰이 발행되었다.

운동도 빼놓을 수 없는 나눔 실천의 사례다. 우리나라에서 어려운 이웃을 위한 크리스마스씰 모금운동이 이루어지게 된 것은 1932년 캐나다 선교 의사인 셔우드 홀(Dr. Sherwood Hall)에 의해 처음으로 씰이 발행되면서부터이다. 1953년 11월 6일에는 대한결핵협회가 창립되고, 본격적으로 씰이 발행되기 시작했다.

최초로 발행된 씰

세계 최초의 씰

한국 최초의 씰

대한결핵협회 최초의 씰

출처 : 크리스마스씰의 발행 (https://service.epost.go.kr)

1930년대 경성의 소비 유흥은 식민지 자본주의 문명의 도입을 극명하게 보여주었는데, 이는 피식민인 대중들에게는 동떨어진 일상이었다. 크리스마스 선물과 기사들이 신문에는 이어지고, 크리스마스 선물을 계획하는 기획기사 등이 등장했다. 크리스마스를 전후하여 소비적인 행사들이 확대되었는데, 크리스마스 세일이나 크리스마스 디너 등 크리스마스이

브와 당일에는 여러 상업적 행사들이 나타났다. 이때도 종교적인 의미보다 상업적으로 치중되어 나타난 연말 소비가 문제점으로 지적되기도 했다. 1933년 12월 「신여성」에 수록된 글에서는 남자친구가 여자친구에게 어떤 크리스마스 선물을 하면 좋은지에 대해 소개했고, 크리스마스 식탁표와 요리법, 크리스마스트리 등 다양한 풍속을 수록했다. 한국사회가 크리스마스를 받아들이면서 한국의 문화로 변화시켜가는 과정을 보여주었다. 즉 성탄일은 벌써 명절화(名節化)하였다는 것을 알 수 있다(조익상, 2012). 이렇듯 크리스마스의 여러 풍속이 많은 사람에게 공유되어 있었다.

〈세계적인 경축일, 크리스마스의 유래〉

12월 25일은 크리스마스. 지금부터 약 2천년 전 지중해 동해안에 있는 이스라엘 베들레헴이란 곳에서 예수크리스트가 이 세상의 메시아로 탄생한 날이 바로 12월 25일이다. 오늘날 전 세계 기독교교회가 한결같이 이 날을 성탄절로 지키고 있으나, 크리스마스는 처음부터 12월 25일은 아니었다. … 처음으로 지키게 된 것은 4세기 초엽이라 한다. 처음에는 1월 6일을 지키던 것이 서기 353년에 로마법왕 리베리어스가 12월 25일로 하였다 한다. … 크리스마스가 국가적 행사로 공인되어 시행된 것은 늦어도 서기 400년이라는 것이다. …

출처 : 조선일보(1954.12.23).

〈메리 크리스마스〉

오늘(25일)은 크리스마스. 즉 예수 크리스트의 탄생을 축하하는 날이다. 영국이나 미국에서는 크리스마스에서 시작하여 새해 1월 6일까지 12일 동안을 〈크리스마스 시이즌〉이라고 하여 새해 설맞이를 따로 하지 않는다고 한다. 우리나라에서도 차츰 〈크리스마스〉를 즐기는 사람이 늘어나는 듯하다. 그러나 새해 설맞이가 무엇보다 우리에겐 큰 명절이다. …

출처 : 조선일보(1960.12.25).

크리스마스와 연말연시문화

신문기록을 보면, 1965년에는 월남으로 파견되었던 파월장병을 위한 크리스마스 선물이 전해졌다는 내용과 1970년에는 성탄 선물로 성탄카드를 보내는 것을 대신하여 헌혈을 했던 캠페인도 소개되었다. 그리고 1972년에는 크리스마스 선물은 오래 남은 일용품을 크리스마스와 연말을 앞두고 평소에 신세를 진 사람, 가족, 친지, 연인들과 나누는 것이 커다란 즐거움을 준다는 내용과 엄마 아빠가 만들어 주는 크리스마스 장식을 소개하기도 했다. 그리고 교회에서는 성탄절을 맞이하면서 극빈자를 위한 선물, 고아원 아이들을 위한 선물들이 전달되었다. 현재는 고아원이라는 말을 사용하지 않고 '아동시설'로 말하고 있지만, 고아원은 한국전쟁 후 홀로된 아이들을 보호하는 기관으로 오랫동안 일컬어졌다.

〈크리스마스 선물〉

오래 기억에 남을 일용품, 1백원 안팎에서 1천원까지의 돈으로 장만할 수 있는 선물의 가이드를 명사들의 유머러스한 착상, 깜짝 놀랄 만큼 기발한 계획을 엮어 본다. …
20원짜리 밀감, 꽃시장에서 3백원가량으로 한다발의 싱싱한 꽃, 한봉지에 10개들이 색색의 고무풍선, 꽃머리핀, 색연필, 운동화, 1백원 내외의 추잉껌, 초콜릿, 거울, 구슬치기용 예쁜 구슬, 소주 한 병과 오징어 한 마리, 1천원 내외의 장식용 양초 한 쌍, 조그만 선인장… 넥타이나 머플러, 사진첩, … 따뜻한 내의, 문고판 양서 서너 권씩. …

출처 : 조선일보(1972.12.16).

한국사회에서 크리스마스는 종교적인 행사이면서 연말연시의 문화로, 이웃을 위한 나눔을 실천하는 때로 알려져 있다. 기독교와 관계가 되지 않아도 각 기관과 단체에서는 소외아동과 독거노인, 장애청소년과 같이 어려움을 겪는 이들을 위해 후원의 손길을 펼친다. 나아가 민간외교 차원에서 해외로 후원과 나눔의 행사들도 이어진다. 어린이들에게는 산타를 앞세운 다양한 이벤트들이 펼쳐진다. 현재에도 부산과 거창 등에서는 '크리스마스트리 축제'가 열리고, 친구 · 연인 · 가족들은 크리스마스 파티로 함께 시간을 보내며, 각종 콘서트와 영화, 공연, 전시 등이 펼쳐진다. 기업에서는 연말연시 보너스를 제공하고, 크리스마스에 맞춘 다양한 선물과 케이크, 각종 음식이 선보이며, 크리스마스 캐럴이 울리는 가운데에 카드, 장식, 파티용품 등이 소비자들의 선택을 기다린다. 가정에서는 12월 초부터 크리스마스트리를 만들어 놓고, 크리스마스가 다가올 날을 손꼽으며 기다린다. 그리고 교회나 성당은 물론이고, 각 쇼핑몰과 호텔, 거리 곳곳에는 크리스마스트리가 장식되어 한껏 연말 크리스마스의 분위기를 북돋운다. 우리나라의 크리스마스는 역사적으로 100여 년이 넘게 지켜지고 있다. 크리스마스는 도시를 중심으로 시작된 것이지만 이제는 남녀노소 누구나 알고 있으며, 종교와 무관하게 도시나 농어촌은 물론 한국 어디서나 즐기고 나누는 한국의 대표적인 문화로 자리잡았다.

크리스마스 문화

2021 구세군 자선냄비 시종식과 2021 부산 크리스마스트리축제

석가탄신일과 도시의 연등회

한편 4월 8일은 석가탄신일로 그 역사는 매우 깊지만 1970년에 '부처님 오신 날'로 제정된 이후 공휴일로 지켜지고 있다. 이날에는 전국에 있는 사찰을 중심으로 기념행사가 이루어진다. 수많은 불자가 사찰을 찾고, 사찰에서는 부처님 오신 날 법요식이 봉행된다. 세시풍속으로는 관등놀이, 방생, 성불도놀이, 탑돌이 등이 있다.

석가탄신일의 세시풍속	
관등놀이	• 석가탄신일을 축하하기 위해 등에 불을 밝혀 달아매는 행사 • 통일신라 때부터 있었으나, 고려에 와서 팔관회, 연등회와 더불어 성행함 • 조선시대에도 연등놀이는 민간 행사로 이어짐 • 사월 초파일날 불자들은 절에 가서 불공을 드리며 가족 수대로 이름과 생년월일을 적고 불을 밝힘
방생	• 다른 사람들이 잡은 물고기나 새, 짐승 등을 산이나 못에 놓아 살려주는 것 • 살생과 반대되는 개념으로, 살생을 금하는 것은 소극적 선행, 방생하는 것은 적극적 선행으로 봄
탑돌이	• 사월 초파일에 사찰에서 봉축 행사 후 탑을 돌면서 개인과 가족의 평안을 기원하는 풍속 • 과거에는 밤을 새우며 탑돌이를 했음
성불도놀이	• 불교의 교리와 세계관을 익힐 수 있도록 하는 것이며, 깨달음을 이루어가는 과정으로 만들어진 놀이 • 여가를 수행의 연장으로 활용한 것임

현재 4월 초파일에는 대한민국 전역에 소망을 담아 만든 등을 밝히고 장대한 행렬을 이루는 연등회가 개최된다. 종교 의식이지만 인종이나 세대, 종교와 상관없이 참여할 수 있는 국가적인 봄철 축제가 되고 있다. 연등회는 연등법회, 연등행렬, 회향 등으로 구성되는데, 2012년 국가무형문화재로 지정되었고, 2020년에는 유네스코 인류무형유산 대표목록으로 등재되었다. 이는 개인과 가족, 이웃, 사회, 국가의 안녕과 행복을 기원하는 의미 있는 연등축제인 세시행사이다.

2. 데이시리즈

한국에서 도시생활이 본격적으로 시작된 시기는 1960년대의 경제개발 이후로 도시와 농촌 삶의 격차가 벌어지게 되었고, 점차 도시로 젊은이들과 핵가족이 신흥 산업 분야를 좇아 집중되기 시작했다. 농촌에는 농사를 짓는 부모와 노인들의 거주가 일반화되었다. 이는 한국인들의 라이프스타일의 변화를 이끌었으며, 세시문화에 대한 인식과 실천도 격차가 두드러지게 만들었다. 도시생활은 양력 중심의 달력에 맞추어 일주일을 단위로 반복되는 삶의 양식에 맞춰지게 되었다. 휴일의 개념인 일요일과 국가에서 지정한 국경일, 공휴일 등의 개념이 일상화되었고, 1년을 단위로 절기와 명절을 지켜왔던 세시풍속은 자연스럽게 변화되었다. 농경은 생활 주기가 연간에 따라 움직여지지만, 산업화 중심으로 이루어지는 도시의 생활에서는 주로 양력을 중심으로 직장생활과 휴일이 이루어지는 생활이 되었다.

이러한 도시생활 속에서 세시풍속은 어떻게 존재하게 될 것인가에 대해 민속학자들은 고민해 왔다. 김명자 교수(2004)는 세시풍속의 현대화 방안 모색을 연구하면서 '데이시리즈'라는 용어를 사용하였다. 이는 자본주의 문화, 그리고 주기성을 지닌 세시와의 만남이 될 수 있다고 주장하였다. 즉 자본주의의 소비문화와 직결된다고 보았다. 도시생활 속에서 세시풍속은 전통사회처럼 신성한 의례로서의 성격은 없을지라도 이들이 주기성을 지닌 풍속으로 정착하고 세시풍속으로 자리 잡을 가능성을 전혀 배제할 수 없다고 하였다. 또한 방영환 교수(2006)도 도시생활 속의 세시풍속연구를 통해서 데이(day)가 붙은 일종의 기념일은 국경일과는 또 다른 형태이지만 대중적 성격을 띤 현대판 연중행사로 세시풍속과 비교해서 구분해야 할 필요성이 있다고 지적하였다.

데이시리즈의 출현

필자는 이러한 선행연구의 관점을 반영하여, 세시풍속과 데이시리즈 문화에 대한 세대별 인식(주영애, 2015) 비교연구를 진행하였다. 도시생활 속에서 대중문화로 소비문화와 맞물려 나타나는 풍속적 의미를 담고 있는 도시 세시풍속의 현상을 실증적으로 보기 위함이었다. 연구 결과를 보면, 세대별로 세시풍속에 대한 인식의 차이를 보였는데, 연령이 낮을수록 계승에 어려움이 있을 것으로 나타났으나, 전반적으로 세시풍속은 우리 민족의 삶의 역사이자 문화로서 계승되어야 할 것으로 인식하고 있었다. 세시풍속은 현실에 도움이 되지 않고 시대에 맞지 않다는 등의 문제를 갖고 있으므로, 이를 해결해야 한다는 경향을 보였으며, 데이시리즈는 일부 내용 이외에는 그 인식 정도가 낮았다. 우리의 세시풍속과는 다르게 데이시리즈에 대한 인식은 연령이 낮을수록 인식도가 높게 나타나, 세대별 차이를 보였다.

세대에 따른 데이시리즈의 인식 차이

한편 데이시리즈는 일반적으로 생각하는 주기성을 갖고 지켜지는데, 매달 14일을 중심으로 명명되어 있다, 이중 많이 알려진 데이(day)는 발렌타인데이와 화이트데이, 블랙데이, 로즈데이로 나타났다. 이에 대한 인식은 20대가 가장 높았고, 30~40대, 50대의 순으로 낮아지는 현상을 보였다. 데이시리즈에 대해서는 젊은 세대의 신풍속도로 보는 경향이 있으며, 조사 대상의 60%는 앞으로 데이시리즈가 지속될 것으로 보았다. 그러나 데이시리즈를 부정적으로 바라보는 관점에서는 시대에 따라 사람들의 관심이 달라지고(54.2%), 지속적인 문화적 가치를 담고 있지 않다(36.3%)고 보고 있었다. 그럼에도 불구하고 데이시리즈는 기업의 마케팅으로 활발해질 가능성(43.6%)이 있다는 견해도 많았다. 그리고 데이시리즈에 맞춘 행사나 이벤트를 하지 않으려 해도 사람들이 기대하기 때문에 자연스럽게 참여하게 된다(50.9%)는 경우도 많았다. 우리의 풍속은 환경에 따라 변화하며, 다수가 추구하는 형태가 트렌드가 되어 동화될 수밖에 없다는 것을 시사한다.

데이시리즈 포틴데이

날짜	명명	내용
1.14	다이어리데이	연인끼리 서로 일기장을 선물하는 날
2.14	발렌타인데이	좋아하는 친구끼리 초콜릿을 선물하는 날 그리스도교의 성인 발렌티누스를 기리는 축일
3.14	화이트데이	친구나 연인 사이에 사탕을 선물하며 좋아하는 마음을 전하는 날
4.14	블랙데이	발렌타인데이와 화이트데이에 선물을 받지 못한 사람끼리 짜장면을 먹는 날
5.14	로즈데이	연인끼리 장미꽃을 선물하는 날

6.14	키스데이	연인끼리 입맞춤을 하는 날. 앞선 기념일에서의 고백으로 맺어진 연인들끼리 키스를 한다는 뜻
7.14	실버데이	연인끼리 은반지를 선물하는 날
8.14	그린데이	연인끼리 삼림욕을 하며 무더위를 달래는 날. 숲을 거닐며 신선하고 상쾌한 공기를 마시는 날
9.14	포토데이	연인끼리 기념사진을 찍는 날
10.14	와인데이	연인과 함께 포도주를 마시는 날. 그리스신화의 디오니소스가 신의 제례를 올린 날에서 유래했다고 전해짐
11.14	무비데이	연인이 함께 영화를 보는 날. 좋아하는 이에게 쿠키를 선물하는 날이라고 하여 '쿠키데이'라고도 함
12.14	허그데이	연인, 가족, 아픈사람, 소중한 사람과 포옹하는 날로 사랑하는 마음을 표현하고 살자는 의미의 날

출처 : 네이버 시사상식사전에서 일부를 정리함.

이외에도 각 기업에서는 마케팅의 일환으로 11월 11일을 빼빼로데이로, 2월 22일을 커플데이로 내세우기도 했다. 한 연구(차태훈 외, 2008)에 따르면 데이마케팅은 의례 요소를 많이 포함하고 있고, 이러한 반복되는 소비경험은 소비자에게 의례처럼 여겨지게 한다고 하였다. 데이시리즈에 따른 소비행동이 매년 반복되고 일부는 의례화되어 지속해서 소비에 참여하게 된다는 것이다. 데이시리즈가 갖는 특성은 상징성(symbolization)과 반복성, 참여자들에게 역할 부여, 사회적 진지함 등을 갖게 한다고 하였다. 데이시리즈는 세시풍속처럼 상징과 주기적 반복성 사회적 동참과 경험의 공유 등의 의미를 동시에 갖고 있다.

데이시리즈와 마케팅

OO데이를 마케팅에 적용한 사례로 빼빼로데이가 대표적이다. 숫자 '1'을 닮은 가늘고 길쭉한 '빼빼로' 과자가 1983년 '롯데제과'에서 출시되었고, '여중생들 사이에서 빼빼로처럼 빼빼하길 바란다'는 의미로 주고받은 것이 유행했다. 이를 1997년 롯데제과가 마케팅에 적극적으로 활용하였고, 전국적으로 유행처럼 번지게 되어 빼빼로데이를 모르는 이가 없을 정도가 되었다. 그러나 11월 11일은 빼빼로데이가 마케팅에 활용되기 이전인 1996년에 제정된 '농업인의 날'이다. 그럼에도 빼빼로데이만큼 알려지지 않았다. 요즈음에는 '농업인의 날'을 '가래떡데이'로 명명하고 홍보한다. 즉 우리 쌀로 만든 가래떡을 만들어 먹는다는 의미를 트렌드에 맞춰 바꾼 것이다.

최근에는 데이시리즈를 활용하려는 기업의 마케팅이 더욱 확대되고 있다. 그 예를 보면, 10월 24일 사과데이(沙果day, Apple Day)는 사과를 주고받으며 서로 화해하고 용서하는 날이다. 사과향기가 가득한 10월에 둘(2)이 사과(4)한다는 의미로 친구나 연인끼리 사과를 주고받는다. '한국사회복지사협회'에서는 청소년의 선도를 위해서 '애플데이'를 만들었다. 먹는 사과와 잘못에 대해 용서를 빈다는 뜻을 묶어서 사과를 주면서 서로 사과하는 날로 탄생된 것이다. 사과 판매는 물론 다양한 사과데이 아이디어 상품인 사과데이엽서, 카드, 스티

커, 펜꽂이 등도 선보이고 있다.

한편 11월 1일은 '한우데이'로 알려져 있다. 2008년 '한우협회' 등 한우 단체들이 한우(韓牛) 소비 촉진을 위해 제정한 날이다. 11월 1일은 한자의 소 우(牛)를 풀어보면 세 개의 1이 나오는 점에 착안한 것이다. 2008년 한미 FTA협상으로 미국산 쇠고기 수입이 허용되면서 한우 소비의 감소를 우려해 제정한 것으로 알려져 있다. 이외에 '농협'에서 오리고기 소비 촉진을 위해 5월 2일로 정한 '오리데이'가 있다. '농림축산부'에서는 9월 9일을 닭고기과 계란을 먹는 날이라고 '구구데이'라 하였다. 3월 7일 '참치데이'도 있다. 그리고 '축산업 협동조합'이 지정한 3이 겹치는 날을 삼겹살 데이로 부르는 3월 3일까지 다양한 데이시리즈가 있다. 이는 우리의 농축산 및 수산물 등의 소비 촉진을 위해 각 협회에서 전략적으로 만들어진 사례다. 이러한 데이가 해마다 주기적으로 다가오면, 대형마트와 각종 온 · 오프라인 쇼핑몰에서는 대대적인 홍보와 마케팅이 펼쳐진다. 자연스럽게 소비자들은 데이시리즈를 따라가는 도시의 세시풍속을 맞이한다. 세시풍속에서 가장 활발하게 이어지고 있는 것은 먹거리를 중심으로 한 세시음식과 판매이며 세시풍속을 주도하고 있다.

데이 마케팅 홍보 포스터

사과데이, 한우데이, 삼겹살데이

데이시리즈와 마케팅

날짜	명명	목적
3월 3일	삼겹살데이	양돈농가의 소득증대를 위해 축협이 정한 날
3월 7일	참치데이	해양수산부와 한국원양산업협회가 지정, 수산물 판매를 촉진
5월 2일	오리데이	오리고기의 소비 촉진을 장려하기 위해 농협에서 지정한 날
	오이데이	오이농가 소득 늘리기 위해 농촌진흥청에서 지정한 날
9월 9일	구구데이	닭과 계란의 소비 촉진
10월 24일	사과데이	사과를 주고받으며 서로 용서하고 화해하는 날로, 사과의 소비도 촉진
11월 1일	한우데이	한우 소비의 촉진을 위해 2008년 한우협회 등 관련단체들이 제정한 날
11월 11일	가래떡데이	2006년부터 농업인의 날을 홍보하기 위해 우리 먹거리의 소중함을 되새기는 날. 쌀로 만든 가래떡을 나눠 먹는 '가래떡의 날' 행사를 하고 있음

이외에 계도적으로 지정한 사사데이(辭寫day)가 있다. 사사데이는 많이 알려져 있지 않지만 중요한 의미를 담고 있는 날이다. 사사데이는 국회 과학기술정보통신위원회와 문화관광위원회, 한국음악산업협회, 한국연예제작자협회 등이 2006년 4월 4일 선포한 '반불법복제의 날'이다. 즉 영화나 드라마, 음악, 소프트웨어 등 지적 재산물에 대한 불법복제를 반대하는 날이다. 사사데이는 사양할 사(辭)와 복사할 사(寫)의 음을 따서 정한 것이다. 한편 4월 4일은 정신건강의 날이기도 한데, 숫자 4가 죽을 사(死)와 그 소리가 같아서 부정적으로 보는 것처럼 정신질환에 대한 편견을 깨고 예방치료에 나서자는 뜻으로, 1968년 대한신경정신의학회가 정한 것이다. 한편 같은 숫자가 반복되는 날인 5월 5일 어린이날이나 6월 6일 현충일 등은 이미 국가기념일로 되어 있어서, 데이시리즈의 마케팅을 그 날짜에 맞춰서 시도하는 경우는 많지 않다.

도시생활에서 펼쳐지는 삶의 양식을 담아내는 주기성과 반복성, 사회적 공감을 갖게 하는 문화공동체적인 요소들은 이른바 도시 세시풍속에 포함된다. 전통적인 세시풍속은 계절의 변화에 따른 자연 순응적이고 종교적인 의례 성격이 강했지만, 현대의 도시생활 속에서는 계절변화에 따른 풍속이 새롭게 적용되고 있다. 종교적인 의례의 성격은 퇴색되지만, 계절변화에 순응하며 지혜롭고 현명하게 삶을 영위하고자 하는 욕구는 더 뚜렷해진다. 도시생활은 삶을 위한 소비가 중요하게 작용한다. 따라서 계절의 변화와 주기적으로 반복되는 날짜를 중심으로 전개되는 데이시리즈는 도시의 소비생활과 연계되어 있으므로, 소비 진작을 위한 기업의 다양한 마케팅을 통해서 도시의 세시풍속으로 자리를 잡아가고 있다.

형태는 변화하나 유지되는 세시, 변용되는 세시풍속

세시풍속 중에는 그 형태는 변화하지만 유지되는 세시풍속이 있으나 그것을 우리의 세시풍속으로 인식하지 못하는 경우가 있다. 예를 들어 유두일은 음력 6월 보름으로 가장 더운 시기다. 즉 양력으로 7월부터 8월 사이에 해당한다. 유두절(流頭節)은 '동쪽으로 흐르는 물에 머리를 감는다(東流水頭沐浴)'에서 유래한 말로, 경상도 일부 지역에서는 '물맞이'라고도 부른다. 신라 때에 형성된 '물맞이' 풍속이 한자로 기록되는 과정에서 유두로 형성되었다고 본다(정연수, 2018). 이때에는 음식을 장만해서 시내나 산속의 폭포를 찾아 머리를 감으며 더위를 식히는 풍속을 가졌다. 물가에서 여럿이 액막이로 술을 마시는 모임을 즐겼다. 떡을 만들고 국수를 말아서 새로 나온 과일과 함께 조상께 처음 제를 올렸는데, 이를 '유두천신'이라 했다. 김매순의 『열양세시기』에는 고구려 신라 때 우리나라의 남녀들은 술과 음식을 갖추어 동으로 흐르는 물가에 가서 목욕도 하고 잔치도 하여 즐기면서 상서롭지 못한 것들을 없애버린다는 풍속을 지켜왔음이 기록되어 있다. 우리나라 명절 중에 유두만이 고유의 풍속이라고 할 정도로 고유의 문화를 담고 있다.

그런데 이러한 유두는 사라진 것일까? 단절된 유두절의 복원 가능성을 물축제로 발전시키려는 연구(정연수, 2018)가 진행되었다. 오랫동안 물 관련 축제를 해마다 꾸준하게 진행하는 전통성이 있는 태백시에서의 제안이었다. 태백시는 해마다 여름이면 한강발원제, 낙동강 발원제, 워터페스티벌 등의 축제를 개최했고, 2016년부터는 이를 통합하여 '한강 낙동강 발원지축제'로 규모를 키웠다. 따라서 지역사회에서 유두절 풍속을 재현하고 전승하는 일의 의의가 크다고 보았다. 유두절이 과거의 형태로 존재하지는 않더라도 여름 더위를 피하기 위한 여름휴가의 형태가 되었다. 경기도 '수원문화재단'의 수원전통문화관에서는 '유두절'을 주제로 〈세시풍속-북새통 '유두절〉 행사를 진행한다. 물놀이를 즐기면서 그 해의 안녕과 풍년을 기원했던 명절의 전통을 이어가려는 노력이다. 탁족놀이, 물지게, 맷돌체험, 시원한 물총싸움 수단 만들기 등 다양한 체험은 일상에서 지켜지는 세시문화의 멋과 여유를 즐기기에 적합하다.

태백 워터페스티벌 포스터

유두절 포스터 〈수원문화재단〉

신윤복의 단오풍정

출처 : 간송미술문화재단.

신윤복의 풍속도를 보면, 더위를 피해 물가에서 즐기며 피서하는 모습을 볼 수 있다. 〈단오풍정〉은 그네 뛰는 여인, 시냇가에서 몸을 씻는 장면을 묘사했다. 더위를 이기기 위한 방법을 잘 표현했다. 이즈음 계절적으로 단오와 유두로 이어지는 더위가 한참인 때의 모습이 아닐까 한다.

학생들은 여름방학을 맞이하고, 일반 직장과 기업, 자영업자들은 공식적인 여름휴가의 시간을 갖는 때다. 이때를 전후해서 누구나 더운 날씨를 피해 어디론가 여행을 다녀와야 하는 상황으로 인식한다. 여름휴가로 피서지를 찾는 행위나 시원한 곳으로 가서 캠핑을 즐기는 행위 등은 자연의 변화에 순응하기 위한 인간의 행위로 예나 지금이나 그대로다. 단지 그 형식이나 방법에 차이가 있을 뿐이며, 이를 명명하는 명칭이 달라진 것이다. '유두일'이 아니라 한때는 '바캉스'로 불리기도 했다. 지금은 여름휴가 등의 표현이 일반적이고 친숙하게 사용된다. 한편 여름휴가는 시원한 곳을 찾아간다는 본연의 의미에 추가하여, Summer Festival이나 해외여행이 주류를 이루는 시대가 되었다. 최근에는 도심 속에서 즐기는 물축제가 성행하고 있다.

일상에서 벗어나는 휴가는 시간과 공간을 일상과 분리하여 심리적 정신적인 힐링까지 주는 '행복한 삶'과 '삶의 질 향상'을 위한 필수 조건처럼 여기게 되었다. 특히 휴가로 떠나는 여행은 생활만족과 행복감 향상에 긍정적인 영향을 주는 경험으로, 노동에 대한 긍정적인 의식과 의욕을 높여(표현우, 2019)주는 활동이다. 여름휴가와 해외여행은 생활양식의 변화에 따른 한여름 세시를 즐기는 형태가 되었다. 새해맞이 여행이나 설과 추석에 가족이 함께 떠나는 여행도 이와 유사한 맥락으로 한국인들이 즐기는 세시문화이다. 세시풍속은 한국인들의 일상과 멀리 있는 것이 아니라 생활환경변화에 따라 변용되어 이어지고 있다. 다만, 이를 세시풍속이라는 개념으로 인식하지 못하고 있을 뿐이다.

3. 새로운 세시문화

과거에 여성들은 명절을 보낼 때, 명절 준비를 위해 많은 일을 했다. 명절음식은 물론 명절맞이 새옷(설빔, 추석빔 등)을 만들고, 차례에 올릴 제기 준비 등으로 늘 바쁜 시간을 보냈다. 과거 여성들은 특히 '여성성'을 강조하는 규범과 가사와 양육의 책임으로 인해서 여가생활이 제약되었고, 명절 준비로 바쁜 시간을 보냈지만, 명절은 여성들에게 일상에서 벗어나는 해방감을 동시에 주었다는 점을 눈여겨보아야 한다.

조선 후기의 세시기에 여성들이 세시놀이를 즐겼다는 것을 찾을 수 있는데 『경도잡지』, 『열양세시기』, 『동국세시기』에는 여성들이 즐긴 놀이가 소개되어 있다. 널뛰기, 놋다리밟기, 그네뛰기, 단오치장, 풀각시놀이, 화전놀이, 봉숭아물 들이기 등을 즐겼다. 일상에서 즐기지 못했던 여성들의 자유로운 감정을 세시의 다양한 놀이를 통해서 표출했다. 오히려 여성들은 일상의 반복에서 벗어나 세시활동을 통해서 자유로움을 느끼는 여가(김숙희, 2019)를 찾았다.

옛 속담에 '명절에 일을 하면 홀아비 홀엄씨 된다'는 말이 있다. 명절이 되면 일을 하지 말고 쉬라는 의미이며, 놀이를 즐기라는 뜻이다. 조상들이 각 절기에 다양한 놀이를 함께 즐겼던 것을 보면, 가히 짐작할 말이다. 세시에 따른 명절과 절기에는 남녀노소 누구나 '잘 노는 것'이 허용되었다. 그러니 평상시에 남성보다는 자유의 제약을 받았던 여성들에게는 더욱 큰 의미로 다가오지 않았을까 한다. 놀이를 통해서 스트레스를 해소하고, 즐거움을 경험하며, 새로운 에너지를 축적하고, 해방감 등을 느꼈을 것이다. 여성들이 누렸던 여가는 과거 활동 범위가 좁았던 만큼 제한적이었다. 일상에서는 독서나 바느질, 수예, 꽃가꾸기, 서예, 회화 등 정적인 활동을 중심으로 집안에서의 문화 활동을 주로 즐겼다. 따라서 세시명절이나 계절에 따른 절기를 맞이하게 되면, 적극적이고 활동적인 바깥 놀이를 하게 되므로 여성들은 몸과 마음을 여유롭게 해주는 의미 있는 여가로 즐겼을 것이다.

누구에게나 해방감, 자유로움, 즐거움을 주는 세시로

오늘날은 양성평등을 구현하는 사회로 성별 구분 없이 자유로운 직업 활동과 역할을 공유하고 살아간다. 여성들에게는 삶의 분출구로 경험했던 과거의 세시 경험이 오히려 상대적으로 위축되었다. 그러나 여성의 역할로 강조해왔던 세시와 명절 준비를 위한 노동이 여전히 남아 있고, 여성에게 가중되는 것이 문제가 되었다. '미니멀 추석', '미니멀 명절'과 같은 말들이 더 호의적으로 들리는 것은 세시풍속을 바라보는 가족 구성원들의 시각이 서로 다르기 때문이다.

명절과 절기는 누구에게나 '해방감'과 '자유로움', '즐거움'을 주는 여가의 한 축으로 존재했다는 과거 세시의 의미를 되새겨 볼 필요가 있다. 남녀노소 모두에게 즐거움을 주고, 함께 하는 어울림의 여가로서 세시문화를 새롭게 바라볼 수 있다면, 사회변동과 더불어 세시 때마다 찾아오는 남녀의 역할 갈등도 변화되지 않을까 한다.

세시풍속이 일상생활에서 향유되지 않으면 지속적인 문화로 이어지기 어렵다. 옛것의 소중함과 우리 것의 가치를 체감하는 생활이 되어야 가능하다. 도시생활 속에서도 명절에 한옥마을을 찾아 세시놀이를 즐기며 함께 지내는 가족이나 친구, 연인들을 보면, 우리의 전통적인 세시풍속이 생활과 괴리되어 멀리 있는 것만은 아니며, 문화공동체를 유지할 수 있는 중요한 요소로 지속될 것이라는 희망을 보게 된다. 함께 만들어가는 자유롭고 즐거운 세시문화의 단서를 찾아야 한다.

할로윈데이(Halloween Day)와 한로일(寒露日)

한편 10월 31일은 많은 사람이 알고 있는 '할로윈데이(Halloween Day)'이다. 미국의 대표적인 어린이 축제로 유령이나 괴물 분장을 하고 집집마다 다니며 사탕과 초콜릿 등을 얻는 축제의 날이다. 한국에서도 이 날을 즐기는 이들이 급증했다. 요즈음 유치원과 어린이집에서는 할로윈데이 축제를 진행할 정도이다. 이 날의 독특한 복장과 분장을 위한 물품들은 불티나게 판매된다. 그러나 할로윈데이를 우리의 세시로 대신하려는 움직임도 있다. 이 날을 '한로일'로 즐기자는 것이다. '한로일'은 우리나라 절기 중 하나인 한로(寒露)에서 가져온 것이다. 한로는 24절기 중에 17번째 절기다. 가을이 되어 찬 이슬이 맺히기 시작하는 때로 추분(秋分)과 상강(霜降) 사이의 절기다. 이미 우리의 계절에 따른 세시풍속이 존재함을 다시 일깨운 것이다. 농촌이나 민속촌에서는 '한로일'의 행사를 해마다 열며, 다양한 전통놀이와 공연을 진행한다.

한로일

할로윈 호박

민속촌 한로일

출처 : https://blog.naver.com/shupy800/222125061095

세시와 명절, 함께해도 개인의 사적인 삶을 존중하는 태도

유지되어야 할 세시전통은 분명히 존재한다. 명절과 세시를 지내는 의미는 유지하되 형식과 내용은 시속에 맞게 변화되어야 한다. 명절이 문제가 아니라, 명절을 지내는 방식에 녹아 있었던 당연한 '여성의 노동'이 받아들여지도록 길들인 시스템의 변화가 이루어져야 한다. 가족 친지 공동체라는 울타리에서도 개인의 삶을 존중하고 사적인 삶을 이해하는 태도가 필요하다. 명절증후군이 '명절과 세시' 때문이라고 해석되는 관점은 재고되어야 한다. 오랜 시간 세시문화가 유지될 수 있도록 여성의 수고와 노력이 묵묵히 그 문화 속에 녹아 있었기에 가능했다는 점을 기억해야 한다. 그리고 모두가 행복하게 명절을 지내면서 우리의 문화를 이어가기 위해서는 새로운 양성평등의 역할 시스템에서 만들어지는 명절과 세시문화가 제시되어야 하며, 이 점을 함께 고민해야 한다. 과거의 것을 버리는 것이 아니라, 지혜롭게 융합하여 새로이 탄생시켜야 하는 것이 현재를 사는 한국인들이 해야 할 일이다.

코로나19 팬데믹으로 변화한 명절과 세시풍속

전 세계적으로 코로나19 팬데믹은 모든 일상을 바꾸어 놓았다. 2020년부터 명절과 세시풍속의 변화는 매우 컸다. 가족 친지의 만남이 이루어지는 설과 추석에도 만남은 자유롭지 못하게 되었다. 보건복지부의 코로나19 대응 거리두기 1, 2, 3, 4단계에 따라 다중이용시설과 일상 및 사회 경제생활 활동이 제한되었다. 설과 추석 여름휴가 등 사람들의 지역별 이동이 커지는 것은 코로나 유행에서 매우 위험한 현상이기 때문이었다. 비대면이 일상화되었고, 전파나 영상 등으로 만남을 대신하게 되었다.

〈코로나 대응 개인 방역 5대 중요수칙〉

제5수칙 : "거리는 멀어져도 마음은 가까이 합니다"
(이유) 코로나 19는 혼자가 아니라 우리 모두의 노력이 있어야 극복할 수 있습니다. 서로를 배려하고 위로하며 함께 노력하는 사회를 만들어야 합니다.
① 모이지 않더라도 가족, 가까운 사람들과 자주 연락하고 영상통화 등 마음으로 함께 할 기회를 만듭니다.

출처 : 중앙재난안전대책본부(2020.11). 생활 속 거리 두기 세부지침.

맘카페와 같은 인터넷 커뮤니티를 중심으로 명절에 귀성을 앞둔 며느리들의 갈등이 공공연하게 알려지기도 했다. 며느리들은 '조상님이 보살펴 주실 테니 걱정하지 말고 오라'는 일부 시댁의 반응에 대해 난감한 입장을 표시하기도 했다. 명절과 세시풍속을 지키려는 기성세대와 상황에 따라 유연하게 대처하려는 젊은 세대 간의 갈등이 여실히 나타났다. 한편으로 인터넷을 이용하여 가족들이 화상으로 만나거나, 화상전화를 하며 명절의 안부를 묻고 선물은 택배로 보내는 등 방역지침에 따라 대처하는 가정도 많았다.

명절 교통체증으로 스트레스를 받던 시기를 지나 이제는 바이러스로 생명과 건강을 위협받는 스트레스가 가중되는 상황이 되었다. 풍속은 시대와 환경이 만든다. 2020년대로 접어들면서 바이러스 확산으로 몇 해 전만 해도 상상할 수 없었던 모습으로 명절의 풍경이 크게 변화한 것이다. 어쩌면 가족들이 각자 살아가는 곳에서 안전하고 건강하게 지내고 있다는 것을 확인하는 것만으로도 감사해야 하는 시기였기 때문이다. '대면의 만남이 없어도, 거리는 멀어도 마음은 가까이'라는 표어와 같은 삶과 명절 풍속이 오늘을 살아가는 한국인들의 모습이다. 향후 '위드코로나' 시대, 감염병이 지속적으로 유행하는 시기에 한국의 명절 풍속이 새롭게 회복되고, 다양한 명절 이벤트도 펼쳐질 것을 기대해 본다.

5장 세시축제와 놀이

세시는 축제의 한마당이었다. 한국인들은 오랜 세월 가족과 마을 공동체에서 계절별로 맞이하는 세시명절에 함께 모여 음식을 만들고 나누어 먹으며, 놀이를 통해서 나눔과 협동을 체험하며 살아왔다. 그들의 삶에서 모임은 즐거움과 공동체의식을 돈독하게 했다. 오늘날 세시에 따라 이루어졌던 놀이는 새로운 축제콘텐츠로 탄생한다. 환경변화에 따라 대면과 비대면으로 다양하게 이루어지는 축제의 장은 디지털 환경에 맞는 세시문화를 창조해 간다.

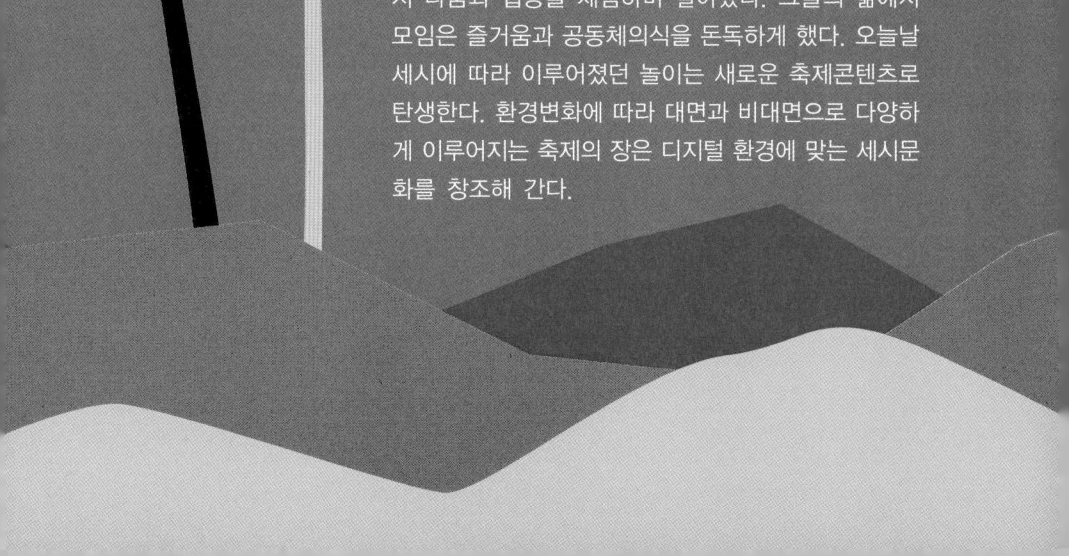

1. 세시축제

축제(祝祭, Festival, Carnival)는 인류의 역사와 함께 이어온 문화행사로 널리 성행하며 국가는 물론 각 지역의 이미지와 연결되고, 국가의 경제와 지역경제를 활성화하는 문화산업이다. 세계적으로 널리 알려진 축제는 그 나라의 상징이며, 많은 관광수익을 올리는 전략적인 국가사업으로도 발전하고 있다. 프랑스의 니스 카니발, 브라질의 리우 카니발, 태국의 송크란 축제나 중국 하얼빈의 빙설제, 스페인의 라 토마티나, 독일의 옥토버페스트 등은 국가의 상징처럼 널리 알려진 축제로 해마다 많은 관광객을 축제의 장(場)으로 불러들인다. 오늘날 널리 알려진 한국의 축제로는 2005년 유네스코 인류무형문화유산으로 등재된 강릉단오제를 비롯하여, 보령 머드축제, 화천의 산천어축제, 진주남강유등축제, 그리고 2020년 유네스코 인류무형문화유산에 등재된 한국의 등축제인 연등회 등이 유명하다. 축제는 개최 목적이나 축제 소재, 구성 형식 등에 따라 다양한 유형으로 분류된다.

축제의 유형

분류	소분류	내용
개최 목적	주민화합형 축제	근원지에서 연속적으로 개최되어 오거나 시·군민의 날을 기념하는 행사
	관광축제	관광산업 발전과 관광객 유치를 통한 지역경제 활성화를 목적으로 하는 축제
	산업축제	농림축산업, 어업, 상업 등의 산업발전을 위한 축제
	특수목적축제	환경보호, 역사적 인물이나 사실을 추모, 재현
구성형식	전통문화축제	제례의식, 전통예술 및 민속놀이로 구성
	예술축제	문화, 음악, 연극 등 현대적 전시 및 공연 위주로 구성
	종합축제	전통문화, 예술, 체육행사 및 오락 등 혼재
	기타 축제	오락프로그램, OOO선발대회, 추모제사 등
실시형태	전시형 축제, 축제형 축제, 공연형 축제, 카니발, 퍼레이드	
축제 브랜드 특성	학습형 축제	교육적, 체험적, 시사적 특성을 지님
	전통문화형 축제	제례의식, 전통예술, 민속놀이 등
	예술형 축제	문화, 예술, 음악, 무용, 연극, 전시, 공연 등
	위락형 축제	오락적, 유희적 속성이 강함
	식물관상형 축제	자연적, 관상적 속성

출처 : 유영수(2017)에서 요약 정리함.

전통문화축제이자 학습 · 예술 · 관광이 융합된 종합축제인 세시축제

우리나라의 축제는 역사적 기록으로 보아 고구려의 동맹(東盟)이나 부여(夫餘)의 영고(迎鼓), 마한(馬韓)의 오월제(五月祭) 등 제천의례에서 그 연원을 찾을 수 있는데, 이는 자연환경에 의존한 농경생활 속에서 탄생한 것이다. 이 의례는 일상에서의 풍요와 건강, 평안을 신에게 기원하는 것으로 사람들이 모여 제례를 올리고, 음식을 나누어 먹고 함께 즐기는 음주와 가무 등의 행위로 이루어졌다. 축제(祝祭)의 한자어는 이러한 행위를 그대로 담고 있다. 이는 농경의례의 성격을 지닌 이른바 '추수감사제' 특성을 갖는다. 오늘날 추수감사제 혹은 추수감사절이라고 하면 'Thanks Giving Day'가 더 익숙하다. 일반적으로는 개신교의 기념일이고, 전통적인 북아메리카의 휴일이며, 미국인들이 한국의 추석처럼 가족들이 모여 음식을 만들어 먹는 축제로 알려져 있는데, 우리나라의 종교도 개신교가 차지하는 비중[1)]이 높아지면서 이와 관련된 추수감사제 문화에 자연스럽게 동화되어 있다.

1) 2015년 통계청자료에 따르면, 우리나라 인구 중 종교를 가지고 있는 사람 21,553,674명 중에 개신교인은 9,675,761명(44.89%)이며, 천주교인이 3,890,311명(18.05%)으로 총 기독교인이 차지하는 비중이 62.94%로 나타났다.

기독교문화와는 차이가 있지만, 한국의 축제는 세시와 관련이 깊고, 추수감사제와 같은 유형의 의례로 존재한다. 전통사회에서 농경의례가 있는 때가 되면 죄인에 대한 형의 집행이나 옥사도 중단하고 죄수를 풀어 주었으며, 많은 사람이 즐거움을 나누며 결속력을 다지는 그 사회의 화해와 통합을 위한 장(場)이 열리게 되었다. 지금도 설이나 추석 때는 특별사면[2]이 이루어지는데 이와 다르지 않다. 즉 명절을 중심으로 사회 구성원들의 화해와 통합 결속을 다지는 의미가 있다. 제천의례는 지금 우리가 말하는 세시풍속이며, 세시의례를 말한다. 의례는 신(神)과 인간, 인간과 인간의 관계성 회복을 위한 것이며, 그 가운데에 음식과 놀이, 노래와 춤, 음악 등이 어우러져 즐거운 공동체의 감정을 공유하는 축제이다. 축제의 의미와 스토리, 먹거리, 볼거리, 즐길거리가 축제를 구성하는 기본이다.

농경의례, 세시의례에서 지역축제가 된 세시

오늘날 과거와 같은 농경 중심의 세시문화가 동일 형태로 존속되는 것은 설이나 추석 단오 등 일부 명절에서 볼 수 있

2) 특별사면이란 사면의 일종으로 특사(特赦)라고도 한다. 특정 범죄인에 대하여 형의 집행을 면제하거나 유죄 선고의 효력을 상실시키는 대통령의 조치를 말한다. 설이나 추석, 광복절 기념 등으로 특별사면이 시행된다.

고, 일반적인 세시문화는 지역의 축제로 발전되는 형태를 보인다. '문화체육관광부'에서는 국내 지역에서 시행하는 많은 축제를 지원한다. 이는 세시문화와 관련된 각 지역의 문화를 계승하는 것이며, 지역 경제를 활성화하기 위한 일환이다. 한편 지역축제는 지역의 지리적 환경적 조건과 더불어 지역의 특성화를 이루어 그 지역의 문화나 경제, 사회적인 요소들이 역사와 전통을 갖고 있고, 각 지역의 차별성을 갖는 부가가치를 창출한다. 같은 세시라도 지역마다 독특하게 향유하고, 계승된다. 2021년 '문화체육관광부'의 지역축제 개최 계획을 참고해 보면, 전국적으로는 1,004개의 지역축제가 개최된 것으로 알려져 있는데, 가장 많은 지역은 전라남도로 119개의 축제가 있고, 경기도 110개, 경상남도 109개, 충청남도 101개, 서울특별시 92개로 되어 있다. 물론 이들 축제가 모두 세시문화를 배경으로 형성된 것은 아니지만, 지역자원과 특색을 살리고 세시문화가 융합되어 새로운 형태의 축제를 탄생시킨 것이다. 지역축제는 토착민의 문화가 종합되고 상징화된 행사로 지역의 생활문화를 계승시키고, 지역을 관광상품화하는 데에도 기여한다. 지역축제는 지방자치단체의 지역경제를 활성화하는 데 큰 몫을 차지한다.

축제의 기능이 지역사회에 미치는 영향		
1	전통문화의 보존을 통한 관광지 발전 기능	문화유산을 상품으로 유치, 홍보, 방문객 관람 동기 부여, 관광목적지로 선택 유도
2	지역 정체성 확립 및 주민통합 기능	다양한 구성원들에게 지역정서 및 자긍심을 심어 통합의 구심적 역할
3	지역이미지 개선 및 창출 기능	지역문화의 무형적 측면을 유형적으로 전달
4	지역경제 활성화 기능	직업 창출, 관광객 유치 등으로 지역경제 활성화

출처 : 유영수(2017)에서 요약 정리함.

지역축제는 지역의 특산물을 중심으로 한 축제나 자연환경을 강점으로 구성된 관광축제, 주제에 따른 테마축제, 세시활동을 중심으로 한 세시축제 등 다양한 형태를 보인다.

아름다운 자연환경의 볼거리와 축제

2021년 문화체육관광부의 자료를 근거로 세시축제의 예를 보면, 전국적으로 지역의 독특한 자연환경이 축제의 핵심 주제가 된다. 진달래, 벚꽃, 철쭉, 산수유, 유채꽃, 억새, 단풍 등 사계절에 따라 변화하는 아름다운 자연환경 자원과 볼거리가 해당 지역의 축제로 탄생한 것이다. 대부분 진달래, 철쭉, 벚꽃, 유채꽃이 피는 봄과 여름, 단풍과 억새를 중심으로 가을에 즐길 수 있는 축제가 많다. 그중에 지역의 특색을 토대로 하면서 세시와 연계된 울산 울주군 간절곶의 새해 해맞이 축제를 예로 들 수 있다. 지역축제는 다양한 문화콘텐츠와 접목되어 향유자에게 경험적 가치를 제공한다. 경험적 가치는 지식이나 기능, 객관적 대상에 대한 감각, 그리고 지각 작용으로 알게 되는 것을 의미한다. 축제는 즐거움과 만족감, 기쁨, 편안함을 느끼게 하며, 지역에 대한 호감도를 높이는 경험적 가치의 상승효과를 가져온다.

지역 자연환경 중심 관광축제 예시

시도	시군구	축제명	2021년 개최기간
서울특별시	송파구	석촌호수벚꽃축제	4.2~4.11(10일간)
	노원구	불암산철쭉제	5.1~5.2(2일간)
	도봉구	창2동 에코! 벚꽃축제	4.3
	성동구	응봉산개나리축제	3월 말~4월 초
부산광역시	시자체	부산낙동강유채꽃축제	4월 중(2일간)
대구광역시	동구	팔공산단풍축제	10월 중
인천광역시	강화군	고려산진달래축제	4월 중(9일간)
광주광역시	서구	영산강서창들녘억새축제	10.7~10.10(4일간)
울산광역시	울주군	간절곶해맞이축제	12.31
경기도	포천시	포천산정호수 명성산억새꽃축제	10.9~10.17(9일간)
충청북도	단양군	단양소백산철쭉제	5.27~5.30(3일간)
	충주시	충주호수축제	8월 초(7일간)
충청남도	서산시	서산갯마을축제	5월~6월 중
전라북도	남원시	지리산산수유꽃축제	3월 중(2일간)
전라남도	구례군	구례섬진강벚꽃축제	3월 말
	담양군	담양대나무축제	4.30~5.5

경상북도	영주시	소백산철쭉제	5.29~30(2일간)
	구미시	지산샛강생태문화축제	9.4~9.5(2일간)
경상남도	합천군	황매산철쭉제 황매산억새축제	4~5월 중(16일간) 10~11월 중
제주도	서귀포시	서귀포칠십리축제 제주유채꽃축제 표선해변 하얀모래축제	10.1~10.3 4.9~4.11 (3일간) 7월 말~8월 초
	제주시	제주들불축제 삼양검은모래축제	3.12~3.14 7.25~7.26

지역 특산물의 먹을거리와 축제

지역 특산물은 지역축제를 중심으로 생산과 판매를 확장시켜 지역경제 활성화에 큰 역할을 한다. 각 지자체에서는 해마다 지역축제에 특산물 마케팅 전략을 접목하여 지역축제를 거듭 발전시키고 있다. 사과, 배, 복숭아, 곶감, 오미자, 포도, 자두 등 과실류와 멸치, 미역, 광어, 새우젓, 오징어, 송어, 갈치, 빙어, 젓갈 등 해산물, 그리고 쌀, 옥수수, 콩, 인삼 등 농산물이 생산되는 지역의 특색을 살린 다양한 축제가 펼쳐진다. 지역명이 곧 지역 특산물로 연상될 수 있도록 새로운 마케팅을 추진하고, 지역 특산물인 먹거리를 중심으로 펼쳐지는 축제는 항상 활기가 넘친다. 지역축제 중 금산인삼축제나 양구곰취축제, 보성과 하동의 차문화축제, 양양송이축제, 강경젓갈축제 등은 역사가 깊고 널리 알려진 축제다. 세시와 연계된 지역 특산물 축제는 추석에 수확한 쌀과 과일을 중심으로 한 이천의 쌀문화축제, 장호원복숭아축제를 꼽을 수 있다.

지역 특산물 중심 축제 예시

시도명	시군구명	축제명	2021년 개최기간
부산광역시	기장군	기장멸치축제 기장미역다시마축제	4월 중
인천광역시	강화군	강화도새우젓축제	10월 중
강원도	원주시	치악산찰옥수수축제 치악산복숭아축제 치악산배축제	7월 중(2일) 8월 중(2일) 11월 중(2일)
	양양군	양양송이축제 양양연어축제	9월 하순(4일간) 10월 하순(4일간)
	양구군	자연중심 양구곰취축제	5.7~5.9(3일간)
	춘천시	막국수닭갈비축제	온라인 연중 오프라인 5,7,9,12월
	평창군	평창송어축제	12월 말~2월 초(45일간)
	홍천군	홍천찰옥수수축제 홍천인삼, 한우명품축제	7월~8월 10월
세종특별자치시청		세종조치원복숭아축제	7월 말~8월 중(2일간)
경기도	화성시	화성송산포도축제	9.4~9.5
	파주시	파주장단콩축제	11.26~11.28(3일간)
	이천시	쌀문화축제, 이천인삼축제 햇사레 장호원복숭아축제	10월 9월 중(3일간)
충청북도	영동군	영동곶감축제	1.20~2.5
충청남도	논산시	강경젓갈축제	10월 중(5일간)
	금산군	금산인삼축제	10.1~10.10(10일간)
	천안시	입장거봉포도축제 천안호두축제	9월 중(2일간) 10.2~10.3

<table>
<tr><td rowspan="2">전라남도</td><td>보성군</td><td>보성다향대축제
보성차밭빛축제</td><td>5.1~5.5(5일간)
12월 중(30일간)</td></tr>
<tr><td>신안군</td><td>섬수국축제, 강달어축제,
병어축제, 밴댕이축제
왕새우축제, 불볼락축제
새우젓축제, 망둥어축제</td><td>6월

9월
10월</td></tr>
<tr><td rowspan="3">경상북도</td><td>울릉군</td><td>울릉도오징어축제</td><td>7월 말(3일간)</td></tr>
<tr><td>문경시</td><td>문경사과축제
문경오미자축제</td><td>10월 중
9월 중</td></tr>
<tr><td>영주시</td><td>영주세계풍기인삼엑스포</td><td>9.17~10.10(24일간)</td></tr>
<tr><td rowspan="2">경상남도</td><td>하동군</td><td>하동야생차문화축제</td><td>5월 중(6일간)</td></tr>
<tr><td>김천시</td><td>김천자두축제
김천포도축제</td><td>7.8~7.10(3일간)
9.24~9.26(3일간)</td></tr>
<tr><td>제주도</td><td>서귀포시</td><td>서귀포은갈치축제
최남단 방어축제</td><td>5.3~5.5(3일간)
11.26~11.28(3일간)</td></tr>
<tr><td></td><td>제주시</td><td>제주광어대축제</td><td>10.9~10.10(2일간)</td></tr>
</table>

테마를 중심으로 하는 볼거리와 축제

한편 테마를 중심으로 볼거리 제공이 핵심 내용이 되는 축제는 복합적인 특징을 갖는다. 지역의 특산품이나 문화유산, 특화된 유형 · 무형의 지역문화콘텐츠가 중심이 되는 축제이며, 전통문화를 기초로 한 축제도 있고, 현대에 주목받는 문화콘텐츠로 재탄생하는 경우도 있다. 예를 들면 여주, 이천, 광주의 도자기 축제나 수원 화성문화제, 보령머드축제, 전주한지산업대전과 전주비빔밥축제, 제주해녀축제 등은 지역적 특색을 활용, 특화되어 널리 알려진 축제다. 역사적 인물을 배경으로 테마축제가 된 경우는 남양주시의 정약용문화제, 파주의 율곡문화제, 진주 논개제, 김해시의 허왕후 신행길축제 등이 있다. 현대의 문화콘텐츠를 활용한 축제로는 서울빛초롱축제, 부천시가 운영하는 국제만화축제 및 판타스틱영화제와 애니메이션페스티벌 등이 있다. 정신문화의 우수함을 기반으로 만들어진 대전효문화뿌리축제나 남명선비문화축제는 타 테마축제와는 다른 무형문화를 주제로 펼쳐지는 축제다.

이들 축제에는 각종 민속놀이, 세시놀이들이 접목되어 진행되는 경우가 많다. 특히 테마 중심의 축제 중에서도 해넘이 해맞이 축제나 김치축제 등은 설날맞이와 가을의 김장 등 세시문화가 적용된 축제이다. 봄에 진행되는 고양국제꽃박람회, 진해군항제, 함평나비축제, 여름 휴가철에 진행되는 보령머드축제, 안동의 월영야행, 가을철에 열리는 전라남도의 남도음식문화큰잔치, 제주해녀축제, 겨울철의 해운대북극곰축제는 한국의 사계절 특징을 담아내는 절기가 반영된 축제이다.

테마 중심 축제 예시

시도	시군구	축제명	2021년 개최기간
서울특별시	서울관광재단	서울빛초롱축제	11.5~11.21
부산광역시	중구	부산자갈치축제	10.7~10.10
	시	해운대북극곰축제	2월 중

대구광역시	시	대구국제뮤직컬페스티벌 대구치맥페스티벌 대구컬러풀페스티벌	6.18~7.5 7월~10월 중 5월 중
인천광역시	남동구	소래포구축제	5월 중
경기도	수원시	세계유산축전 수원화성 수원화성문화제	9.18~10.10(3주간) 10.8~10.10
	고양시	고양국제꽃박람회	4월 말~5월 초
	남양주시	정약용문화제	9월~10월
	여주시	여주도자기축제	5월 중
	이천시	이천도자기축제	4~5월
	광주시	광주왕실도자기축제	미정
	부천시	부천국제만화축제 부천국제애니메이션페스티벌 부천국제판타스틱영화제	9.9~9.12(4일간) 10.22~10.26(5일간) 7.8~7.15(8일간)
	파주시	헤이리예술축제 율곡문화제	9월~11월 10월 중
	화성시	화성 정조효문화제	10월중(2일간)
세종특별자치시청		세종축제	10.8~10.10
광주광역시	시	광주세계김치축제	10월 중
대전광역시	중구	대전효문화뿌리축제	9월~10월 중(3일간)
	시	대전사이언스페스티벌	10월
충청북도	충주시	2021세계무예축제	9월~10월 중(7일간)
	단양군	쌍둥이 힐링 페스티벌	4.24~4.25(2일간)
충청남도	청양군	칠갑장승문화축제 칠갑산 얼음분수축제	4.13~4.14 12.24~2.14
	보령시	보령머드축제	7.23~8.1

전라북도	전주시	전주한지산업대전 전주비빔밥축제	5.7~9.3 10.7~10.10(4일간)
	남원시	춘향제 흥부제	5.19~5.23 10.15~10.17
	무주군	무주반딧불축제	8.25~9.5
전라남도	함평군	함평나비대축제	4.30~5.9(10일간)
	도	명량대첩축제 남도음식문화큰잔치	9.3~9.5(3일간) 10.15~10.17(3일간)
	여수시	여수거북선축제	5.7~5.9(3일간)
	해남군	땅끝해넘이 해맞이축제	매년 12.31~1.1
경상북도	안동시	안동국제탈춤페스티벌 월영야행	9.24~10.3 8.6~8.9(4일간)
	문경시	문경찻사발축제	9월~10월 중
경상남도	창원시	진해군항제	4.1~4.10(10일간)
	산청군	남명선비문화축제	10.22~10.23(2일간)
	진주시	진주논개제	5월 중
	김해시	허왕후신행길축제	10월 중(2일간)
제주도	제주시	제주해녀축제 제주마축제	9.19~9.20 10월 중(2일간)

세시풍속 중심의 체험과 볼거리 축제

세시풍속을 중심으로 구성된 축제는 대부분 지역마다 이루어지는 해넘이와 해맞이 축제로 새해를 준비하는 의례적 성격을 갖는다. 그 외에는 정월 대보름, 입춘, 단오를 중심으로 세시축제가 펼쳐진다. 고려시대에는 9대 속절이라 하여 설날

(원정), 상원(대보름), 상사(삼짇날), 한식, 단오, 추석, 중구, 팔관, 동지를 중요한 명절로 꼽았다. 그러나 조선시대에는 5대 명절로 설날, 한식, 단오, 추석, 동지를 지내왔다. 조선시대에 5대 명절에서 고려 때에 지켜지던 팔관이 빠진 것은 유교문화 중심 사회였기 때문이다. 이렇듯 시대에 따라 중요하게 지키는 명절과 세시문화는 변화해 왔는데, 앞에서도 언급했듯이 오늘날은 조선시대의 영향이 많이 남아 있는 5대 명절, 또는 설날, 대보름, 단오, 추석의 4대 명절을 지키려는 경향이 짙다.

현재 진행되는 세시축제는 제주도의 탐라국 입춘국, 삼척 정월대보름제, 강릉과 전주, 군위군 단오제 등이 주목된다. 광주광역시의 고싸움놀이축제는 1987년에 시작해서 39회를 맞이했고, 삼척정월대보름제는 1973년 이후 지속된 축제(2021년, 48회)지만, 2021년에는 코로나19로 인하여 축소되었다. 이 축제는 정월 대보름을 맞이하여 삼척줄다리기를 비롯한 민속놀이로 구성되는 축제로 알려져 있다. 이외에 세시축제를 개최해 온 각 지방자치단체에서는 코로나19의 영향으로 2021년은 물론 2022년의 송구영신 해맞이 축제를 대부분 취소하였다.

세시 중심 축제 예시

시도	시군구	축제명	2021년 개최기간
부산광역시	해운대구	해운대달맞이온천축제 해운대카운트다운&해맞이축제	2.24~2.26 12.31~1.1
강원도	강릉시	강릉해맞이축제	12.21.1.1
		강릉단오제	6.10~6.17(8일간)
	삼척시	삼척정월대보름제	2.26~2.28
광주광역시	남구	고싸움놀이축제	3월
울산광역시	울주군	간절곶해맞이축제	12.31
충청남도	서천군	마량포해넘이해돋이축제	12.31~1.1
	태안군	연포해맞이행사	12.31~1.1
	공주시	계룡산산신제	4월 중
전라북도	전주시	전주단오	6.13~14(2일간)
		제야축제	12.31.~1.1
전라남도	해남군	땅끝해넘이해맞이축제	12.31~1.1
경상북도	청도군	청도소싸움축제	5월~6월
	군위군	군위군단오제	5.5(음력) (2일간)
	영덕군	영덕해맞이축제	12.31~1.1
제주도	제주시	탐라국입춘굿	2.2~2.3

해맞이축제

2020년 해운대와 2022년 해남군 간절곶 행사안내

국가무형문화재가 된 세시축제

2005년에 인류구전 및 무형유산 걸작으로 지정된 강릉단오제는 천년의 역사와 함께 현재까지 국내를 대표하는 세시문화를 크게 발전시킨 민속문화유산이다. 1967년에 중요무형문재로 등록되었던 것을 계기로 문화재보호법이 개정되면서 2018년에는 국가무형문화재 13호로 지정되었다. 강릉단오제에 담겨 있는 전설이나 민담, 구전이야기 등은 문화콘텐츠의 기초가 된다. 유교식 의례와 무당들의 굿이 함께 거행되는 동해안에서 가장 규모가 큰 마을축제이며, 관노가면극은 우리나라에서 유일한 무언극이다. 민간신앙이 결합된 향토축제로 지역주민의 화합과 단결을 상징하는 협동정신이 담겨 있다.

한편 경산자인단오제의 유래는 다음과 같이 전해진다. 신라(혹은 고려) 때 왜적이 침범하여 마을사람들을 괴롭히자, 한장군이 꾀를 내어 여자로 변장한 후에 누이동생과 함께 화려한 꽃관을 쓰고 춤을 추어 왜병들을 무찔렀는데, 한장군이 죽은 다음 주민들이 한장군의 사당을 짓고 해마다 단오날 제사를 지내며 성대한 놀이를 했다는 데에 기원하고 있다. 특히 이색적인 가장행렬과 3미터나 되는 높은 화관, 독특한 춤사위 등으로 예술적 가치가 높게 평가된다. 국가무형문화재 제44호로 지정되어 있다.

국가무형문화재 축제

명칭	지정일	소재지	관리자(단체)
강릉단오제	1967.1.16	강원 강릉시	(사)국가무형문화재 강릉단오제보존회
	2005.11.25	유네스코 〈인류구전 및 무형유산걸작〉 선정	
	2008.	유네스코 인류무형유산 대표목록으로 등재	
경산자인단오제	1971.3.16	경북 경산시	(사)국가무형문화재 경산자인단오제보존회
	2007.3.12	(명칭변경)한장군놀이 → 경산자인단오제	
연등회	2012.4.6	서울 종로구	연등보존위원회
법성포단오제	2012.7.23	전남 영광군	(사)국가무형문화재 법성포단오제보존회

연등회는 통일신라시대에 이어 고려와 조선을 거쳐 지속되어온 불교적 행사이다. 신라와 고려의 연등회는 불교적 행사였지만 조선시대 이후에는 궁중과 서민이 함께 하는 중요한 문화행사로 정착되었다. 연등회는 관불의식, 연등행렬, 회향의 형식으로 진행되며 연등행렬 때의 등(燈)은 매우 다양하다.

법성포단오제는 뱃사람들의 안전을 기원하는 용왕제를 비롯해서 부녀자들이 중심이 되었던 선유(船遊)놀이 등이 지역성과 전통성을 지켜 이어진 전통적인 민속축제이다.

위와 같은 국가무형문화제 축제는 한국 고유의 세시풍속을 접목한 전통축제이자 민속축제이며, 향후에는 지속될 문화유산이라는 점에 큰 의미가 있다. 역사성, 고유성, 상징성을 담아내는 세시풍속과 연계된 더 많은 축제의 재탄생이 기대된다.

2. 세시놀이

새해 달력을 보면서 '올해는 쉬는 날이 몇 번 있나?'라고 짚어 보는 것은 쉼에 대한 욕구 때문이다. 쉰다는 것의 의미는 해야만 하는 일이 없다는 것이며, 자유롭게 사용할 수 있는 시간이 많다는 것이다. 그러면 무엇을 하면서 쉬게 되는가를 보자. 쉬는 날, 논다는 것은 과거나 지금이나 바쁜 일상에서 벗어나 휴식을 주는 좋은 시간이다. 과거 농경사회에서도 농사로 바쁜 농번기를 지나면, 여유를 가질 수 있는 농한기를 맞이했다. 농한기에는 편하게 쉬고 놀면서 시간을 보내고, 따뜻한 봄철이 오면 다시 농사를 시작하며 바쁜 나날을 보냈다. 이런 일상에서 농한기는 농한기대로, 농번기는 농번기대로 다양한 세시풍속과 놀이는 함께 했다.

첨단 디지털 과학기술을 응용하는 오늘날은 다양한 직업이 존재하고, 사람들은 대부분 도시에서 생활하며, 직장이나 직업에서 요구하는 각기 다른 바쁜 시간을 살아간다. 직업 특성상 밤과 낮을 구분하지 않고 진행되는 일도 많고, 원하는 시간을 정해서 일하는 선택근무제나 유연근무제도도 활용되고 있다. 그러나 할 일도 많고 해야 할 일도 많아서 진정한 쉼을 찾기가 쉽지 않은 것이 현대인들의 삶이다. 따라서 쉼이나 논다는 개념도 상당히 달라졌다. 어떠한 제한과 통제 없이 개인에게 주어진 자유로운 시간과 공간에서 하고 싶은 활동이나 여유를 느끼며 행복감을 충만하게 하는 것이다. 요즈음에는 '논다'보다는 '여가를 즐긴다'는 표현이 더 자주 사용된다. 네덜란드 학자인 Huizinga(1981)는 『호모루덴스』라는 책에서 문화의 기원은 놀이이고, 인류는 놀이를 통해 문화를 발전시켜왔다고 주장하였다. 놀이는 인간의 발달에 긍정적인 역할을 하고 문화를 발전시키는 창조적인 활동이 된다는 것이다. 아이들은 놀이를 통해서 사회의 질서와 삶의 방식을 익히고, 관계성을 증진해 나가며, 창의적인 사고를 확장한다. 놀이가 인간 발달에는 중요하게 작동한다는 것을 뜻한다. 오늘날 유아기의 학습은 '놀이'를 중심으로 이루어진다. 놀이에 참여하는 가운데에 흥미와 즐거움을 느끼며 자연스럽게 배움을 체득하는 것은 놀이가 인간의 원초적인 즐거움의 욕구를 충족시켜주며, 인간 발달에 가장 기본이 되기 때문이다. 이렇듯 놀이는 삶에서 중요한 위치를 차지한다.

과거 우리의 조상들도 자연환경에 순응하면서 자연친화적 놀이를 즐기고, 함께 어울리는 공동체 문화를 만들어 왔다. 이러한 놀이는 전통놀이 또는 민속놀이 등의 용어로 혼용되어 사용되고 있는데, 민속놀이는 피지배계층인 서민에 의해 주로 계승된 놀이문화로 지역의 지리적 환경 특성과 문화가 반영되어 있으며, 시공간의 한계 내에서 반복된 놀이를 뜻한다. 그리고 전통놀이는 전통이라는 사전적 의미를 전제해 보면, 지난 시대에 이미 계통을 이루어 전해 내려오는 사상이나 관습 행동 따위의 양식을 기본으로 하므로 100년 정도의 시간 동안 이어온 놀이로 보는 것이 타당하다. 전통놀이나 민속놀이 모두 시간적인 지속성을 전제한다.

풍속화에 나타난 세시놀이

조선 후기 풍속화를 중심으로 놀이를 연구(원미연, 2018)한 내용을 참고해 보면, 우리나라에서 오랫동안 즐긴 놀이로는 공기놀이, 널뛰기, 제기차기를 비롯하여 19가지 종류의 놀이를 볼 수 있다. 풍속화는 삶의 모습을 그린 그림으로 그려진 시기의 생활 모습으로부터 문화, 종교, 정치, 사상 등을 유추(정병모, 2000)해 볼 수 있는데, 풍속화 중 놀이에 대한 묘사는 당시에 남녀노소가 즐겨왔던 놀이문화와 생활상을 보여준다. 특히 이러한 놀이는 명절이나 농한기에 즐겼던 놀이로 오늘날도 이어지고 있다.

조선 후기의 대표적인 풍속화가로 널리 알려진 김홍도(1745~1806?), 신윤복(1758~?), 김득신(1754~1822), 그리고 1886년부터 1896년까지 활발하게 활동한 것으로만 알려진 김준근(출생사망 미상)의 작품을 통해서 당시의 놀이를 살펴볼 수 있다. 놀이의 종류에 따라 참여자의 성별, 세대별로 나누어지기도 했다. 현대의 놀이는 세대에 따라 즐기는 놀이가 다를지라도, 성별에 따라 할 수 있고 할 수 없는 놀이를 구분하지는 않는다. 그러나 풍속화에 나타난 놀이를 보면, 당시에는 성별에 따라 세대에 따라 구분해서 놀이를 즐겼던 것으로 보인다.

풍속화에 나타난 놀이			
놀이종류	방법	참여자 성별	참여자 세대
공기놀이	도구가 별도로 준비되어 있지 않아도 엽전이나 돌만 있으면 즐길 수 있고, 남다른 기술 또한 익힐 필요가 없는 단순한 놀이이다. 지역에 따라 약간의 변형을 이루기도 한다.	여성	아동
널뛰기	여성들이 주로 즐기던 놀이 중 하나로 활동적이다. 짚단이나 가마니 등을 긴 널빤지 중간에 괴어 놓고, 양 끝에 한 사람씩 올라서서 마주 보고 번갈아 뛰며 즐긴다. 널빤지가 움직이지 않도록 가운데에 사람이 앉아 있기도 하며, 뛰는 사람들 간에 몸무게가 차이가 나면 적게 나가는 사람에게 널을 많이 주어 균형을 이루게 한다.	여성	성인 아동
제기차기	구멍 뚫린 엽전이나 주화를 한지나 비단 등으로 감싼 후 구멍에 꿰고 그 끝을 길게 하여 여러 갈래로 찢어 술모양으로 만든 것으로 제기차기는 이를 발로 차서 땅에 떨어지지 않게 하는 놀이이다.	남성	성인 아동
골패	32개의 패를 가지고 노는 놀이로, 패의 재료가 뼈이기 때문에 골패라고 이름 지어진 것으로 짐작된다. 패는 네모 모양의 납작한 모양으로 가로 1.2~1.5cm, 세로 1.8~2.1cm 정도의 크기를 가진다. 패에는 여러 가지 수효를 나타내는 구멍이 뚫려 있으며, 구멍의 개수에 따라 패의 상단과 하단에 1-6의 숫자가 표시되어 있다. 1-1에서 6-6까지 21가지이며, 이 중 일부 조합은 패가 2개씩 있어서 총 32개의 패를 이룬다.	여성 남성	성인
쌍륙	두 사람 또는 두 편으로 나뉘어 판 위에 말을 두고 겨루는 놀이이다. 15개씩의 말을 사용하며 주사위 2개를 굴려 나온 수만큼 말을 이동시켜 먼저 나가도록 겨룬다. 주사위는 육면체의 형태로 상아나 동물의 뼈를 깎아 만든다.	여성 남성	성인

윷놀이	설날에 많이 하는 놀이로 백제시대 기록으로 보아 기원은 삼국시대 이전으로 짐작된다. 네 개의 윷을 던졌을 때 나오는 평평한 면의 개수에 따라 도, 개, 걸, 윷, 모라고 부른다. 이 결과에 따라 말을 1, 2, 3, 4, 5칸씩 움직여 승부를 겨룬다. '도개걸윷모'는 각각 돼지, 개, 양, 소, 말을 의미한다. 고대에는 중요한 재산이나 친밀했던 동물이었음을 짐작할 수 있다. 보통 2~3명이 놀이를 즐기나 참여 인원이 많을 경우는 편을 나누어 진행하기도 한다.	남성	아동
바둑	상하종횡으로 각각 19줄이 그려져 있는 편평한 판에 두 사람이 바둑돌을 선의 교차점에 교대로 번갈아 두며 즐기는 놀이이다. 흑백 바둑돌 두 세트를 가지고 게임을 한다. 규칙을 통해 바둑판 위에 집을 지어나가며 마지막에 집을 많이 차지하는 사람이 승리한다.	남성	성인
종경도	종정도, 승정도, 승경도라고도 불린다. 관리의 많은 등급과 칭호의 개념을 익히기 위한 놀이이다. 말 4~8명 정도의 사람이 함께 놀며, 두 패로 나뉘어 방망이를 굴려 출신과 벼슬살이를 시작한다. 말을 계속 굴려서 가장 높은 자리에 오르는 편이 이기게 된다.	남성	성인
장기	장기판 위에서 두 명의 사람이 장기말을 번갈아 두면서 겨루는 놀이이다. 중국에서 기원된 것으로 보이며, 장기말을 장(將), 차(車), 포(包), 마(馬), 상(象), 졸(卒), 사(士)의 7가지 말로 구성되며, 장은 1개 졸은 5개 나머지 말은 2개씩 총 16개의 말을 가지고 경기가 치러진다. 상대방의 말을 잡아 최종적으로 상대의 장을 잡는 사람이 승리한다.	남성	성인
씨름	두 사람이 샅바나 띠를 넓적다리에 걸어 잡거나 바지의 허리춤을 잡아 일정한 규칙하에 힘과 기술을 겨루어 상대를 먼저 땅에 넘어뜨리면 승리하는 놀이이다.	남성	성인
연날리기	대나무 뼈대 위에 종이를 붙여 방패 또는 가오리 모양으로 형태를 만들고 실을 연결하여 만든 연을 공중에 띄워 날리는 놀이이다. 바람의 영향을 많이 받는 편이므로 바람의 방향이나 세기 등을 잘 고려하여 조정해야 한다.	남성	아동

그네타기	나무에 밧줄을 맨 다음 줄의 맨 아래에는 발받침을 걸쳐 놓고 그 위에 올라가서 몸을 앞뒤로 움직이며 반동을 이용하여 노는 놀이다. 전망 좋은 큰 버드나무나 늙은 소나무에 그네 줄을 매고 놀이를 즐겼다. 한 사람이 뛸 수도 있고, 한 그네에 두 사람이 마주보고 뛰기도 한다.	여성	성인 아동
술래잡기	지방에 따라 숨바꼭질 또는 술래놀이라고도 불린다. 여러 아이 중 한 명의 술래가 된 아이가 다른 숨은 아이들을 찾아내는 놀이로 술래가 눈을 가린 후 정해진 수를 센 후 다른 아이들을 찾게 된다. 아이를 찾고 장소와 이름을 소리 지르기만 할 수도 있고, 찾은 아이의 몸에 손을 대어야 죽은 것으로 하기도 한다.	여성 남성	아동
팽이 돌리기	얼음판이나 땅 위에서 원뿔 모양의 팽이를 채로 쳐서 돌리는 놀이다. 박달나무, 팽나무, 대추나무같이 무겁고 단단한 나무나 소나무의 관솔 부분을 깎아서 5~10cm 높이로 만든다. 팽이는 보통 몸통을 50cm 정도 길이의 채로 후려쳐가면서 돌리는데, 끝에는 명주실이나 노끈 꼰 것을 잡아매며, 일부러 끈의 끝부분을 약간 너풀거리게 하여 팽이에 닿는 부분을 넓히기도 한다. 상대방의 팽이와 부딪쳐 오래 도는 팽이를 겨루거나 상대방의 팽이보다 멀리 보내 승부를 가리기도 한다.	남성	아동
줄다리기	여러 사람이 두 편으로 나뉘어 밧줄을 잡고 자기 편 쪽으로 당겨 상대편을 끌어오는 것으로 승부를 겨루는 집단 놀이다. 줄당기기, 줄땡기기, 줄싸움, 줄쌈 등 다양하게 불린다. 마을과 마을이 편을 갈라 놀이에 참가하기도 하여 수십 명에서 수백, 수천 명의 큰 규모로 놀이를 할 때도 있다.	남성	성인 아동
투호	두 편으로 나뉘어 멀리 떨어져 있는 항아리에 화살을 던져서 많이 넣는 편이 이기는 놀이로, 항아리나 화살의 크기나 종류는 다양하다. 주로 궁중에서만 활발히 행해졌고, 서민의 놀이는 아니었다.	여성 남성	성인

죽마놀이	대나무로 만든 말을 타는 것으로 죽마놀이, 말농질하기, 대말타기, 죽족이라고도 불린다. 중국 일본에서도 이 놀이의 기록이 있어, 오래전부터 삼국이 죽마놀이를 즐겨왔음을 알 수 있다. 말타기 경쟁을 하기도 하며, 단 둘이 할 수도, 두 편으로 나누어 할 수도 있다. 두 편으로 나누어 할 때는 한 사람씩 순서대로 말을 타고 지정점을 돌아와 다음 사람에게 말을 넘기는 과정을 반복해 먼저 끝낸 편이 이기게 된다.	남성	아동
활쏘기	사대부가를 중심으로 운동이나 놀이로 행해졌다. 편을 나눠 활쏘기를 겨루기도 하였으며, 왕이 주재하는 궁술대회가 열려 심신 단련과 친목을 도모하는 수단이 되기도 하였다.	남성	성인

출처 : 원미연(2018). pp.12-19의 내용을 요약 정리하여 표로 만든 것임.

기산풍속도첩

줄다리기

널뛰기

그네타기

투호

출처 : 19세기 말 김준근의 〈기산풍속도첩〉 중에서.

남녀의 성역할을 엄격하게 구분했던 과거에 놀이는 자연스럽게 성별에 따라 구분되었다. 또한 성인의 놀이와 아동의 놀이도 구분되었다. 그렇지만 세대가 구별 없이 즐겼던 놀이로 널뛰기, 제기차기, 그네타기, 줄다리기 등이 있다. 이외에 혼자서 즐길 수 있는 놀이도 있었는데, 연날리기, 그네타기, 팽이돌리기, 죽마놀이, 활쏘기 등이 있고, 2인 또는 그 이상의 인원이 참여하는 놀이로 널뛰기, 바둑, 장기, 씨름, 그네타기, 술래잡기, 윷놀이, 줄다리기, 투호 등이 있다. 이러한 놀이는 여러 사람이 참여하며 즐겨 왔고, 특히 그네타기는 단오의 세시풍속 놀이로, 연날리기와 윷놀이, 널뛰기, 줄다기리 등은 정월의 세시풍속 놀이로 즐겨 왔다. 단오 때 하는 그네타기는 추천(鞦韆)이라고도 부른다. 설이나 단오, 추석 등 명절 때가 되면 형제, 친척, 이웃들이 모여 함께 즐길 수 있는 공동체 놀이가 활발하게 이루어졌다. 이러한 놀이는 현대에도 전해지고 있고, 한국의 민속놀이로 또는 전통놀이 등으로 불린다.

요즈음에도 설날이나 추석에는 전통놀이 체험프로그램이 다양하게 펼쳐진다. '육아종합지원센터'에서는 조부모와 손자녀가 함께 하는 〈세대 공감 추석(설날) 전통 민속놀이 체험프로그램〉이 진행되고, 초등학교나 호국기념관, 박물관, 공원, 청소년문화의 집 등에서도 설날과 추석에 전통놀이 체험이 이루어진다. 서울 남산골한옥마을에서는 해마다 '설날 전통민속놀이', '추석맞이 민속놀이 체험 행사'가 진행되는데, 2021

년에는 추석에 문화명소를 배경으로 문학작품의 소개와 더불어 전통문화시설에서 소규모의 세시풍속 체험 등이 이루어졌고, 온라인으로 시립교향악단의 연주가 진행되었다. 이외에 에버랜드, 민속촌, 각 유치원과 어린이집 등에서도 세시명절인 설과 추석을 전후하여 전통놀이 체험 행사가 이루어진다.

세시 중심의 국가무형문화재 놀이

국가무형문재로 지정된 놀이 중 한국의 세시를 중심으로 마을 단위에서 이루어진 민속놀이를 살펴보기로 한다. 이들 놀이는 지역적 특색을 담고 있으며, 주로 정월 대보름을 전후해서 전승되어온 차전놀이, 줄다리기, 다리밟기 등이 대부분이다. 농한기 때에 풍요를 기원하는 놀이가 그 중심이다.

안동차전놀이는 정월 대보름을 전후하여 안동지방에서 행해지던 민속놀이로 동채싸움이라고도 부른다. 영산쇠머리대기도 대보름축제를 배경으로 전승해온 풍년을 기원하는 마을 공동체 민속대동놀이다. 고싸움놀이도 풍요를 기원하는 농경의식의 한 형태이며, 격렬한 남성집단놀이로 2005년 9월 23일에 광주칠석고싸움놀이로 명칭이 변경되었다.

국가무형문화재 놀이			
명칭	지정일	소재지	관리자(단체)
안동차전놀이	1969.1.7	경북 안동시	(사)국가무형문화재 안동차전놀이보존회
영산쇠머리대기	1969.2.11	경남 창녕군	(사)국가무형문화재 제25호 영상쇠머리대기보존회
영산줄다리기	1969.2.11	경남 창녕군	(사)국가무형문화재 영산줄다리기보존회
감내게줄당기기	1983.8.6	경남 밀양시	
광주 칠석 고싸움놀이	1970.7.22	광주광역시 남구	(사)국가무형문화재 제33호 광주칠석고싸움놀이보존회
밀양백중놀이	1980.11.17	경남 밀양시	(사)국가무형문화재 제68호 밀양백중놀이보존회
고양송포호미걸이	1998.4.13	경기 고양시	고양시
기지시줄다리기	1982.6.1	충남 당진시	(사)국가무형문화재 기지시줄다리기보존회
씨름	2017.1.4	한반도 전역에 기반, 남녀노소 보편적 공유, 전승 특정 보유자나 단체를 인정하지 않음	
송파다리밟기	1989.8.16	서울 송파구	

밀양백중놀이는 음력 7월 15일경 용날을 선택하여 머슴들이 힘든 농사일을 끝내고 하루 휴가를 얻어 즐겁게 노는 놀이로 벼농사를 주로 했던 중부 이남지방의 농촌에서 볼 수 있다. 농신제, 작두말타기, 춤판, 뒷놀이 등으로 진행된다. 백중시기에 풍년을 기원하는 축제로 밀양백중놀이와 비슷한 고양송포 호미걸이가 있다. 호미걸이는 마지막 김을 매고 내년을 대비하여 '호미를 씻어걸어둔다'는 데에서 그 이름이 유래하

였다. 상신제, 부녀자들의 대동제, 풍물놀이, 농요, 집돌이(유가제) 등이 이루어진다.

줄다기리는 농경의식의 하나인 일종의 편싸움 놀이로 길쌈이라고 하는데 기지시줄다리기는 재앙을 막고 풍년을 기원하는 농경의식이다. 윤년 음력 3월 초에 재앙을 막고 풍년을 기원하는 당제를 지낸 다음에 행해졌다. 밀양의 감내게줄당기기도 정월 대보름을 전후하여 마을 사람들이 즐긴 놀이다. 이 놀이는 일반적인 마을 단위 줄싸움의 변형된 놀이로, 게 모양의 줄을 만들어서 당겨 이긴 편이 먼저 터를 잡도록 한 것이 오늘에 이르고 있다. 주민화합과 인근마을과의 불화를 풀기 위해 만들어진 독창적인 민속놀이로 알려져 있다.

씨름은 두 사람이 샅바를 맞잡고 힘과 기술을 이용해 상대를 넘어뜨려 승부를 겨루는 경기로 한국을 대표하는 세시풍속 놀이다. 한반도 전역에 기반을 두고 있고 보편적인 놀이로 별도의 관리단체를 지정하지 않았다.

다리밟기는 정월 대보름에 하는 놀이로 답교놀이라고도 하며, 강릉지방에서는 다리빼앗기라고도 한다. 자기 나이만큼 개울가 다리를 밟으면 병이 나지 않고 재앙을 물리치며 복을 불러들인다는 신앙적인 풍속이다. 고려 때부터 했던 대표적인 민속놀이다.

세시 중심의 국가무형문화재 놀이

밀양감내게줄당기기

영산쇠머리대기

안동차전놀이

광주칠석고싸움놀이

밀양백중놀이

송파다리밟기

출처 : 문화재청 국가문화유산포털.

3. 온라인 세시축제

축제는 일정한 지역을 중심으로 이루어지는 한계성을 갖는다. 장소의 한계나 역사적 유물과 사건, 문화적 공동체가 갖는 특색을 담아내기 때문이다. 물리적인 장소의 한계 못지않게, 축제에서는 경험을 공유해야 하므로 체험을 한다는 한계성도 갖는다. 따라서 축제에 참여하는 것은 공간과 경험을 공유해야 하는 속성을 기본으로 해야 한다.

시공간을 초월한 체험

그러나 4차 산업혁명 시대가 도래하면서, 시공간을 초월한 체험이 가능해지기 시작했다. 메타버스가 일상으로 다가오게 되었는데, 메타버스는 4가지의 유형이 있다.

〈메타버스의 4가지 유형〉

- 첫째는 증강현실(Augmented Reality)이다. 현실공간에 그래픽으로 구현한 가상의 사물을 겹쳐 보이게 만들어 상호작용이 가능하도록 구축한 것이다.

- 둘째는 미러월드(Mirror Worlds)로 현실세계를 최대한 반영하면서 정보를 확장한 가상의 세계로, 구글어스나 네이버지도, 카카오맵 등으로 활용되는 것이며, 이미 생활에 확산되어 있다.

- 셋째는 시간과 장소의 제약 없이 일상에서 얻는 경험이나 정보를 웹공간에 기록하는 라이프로깅(LIFE-LOGGING)으로 SNS에 익숙한 이들에게 라이프로깅은 자기를 표현하고, 타인과 커뮤니케이션을 하는 중요한 장(場)이다.

- 넷째는 디지털 데이터로 구축한 3차원세계로 자신의 정체성이 담긴 아바타를 통해 활동하고 교류하는 비대면 활동의 세계인 가상세계(Virtual Worlds)가 있다.

이러한 첨단과학기술은 일상의 축제문화에도 도입되고 있다. 즉 축제의 속성에서 중요한 공간과 시간 체험요소를 가상의 시공간을 통해 체험을 가능하게 한다. AR체험과 라이프로깅은 이미 각종 세시행사에 접목되고 있다.

대면축제 → 비대면(언택트)축제 → 온라인(온택트)축제

강릉단오제의 주요 프로그램을 중심으로 살펴보자. 강릉단오제는 제례와 굿, 관노가면극, 기타 행사와 먹거리 즐길거리의 난장 등이 펼쳐진다. 이중 관노가면극은 지정문화재이며, 단오제를 대표한다.

강릉단오제 주요 프로그램		
구분	대표내용	특징
제례	신주빚기	단오를 준비하며 신주를 빚기
	대관령산신제	국사서낭신 영접
	영신행차	국사서낭신과 국사여서낭신을 단오 행사장으로 모시는 행차
	조전제	단오제 기간 매일 아침
	송신제	산신들을 보내는 마지막 제의
굿	부정굿	불결하고 부정한 것을 물리침
	세존굿	복과 수명을 주는 세존
	산신굿	명산의 산신을 청배
	군옹장수굿	액을 막아주는 무신
관노 가면극	단오보존회 관노가면극	지정문화재
	지역단체 관노가면극	지역단체 참여행사
	관노가면극 인형극	강릉단오제를 소재로 한 인형극
행사	꿈의 오케스트라	청소년 오케스트라
	세계 각국의 탈춤	매년 개최되는 국제적 이벤트
	강릉사투리대회	매년 개최되는 지역 이벤트
난장	먹거리, 즐길거리	지역축제에서 지역경제 활성화 역할

출처 : 조해진(2021). pp.429-439.

2021년 강릉단오제의 경우, 단오제의 가치와 의미인 공동체의 풍요와 안녕을 기원하는 것으로 단오제의 역사를 보여주는 미디어아트 전시, 지역주민에게 '배달의 단오'로 지역민들에게 수리취떡과 술을 직접 배달하는 프로그램도 시행되었다. 코로나19 팬데믹으로 비대면이 일상화되면서 온라인축제

(온택트축제)가 도입되어 단오굿과 관노가면극 등 지정 문화재 행사는 비공개로 진행되었고, 단오제 공식 유튜브를 통해 방송(www.youtube.com/c/gangneungdanojefestival)이 이루어졌다. 2020년과 2021년에 온라인이지만 대면하는 현장 행사만큼이나 다양한 프로그램이 진행되었다. 온라인 프로그램은 다음과 같다.

온라인 개최로 새롭게 구성된 강릉단오제 프로그램

구분	프로그램명	성격
2020년	단오TV-지정문화재 생중계 및 해설	영상
	온라인사투리대회	영상
	배달의 단오	체험
	랜선길놀이	영상
	단오갈래챌린지	영상
	청소년단오축제 D.Y.F	영상
2021년	강릉단오제 특별전	전시
	단오소원등 밝히기	체험
	유등 띄우기	체험

출처 : 조해진(2021). pp.429-439.

온라인 세시축제를 통한 지역성의 극복

랜선, 가상현실 등의 개념이 보편화되는 오늘날에는 온라인축제를 통해서 지역성을 극복하는 것이 축제의 활성화를 위해 필요하다. 이는 축제의 지역적 특성을 축소하는 것이 아니라, 축제 요소인 물리적 공간과 시간, 체험의 제약을 직접 벗어나는 것을 의미한다. 관련 연구(조해진, 2021)에서는 세시 축제에 각종 디지털 기술을 활용한 실감형 콘텐츠인 PRV (Panorama VR)가 도입될 것을 제안하였다. 마당극인 관노가면극은 강릉단오제를 구성하는 필수행사로 무언극으로 진행되므로 스토리와 캐릭터를 특징적으로 활용할 수 있다. 관노가면극이나 단오굿을 공연콘텐츠로 재구성하여 무대화할 수 있고, 단오제의 특성을 담보한 뮤지컬이나 복합공연극, 음악 콘서트 등으로 연출하는 홀로그램 제작도 가능하다.

비대면 온라인 세시 프로그램들은 점차 확산되고 있다. 2022년 설을 맞이하면서 유튜브 채널 '문화로토닥토닥'에서는 '온택트 국악주간'의 국악 영상을 제공하며 설날 맞이 온오프라인 문화예술 프로그램을 기획했다. 앞으로 이러한 디지털 기술을 활용한 각종 세시축제가 구성되면, 축제가 갖는 물리적 시간과 공간, 체험의 제약을 극복해 내고, 많은 사람이 폭넓게 참여하고 즐길 수 있게 활성화될 것으로 기대된다.

한국의 각종 문화가 전 세계인들에게 K-Culture로 주목받고 있는 현 상황을 볼 때, 온오프라인의 축제가 널리 확산되어야 하며, 더불어 지역문화와 세시문화가 연계된 외국어로 표현되는 축제 콘텐츠 제작이 필요하다.

6장 세시풍속 문화교육과 체험

우리의 세시풍속은 한국문화교육과 체험의 중요한 내용이다. 이 교육과 체험은 한국인으로서의 정체성을 함양하는 것은 물론이고, 외국인들에게는 한국의 전통문화를 오롯이 익힐 수 있는 기회를 제공한다. 유아, 청소년, 가족과 외국인을 대상으로 맞춤형으로 진행할 수 있는 세시풍속 문화교육 및 체험은 어떻게 이루어지고 있을까를 살펴본다. 전통의례교육, 전통놀이교육, 명절음식교육, 인성예절교육, 문화체험교육 등 다양한 교육콘텐츠의 보고(寶庫)가 한국의 세시풍속에 존재한다.

1. 유아 대상 교육과 체험

세시풍속은 개인과 개인의 관계에서 맺게 되는 개별적 의미를 넘어 공동체 사회와 함께하는 문화적 특성이 크다. 우리의 세시풍속은 오랜 세월을 지나면서 제의적 행위는 물론이고 집안과 마을, 사회가 공유하는 놀이와 음식문화가 일정한 형태와 특성으로 이어지면서 전통이 되었다. 예컨대 설날이나 추석 명절에 먹는 떡국이나 송편, 어울려 즐기는 윷놀이, 줄다리기, 강강술래, 연날리기 등의 세시놀이는 매우 인간적이고 관계지향적인 교류를 바탕으로 강한 연대의식을 함양하는 세시풍속 문화이다. 이러한 세시풍속 문화는 한국인의 정체성을 함양하는 생활문화로 가정에서는 물론 어린이집과 유치원에서 체험을 통해 전수된다. 유아교육 현장에서는 서구의 문화와 풍속의 전파로 인해 우리 고유의 풍속이 점차 사라지고 그 의미의 퇴색을 우려하면서 전통을 시대적 변화에 맞도록 재구성하여 교육함으로써 한국인으로서의 정체성을 확립하려는 노력이 이어지고 있다.

유아교육 현장에서 진행되는 세시풍속 문화교육은 3~5세 대상 표준보육과정인 누리교육과정에서 지향하는 교육 목적과 목표와 연계되어 있다. 누리교육과정에서는 유아가 놀이를 통해 심신의 건강과 조화로운 발달을 이루고 바른 인성과 민주시민의 기초 형성에 목적을 둔다. 건강하고 안전한 생활 습관을 기르고, 자기 일은 스스로 해결하는 기초능력을 기르며, 호기심과 탐구심을 갖고 상상력과 창의력을 기르는 것, 일상에서 아름다움을 느끼고 문화적 감수성을 기르며, 사람과 자연을 존중하고 배려하며 소통하는 태도를 기르는 데 목표를 둔다. 특히 세시풍속 문화교육은 아름다움과 문화적 감수성, 존중 · 배려 · 소통의 태도 기르기와 연계되어 있다.

2019 누리교육과정의 목적과 목표	
목적	심신의 건강, 조화로운 발달, 바른 인성과 민주시민의 기초 형성
목표	• 건강하고 안전한 생활습관 기르기 • 자기 일을 스스로 해결하는 기초능력 기르기 • 호기심과 탐구심을 갖고 상상력과 창의력 기르기 • 아름다움을 느끼고 문화적 감수성 기르기 • 사람과 자연을 존중하고 배려하며 소통하는 태도 기르기

세시풍속 문화교육에서는 유아교육의 교수학습 원리인 놀이중심 원리, 개별화의 원리, 생활중심의 원리, 통합의 원리, 융통성의 원리, 집단역동성의 원리, 자발성의 원리, 탐구학습의 원리, 활동간 균형의 원리 등을 따른다. 유아 시기에 체득된 생활습관과 정체성은 청소년 시기의 발달에도 지속적인 영향을 미치기 때문에 언어교육처럼 어린 시기에 문화교육을 받아야 한다. 세시는 생활중심의 교육으로 풍속체험, 세시음식과 세시놀이 등으로 구성된다.

예를 들면 유치원이나 어린이집 등 유아교육 기관에서는 설날에 설빔[1)]인 한복 입고 바른 몸가짐하기나 세배하기 등 문화전수 내용이 진행되고, 윷놀이, 제기차기, 복조리 만들기 등 설날에 하는 놀이를 중심으로 집단역동성의 원리를 적용한다. 함께 하는 활동을 통해서 유아들 간의 상호작용이 활발하게 이루어진다. 단오에는 놀이와 집단역동성 원리를 적용하는 씨름, 그네타기, 줄다리기 등과 생활중심 원리를 적용하는 창포물로 머리 감기, 단오선 만들기, 수리취떡 문양 찍기 등이 진행된다. 추석에는 집단역동성과 놀이원리를 적용한 강강수월래를, 생활중심원리를 적용한 추석빔인 한복을 입고 바른 몸가짐하기나 송편 만들기, 솔잎 줍기 등의 교육을 진행한다. 세시풍속 행사와 놀이 및 세시음식을 구분해 보면 다음과 같다.

1) 설빔이란 새해의 설날에 입는 새 옷을 말하며, 세장(歲粧)이라고도 한다. 일 년 동안 좋은 운(運)이 있기를 바라는 뜻과 새로운 각오를 담아 상황에 맞춰서 옷을 만들어 입었다. 아이들에게는 희망과 번창 건강 벽사를 상징하는 곱고 밝은 색상의 옷감으로 만들어 주었다. 설빔과 유사하게 추석빔도 새로이 장만하거나 깨끗이 세탁하여 입을 수 있도록 마련한 옷과 장신구 등을 말한다. 단오에는 단오장(端午粧)이 있다. 명절에는 모임을 위해서 옷치장이 필수였고, 일상과는 다른 정갈하고 아름다운 모습을 갖추도록 했던 풍속이다. 이는 절기가 변화하면서 겨울옷(설빔), 가을옷(추석빔), 여름옷(단오장)을 환경에 맞추어 새 옷으로 장만하는 기회가 되었다.

세시풍속 행사와 놀이 및 세시음식		
구분	세시풍속 행사와 놀이	대표적인 세시음식
설날	차례, 세배, 윷놀이, 제기차기, 복조리 달기	떡국
정월 대보름	줄다리기, 지신밟기, 달맞이, 쥐불놀이, 널뛰기, 연날리기	오곡밥, 나물, 부럼[2)]
입춘	농사점, 입춘축(건양다경), 입춘하례	오신반[3)]
삼월삼짓날	화전놀이, 풀피리, 풀각시놀이	진달래화전
한식	한식차례	찬밥
사월초파일	연등놀이, 탑돌이, 불꽃놀이	미나리강회
단오절	창포물 머리감기, 단오선 만들기, 씨름, 그네, 줄다리기	수리취떡, 앵두화채
유두	유두천신제	편수, 수단
칠월칠석	칠석제, 용왕제	밀국수, 밀전병
추석	차례, 강강술래, 소놀이	올벼송편, 토란탕
중양절	단풍놀이	국화전
동지	팥죽 뿌리기, 술래잡기	동지 팥죽
섣달그믐	묵은세배, 수세(守歲), 윷놀이	골동반, 동치미

2) 부럼이란 음력 정월 보름날 아침에 까서 먹는 잣, 밤, 호두, 은행, 땅콩 등의 견과류 또는 견과류를 먹는 풍속을 말한다. 깨물면서 1년 동안 무사태평하고 만사가 뜻대로 이루어지며, 부럼을 까서 먹으면 부스럼이 생기지 않는다고 믿었다. 부스럼은 피부에 나는 종기를 통틀어 말한다.

3) 입춘 절식이라 하여 궁중에서는 오신반을 수라상에 얹고, 민가에서는 세생채(細生菜)를 만들어 먹었다. 오신반(五辛盤)은 겨자와 함께 무치는 생채요리로 추운 겨울을 지내는 동안 결핍되었던 신선한 채소의 맛을 보게 하는 것이다. 『경도잡지』, 『동국세시기』에 의하면 경기도 산골지방에서 움파, 갓, 승검초 등 햇나물을 눈 밑에서 캐내어 임금께 진상했는데, 궁중에서는 이것으로 오신반(다섯 가지의 자극성이 있는 나물로 만든 음식)을 장만하여 수라상에 올렸다고 한다.(한국민속대백과사전)

유아교육 현장에서 교사들이 세시풍속 문화교육을 하는 가장 중요한 이유는 '전통생활문화를 계승하고 발전시키기 위해(50.9%)' 그리고 '우리 민족의 주체성을 확립하기 위해서(30%)'이다. 그리고 교육내용은 각 절기에 따른 예의범절(43.2%)이나 전통음식(24.7%), 민속놀이(22.6%) 등을 가르친다. 그러나 세시풍속을 가르칠 때 가장 어렵게 생각하는 것은 '어떻게 가르쳐야 할지 방법을 모른다(30.3%)'는 점과 '교육자료 부족(27.9%)', '내용을 정확히 알지 못함(24.2%)', '유아들이 흥미를 느끼지 못함(13.9%)' 등이었다(주영애, 2012).

한편 세시풍속에 대해서 전통의례의 계승적 관점으로 논의한 연구를 보면, 또 다른 문제점이 지적되었다. 우리의 생활과 밀접한 설이나 추석 등이 민족의 대명절임에도 불구하고, 유아를 대상으로 이루어지는 설과 추석 교육은 세시풍속의 하나로 단편적인 민속놀이 교육에 머물고 있다는 면에서 민족문화로서의 교육적 의미 전달이 미비하다는 문제이다(김소향, 2012). 그리고 설과 추석 명절의 전통의례교육에 대해서 유아교사들의 관심은 보통 수준 정도이고, 전통의례교육을 실시하지 않는 경우가 64%로 높은 것을 알 수 있었는데, 반면 5년 이상 경력을 가진 교사들은 명절차례에 대한 인식이 높았다. 즉 설이나 추석 때 교육이 놀이 중심으로 구성되는 것은 오히려 전통적인 세시의례를 간과하는 것은 아닌지에 대한 문제를 지적한 것이다.

위 연구를 중심으로 세시와 관련된 문화교육의 범주와 내용을 살펴보면, 민족문화의 정체성 함양을 위한 교육으로서의 의례절차교육과 풍속적인 전통놀이교육, 차례 및 명절음식교육, 전통의례에 필요한 예절 및 인성교육, 세시풍속 문화체험교육 등으로 구분해 볼 수 있다. 세시풍속이 단편적인 놀이문화로만 구성될 것이 아니라, 전통의례 교육내용이 포함되어 민족의 정체성 향상과 인성교육도 함께 다루어야 하며, 음식교육, 문화체험교육도 다양하게 구성되어야 한다.

한국 세시풍속 문화교육의 범주와 내용 예시

전통의례교육	전통놀이교육	명절음식교육	인성예절교육	문화체험교육
설 추석 등 차례 의미, 차례 절차, 차례상 알기, 차례 참여 태도 익히기	윷놀이, 투호, 제기차기, 연날리기, 그네뛰기, 줄다리기 등 민속놀이 해보기	송편 빚기, 수리취떡 문양 찍기, 차와 다식 만들기, 곶감쌈 만들기	가족모임 예절, 설날세배 드리기, 효의식과 실천, 언어, 태도, 몸가짐, 예절 지키기	창포물 머리 감기, 단오부채 만들기, 달력 만들기, 한복 바르게 입고 세배하는 법 알기, 오방색 의미 알기

집단역동성의 원리, 생활중심의 원리 적용

유아교육현장에서는 설날이나 추석이 가까이 다가오면, 세시풍속 문화교육을 위해서 인성예절지도사를 초빙하여 특별교육을 진행하는 경우가 대부분인데, 때로는 교육현장을 벗어나서 전통문화체험장으로 이동하여 활동하는 경우도 있다. 대부분의 세시풍속 문화교육은 예절교육과 접목되어 시행된다. 이 교육을 담당하는 교사나 인성예절지도사들은 전통한복이나 생활한복을 착용하고 교육을 한다. 일반 교사들이 이 교육을 진행하지 않는 경우는 위에서 살펴본 연구에서도 나타났듯이, 세시풍속을 어떻게 가르쳐야 할지 잘 모르거나 교육자료가 부족하고, 또는 교육내용을 정확하게 알지 못한다는 이유로 전문가에게 교육을 의뢰한다. 또 한편으로는 세시풍속 문화교육이 유아교육현장에서 특별교육으로 진행될 때, 유아들의 관심과 흥미가 높아지기 때문이기도 하고, 전문화된 교육을 요구하는 부모들의 요구가 반영된 것으로도 보인다.

유아 대상 세시풍속 문화교육의 교육적 가치

생활의 주기성과 생활문화 익히기	다양한 놀이와 건강한 먹을거리 경험
참여 공감 확대 지역과의 교류	공동체의식 고취, 세대 간 소통, 협동, 인성함양

유아를 위한 세시풍속 교육에 내포된 교육적 가치는 몇 가지로 정리해 볼 수 있다. 첫째, 세시풍속을 통해 유아들이 계절변화의 주기성을 익힐 수 있고, 그 특성을 알면서 해마다 반복되는 계절을 느껴 자연을 통한 생활의 주기성과 생활문화를 익힐 수 있다는 점이다. 둘째, 유아들은 세시풍속을 통해서 다양한 놀이와 건강한 먹을거리를 경험할 수 있다. 놀이를 통해 공동체의식과 사회성을 배우며, 절기와 계절에 나오는 건강한 먹을거리를 통해서 우리 농산물의 중요성을 인식하고, 고유의 전통음식을 맛보는 경험을 할 수 있다. 유아들은 피자, 치킨, 햄버거 등 서구화되어가는 음식에 익숙해지기 쉬우나, 건강한 우리 음식을 접할 수 있는 기회를 만드는 것은 식생활습관을 재고해 보는 데에도 의미가 있다. 셋째, 고유의 미풍양속이 부모와 유아에게 자연스럽게 전달되어 세시풍속에 대해 더 많이 인식하게 되고, 참여의 공감을 넓혀 지역사회와도 교류할 수 있게 된다. 넷째, 조상 숭배 및 혈연 중심의 사회생활에 대해 이해하고, 윤리의식과 공동체의식을 고취하여 효의식과 더불어 인성의 핵심역량인 세대 간의 소통역량과 협동역량을 함양하게 한다. 세시풍속교육은 유아기부터 긍정적인 국가정체성과 사회적 유능감을 형성하게 한다.

유아교육에 적용되는 세시풍속 문화교육 내용과 교육효과 예시				
구분	설	대보름	단오	추석
시기	음력 1월 1일	음력 1월 15일	음력 5월 5일	음력 8월 15일
의미	복된 한해가 되기를 기원	가정의 행운과 풍년농사 기원	풍작을 기원	수확의 기쁨을 조상께 감사하고 이웃과 나눔
인성 예절 교육 적용	효, 감사 가족화목	나눔과 협력	공동체 삶 나눔과 협력	효, 감사, 나눔 가족화목
음식	세찬(떡국)	밤·잣, 호두·땅콩·오곡밥, 나물, 약식	수리취떡, 앵두화채, 보리수단	햇과일, 송편 토란국, 배숙
행사 놀이	차례, 세배, 윷놀이, 연날리기, 널뛰기, 제기차기, 복조리 팔기 등	달맞이, 다리 밟기, 부럼깨기, 더위팔기, 줄다리기, 쥐불놀이, 북청사자놀음 등	창포물 머리감기, 단오부채 선물, 씨름, 그네뛰기, 탈춤, 사자춤, 가면극 등	차례, 달맞이, 강강술래, 거북이놀이, 소놀이, 그네뛰기, 제기차기, 널뛰기, 투호 등
효과	• 세시음식 만들어 나누어 먹기 : 나눔 실천하기 • 세시풍속 놀이하기 : 공동체의식 공유하기 • 가족모임 : 효의식, 가족유대감 키우기 • 세시풍속 즐기기 : 우리의 생활문화 익히기, 정체성 함양하기			

출처 : 주영애(2017). p.122.

세시풍속과 연계된 과학활동

교사들은 유아교육현장에서 과학활동을 중심으로 세시풍속 문화교육을 시도한다. 이 활동은 유아들에게 과학적 탐구

능력과 의사소통 능력 향상에 기여할 수 있다. 과학적 탐구능력이란 관찰하고, 비교하고 측정하고 분류하고 예측할 수 있는 능력(박태순 · 김승희, 2017)을 말하는데, 세시풍속과 연계된 과학적 활동은 계절에 따라 접할 수 있는 재료나 놀이를 이용하여 그림이나 언어로 사물이나 현상을 묘사하고, 자기의 생각을 표현하는 기회를 제공하므로 의사소통과 문제해결 능력도 기를 수 있다. 세시풍속은 과학적 탐구 능력을 키우고, 탐구과정에서 의사소통 능력도 함양한다는 면에서 과학과 인문학을 연계한 융복합적인 문화교육으로 의의가 있다.

세시풍속과 연계한 과학활동에 대해 여름과 가을의 절기에 할 수 있는 프로그램을 살펴보면 아래와 같다. 유아들에게는 다소 낯선 절기인 소서 · 대서, 입추 · 처서, 백로 · 추분을 명절인 유두, 삼복, 칠석, 백중, 추석으로 16차시에 걸쳐 진행하는 예시이다. 여기에 활용되는 교수 학습방법은 시연, 토의, 질문, 개별학습, 협동학습으로 유아들에게 흥미를 주며, 적극적이고 역동적인 참여를 이끌어 낸다. 앞으로 봄, 겨울 절기와 세시풍속을 연계한 과학활동 프로그램도 다양하게 고안된다면 유아의 교육에 널리 활용될 것으로 기대된다.

세시풍속과 연계한 과학활동

절기	명절	주	회	과학활동	활동목표	교수 학습방법
소서 대서	유두	1주	1회	수단과 건단	• 유두절에 대해 알아보고 유두 절기의 계절적 특징을 말할 수 있다. • 물에 넣은 수단과 물에 넣지 않는 건단의 차이를 말할 수 있다.	토의, 질문, 협동학습
			2회	유두국수 만들기	• 유두국수 먹는 풍습을 경험할 수 있다. • 국수의 모습을 탐색하며 요리를 할 수 있다.	
		2주	3회	찬물, 따뜻한 물	• 밀가루에 물을 넣어 반죽한 후 변화 과정을 관찰할 수 있다. • 밀가루 반죽을 이용하여 다양한 모양을 만들 수 있다.	토의, 질문, 개별학습, 협동학습
			4회	유두구슬 목걸이 만들기	• 밀가루를 이용, 구슬 만드는 과정을 알아보고 직접 만들 수 있다. • 바늘과 실을 이용한 목걸이 만들기로 도구를 활용할 수 있다.	
	삼복	3주	5회	부채 만들기	• 삼복은 1년 중 가장 더운 기간이라는 것을 말할 수 있다. • 부채를 이용해 물건을 날려봄으로 바람은 힘을 가지고 있다는 것을 이해할 수 있다.	시연, 토의, 질문, 개별학습, 협동학습
			6회	여름과일 얼음 만들기	• 여름 과일로 더위를 이겨낼 수 있는 음식을 만들 수 있다. • 물은 온도에 따라 여러 가지 모양이 된다는 것을 알 수 있다.	시연, 토의, 협동학습
입추 처서	칠석	4주	7회	고마운 까치와 까마귀	• 입추의 자연현상과 생활 모습에 관심을 가질 수 있다. • 동물들의 특징을 알고, 생김새, 먹이, 사는 곳 등에 따라 구분할 수 있다.	토의, 질문, 협동학습
			8회	옷을 만드는 실	• 입추는 가을에 접어드는 시기임을 알고, 자연현상에 관심을 가질 수 있다. • 실이 만들어지는 과정과 실을 이용한 물건의 쓰임을 탐색할 수 있다.	토의, 질문, 협동학습

		5주	9회	염색하기	• 자연에 여러 색이 있음을 알고 자연 재료를 이용해서 염색할 수 있다. • 천연염색에 호기심을 갖고 염색의 결과를 예측할 수 있다.	시연, 토의, 질문, 협동학습
			10회	돛단배 띄우기	• 물놀이를 통해 더운 여름을 시원하게 보낼 수 있음을 경험할 수 있다. • 배가 물에 뜨고 앞으로 가는 실험을 해 볼 수 있다.	토의, 질문, 개별학습, 협동학습
	백중	6주	11회	물장구 치기	• 물놀이를 통해 더운 여름을 시원하게 보낼 수 있음을 경험할 수 있다. • 물과 물체의 부딪힘에 따라 소리가 달라짐을 알 수 있다.	시연, 토의, 질문, 개별학습, 협동학습
			12회	여러 가지 씨앗	• 백중날의 자연현상에 관심을 갖고 여러 가지 씨앗을 관찰할 수 있다. • 여러 가지 씨앗의 길이와 색, 향, 자란 후 모습을 비교, 씨앗을 직접 길러보고 성장 후 모습을 예측할 수 있다.	토의, 질문, 협동학습
백로 추분	추석	7주	13회	햇과일 햇곡식 무게측정하기	• 추석에 볼 수 있는 다양한 햇과일에 관심을 가질 수 있다. • 다양한 가을 열매와 곡식을 모아 무게를 측정할 수 있다.	토의, 질문, 협동학습
			14회	낮과 밤의 길이가 같아요	• 추분은 낮과 밤의 길이가 같다는 것을 이해할 수 있다. • 지구가 자전하기 때문에 낮과 밤이 생긴다는 것을 말할 수 있다.	토의, 질문, 협동학습
		8주	15회	송편 만들기	• 햅쌀을 이용하여 송편 만드는 과정을 알아보고 직접 만들 수 있다. • 재료의 상태와 변화를 지속적으로 관찰할 수 있다.	시연, 토의, 질문, 협동학습
			16회	한지돌이	• 나무를 이용하여 종이를 만든다는 것을 말할 수 있다. • 한지와 일반 종이의 같은 점과 다른 점을 말할 수 있다.	토의, 질문, 개별학습, 협동학습

출처 : 박태순, 김승희(2017). pp.45-46.

다례와 세시풍속을 접목한 전통문화교육

다례(茶禮)교육은 유아교육현장에서 삶의 질 향상과 전인교육을 위한 교육방법 중의 하나로 많은 관심을 받고 있다. 어린이집과 유치원은 유아가 처음 사회생활을 배우는 곳으로 바람직한 인성을 형성시킬 수 있는 교육의 장(場)이 되어야 하는데, 이곳에서 실시되는 다례교육은 유아들의 흥미를 불러일으킴은 물론이고, 바른 자세로 다구(茶具)를 다루고, 차(茶)를 대접하고 마시는 방법 등을 익히도록 하면서 유아들이 참을성과 배려심, 자신감, 집중력, 공경하는 마음과 질서를 배울 수 있도록 한다. 다례교육은 부모참여 교육에도 많이 적용되어 세대 간의 소통교육으로도 의의를 갖는다.

유아들에게 다례와 세시풍속을 접목하여 프로그램을 시행한 연구(박영자, 2015)에 따르면 프로그램에 참여한 유아들은 전통문화에 대한 이해의 폭이 넓어졌고, 관심과 흥미가 증가했다고 밝혔다. 또한 세시명절, 전통놀이, 차 마시는 방법 등에 관한 이름을 정확하게 알게 되고, 정서지능에도 긍정적인 영향을 미치는 결과를 나타냈다. 학부모들은 이 프로그램에 참여한 유아들이 세시풍속마다 진행된 전통놀이를 즐거워하고 차례상 차리는 법을 설명하는 것을 보면서 대견해하고 한국인으로서의 긍지를 느끼는 것으로 나타났다. 학부모는 설날 프로그램으로는 한복을 입고 세배하는 법, 정월 대보름과 단오, 추석 프로그램으로는 세시음식에 관심이 큰 것으로 나타났다. 다례교육을 통해서 예절바른 행동을 하고, 정서적으로 안정된 태도를 보이게 된 점에 대해서도 긍정적인 반응을 보였다. 이러한 효과적인 세시풍속 문화교육프로그램은 앞으로 가정과 지역사회, 유아교육기관이 연계한 프로그램으로 진행되는 것이 바람직하다고 제시되었다. 이는 유아에게 활동과 체험 중심의 유의미한 내용을 익히도록 한다.

유아전통문화교육 통합프로그램에서 활용된 세시풍속 동요인 〈설날〉, 〈정월 대보름〉, 〈단오〉, 〈추석〉을 살펴보면 다음과 같다.

이들 세시풍속 동요는 세시 때 이루어지는 활동과 옷차림, 음식, 놀이 등이 표현되어 있어서, 유아교육에만 활용되는 데 그치지 않고 한국어를 배우려는 외국인들을 위한 한국문화교육에도 적용하여 활용될 수 있다.

다례와 세시풍속을 접목한 유아전통문화교육 통합프로그램

회기	프로그램명	활동명	활동내용	전통문화 내용 요소	예절동요
1	설날	의미와 유래	한복 입는 법, 명칭 세배하는 방법	세배, 덕담 설빔, 세찬	설날, 수용공, 족용중
2		전통놀이	윷놀이 동화듣기 윷놀이	전통놀이	설날, 수용공, 족용중
3		전통음식	방앗간에서 가래떡 뽑기 가래떡 썰기 떡국 만들어 먹기	떡국 만들기	설날, 수용공, 족용중

4	정월 대보름	전통놀이	부럼에 대해 알기 달맞이, 더위팔기	부럼, 오곡밥, 귀밝이술, 묵은 나물	정월 대보름, 수용공, 족용중
5		전통놀이	연 만들기, 줄다리기	전통놀이	정월 대보름, 수용공, 족용중
6		대보름 음식	귀밝이술 마시기, 부럼 먹기, 약식 만들어 먹기	약식 만들기	정월 대보름, 수용공, 족용중
7	다례	차실 예절	녹차씨앗 관찰하기, 녹차 마시기	구사, 구용	다례, 인사해요, 두용직
8		차의 효능	동화 듣기, 녹차 마시기	구사, 구용	다례, 인사해요, 목용단
9	단오	의미와 유래	동화듣기, 단오 알기	창포, 단오선 수릿날	단오, 수용공 족용중
10		전통놀이	단오부채, 쑥 포프리 만들기, 씨름하기	전통놀이	단오, 수용공, 족용중
11		단오 음식	수리취떡 만들기 진달래 화전 만들기	화전 수리취떡	단오, 수용공, 족용중
12	다례	차 도구	차 도구 명칭 알기 말차 마시기	구사, 구용	다례, 인사해요, 기용숙
13		차 우리기	성경애(誠敬愛) 하는 마음 갖기, 연차 마시기	구사, 구용	다례, 인사해요, 구용지
14		차의 종류	동화 듣기 녹차, 우롱차, 홍차 마시기	구사, 구용	다례, 인사해요, 성용정
15	추석	의미와 유래	성묘하기, 차례상 차리는 법	추석빔, 차례상	추석, 수용공, 족용중
16		전통놀이	동화듣기 강강술래, 널뛰기	전통놀이	추석, 수용공, 족용중
17		추석 음식	송편 만들기	솔잎, 송편	추석, 수용공, 족용중
18	다례	전통 다식	다식 만들기 국화차 마시기	구사, 구용	다례, 인사해요, 색용장
19		부모님께 차 드리기	부모님께 차 드리기	구사, 구용	다례, 인사해요, 입용덕

출처 : 박영자(2015). p.57에서 제시한 프로그램 예시임.

유아들이 유치원에서 세시풍속을 어떻게 경험했는지에 대한 연구(조희정, 2020)에서는 참여관찰을 녹화하고, 유아면담, 유아 활동 결과물 등을 분석했다. 그 결과에서는 유아들이 관심과 흥미, 우리의 풍속에 대한 인식이 어떻게 이루어지는가를 아래와 같이 보여주었다.

1. 유아들은 달력을 통하여 달, 일, 요일뿐 아니라 절기, 명절, 기념일을 알아보며 절기를 기다리고 만날 준비를 하였다. 절기는 날씨와 관련되어 의미를 쉽게 이해할 수 있었는데, 우리의 생활과의 연관성이 크다는 것을 알아가며, 절기에 대한 흥미와 관심이 높아지고 자신이 어떤 날(절기)을 좋아하는지도 알게 되었다.

2. 유아들은 절기에 대한 의미와 유래와 풍속을 알아보며 우리 조상들이 어떤 삶을 살았는지 나름대로 이해하였고 현재 우리의 삶과 비교해 보며 우리 선조들의 생태적인 생활패턴이 아직도 그대로 현재에 적용되고 있음을 이해할 수 있었다. 또 유치원에서 이루어지는 생태적인 다양한 활동을 통해 절기의 풍속과 일치하는 경험을 해 보았다.

3. 유아들은 벼가 영글어가고 추수를 하며 지푸라기에 대해 직·간접적으로 탐색하였으며, 우리 조상들에게 있어 벼는 단순히 우리의 주식으로서의 중요성뿐 아니라 생활 속에서 다양한 쓰임을 갖고 있다는 것을 알게 되었다. 이를 통해 유아들은 벼의 생태적인 특성뿐 아니라 먹거리에 대한 소중한 마음을 갖게 되었으며, 수확의 의미와 함께 조상들의 의식주의 삶의 통합성을 알 수 있었다.

4. 유아들은 유치원에서의 추석의 경험을 통해 함께 어울리는 다양한 놀이 체험과 모두가 협력하여 감사하고 즐기는 추석의 의미를 알게 되었다. 이후 달맞이의 세시풍속에 담긴 민간신앙, 감사와 기원의 풍속을 알아보며 우리 조상들의 성정(性情)을 알 수 있었으며 '공동경험'으로

서 우리 조상들의 문화를 전수받고 이해하게 되었다. 또 전통놀이를 자신들의 놀이방식으로 재구성하여 즐기는 것을 통해 유아의 상상력과 창의력의 태도를 확인할 수 있었다.

5. 유아들은 절기의 풍속을 통해 계절의 특성을 알게 되었고, 자연과 자주 접하려는 마음을 갖게 되었다. 유아들은 가을 소풍을 위해 국화를 키우고 관찰하며 기다리는 과정을 경험하고 자연의 소중함을 알게 되었으며 자연을 즐기는 방법을 이해하고 소중한 마음을 갖게 되었다.

6. 유아들은 옛 물건을 직접 보며 그 물건과 관련된 세시풍속에 대해 알아가며 조상들의 삶을 이해할 수 있었다. 특히 키나 회초리 등 물건에 깃든 풍속을 알아보며 생활 속에서 기본생활습관과 인성교육도 자연스럽게 이루어졌다.

세시풍속교육은 유아들에게 절기와 날씨에 대한 이해, 조상들의 의식주생활 이해, 자연의 소중함, 기본생활습관, 인성 함양, 상상력과 창의력 태도 증진 등의 기회를 제공한다.

2. 청소년 대상 교육과 체험

민속은 과거시제가 아니라 현재시제이며, 미래시제로도 연결된다는 데에 의미가 있다. 과거 문화적으로 가치 있는 것들을 보존하고 계승하는 것은 후대(後代)를 위한 우리의 의무이기 때문만은 아니며, 미래는 과거에서 만들어진다(천진기, 2015)는 관점에서 세시풍속 문화교육과 체험을 이해해야 한다. 이러한 역할을 할 수 있는 세대가 청소년이다.

청소년을 대상으로 진행되는 세시풍속 문화교육은 청소년들이 자발적으로 참여할 수 있도록 청소년 지역사회봉사로 연계된다. 어렸을 때부터 배워왔던 세시풍속에 대해서 실천적인 프로젝트를 시행하는 체험교육이다. 즉 세시풍속의 의미와 풍속, 음식 등에 대해 세시풍속 해설가가 되어 지역사회에 알리는 프로젝트에 참여하는 형식이다. 〈청소년문화의 집〉에서는 이러한 프로젝트를 통해서 청소년들이 세대를 연결하는 소통하는 민주시민으로 성장할 것을 목표로 진행된다. 지역사회에 '새해맞이 복조리 돌리기'나 '단오행사 지원 자원봉사' 등은 지역과 연계된 자원봉사활동 체험이다.

지역사회봉사로 연계되는 청소년의 세시풍속 실천 프로젝트

'글로벌청소년센터'에서는 설날 윷놀이 행사에 다문화 청소년들이 참여한다. 설날에 대해서 알아보고, 설날의 여러 가지 어휘를 익히며 세배, 덕담 나누기, 놀이로 윷놀이, 연날리기 제기차기 등도 함께 즐긴다. 한국어와 한국문화에 익숙하지 않은 청소년들에게 한국의 세시풍속은 새롭고 신기하지만, 체험을 통해 한층 한국문화에 가까워진다. '청소년누리터', '국제청소년연합', '청소년수련관', '청소년센터' 등에서는 청소년이 참여하고 체험하는 설날프로그램 이외에 청소년 중심의 대보름 민속놀이 한마당, 청소년 단오축제, 추석체험키트 나눔과 이벤트 등이 진행된다. 한편 이런 세시행사에는 청소년이 주축이 되지만 어린이나 어르신들도 참여하여 세대 간 교류의 장(場)이 되기도 한다. 청소년들은 세시행사에 자원봉사자로 참여하며, 프로그램의 운영 보조, 행사질서 유지 등의 활동을 한다. 2021년에는 다음과 같은 세시풍속 프로그램 대부분이 비대면으로 진행되었다.

청소년 대상 세시풍속 문화교육과 체험 예시

주최	내용	대상
김해글로벌 청소년센터	2021년 설날프로그램 : - 설날에 대한 대화, 설 어휘 알아보기, 세배, 덕담, 윷놀이	다문화 청소년
강릉 청소년수련관	2022년 비대면 설맞이 체험활동 : - 양갱키트(말랑쫄깃 초코 우유 양갱, 라탄 복조리, 딱지치기), 강정키트(호랑이강정, 추억의 달고나, 팽이 돌리기)	관내 청소년 (8~19세)
(사)국제 청소년연합	2021년 설날 외국인 잔치 : - 온라인 문화체험행사 한국어 영어 중국어 베트남어 러시아어 5개 국어 진행, K-드라마 랜선여행, 한국전통문화공연, 외국인 노래자랑, 경품추첨 등	외국인
경상남도 청소년지원재단	2021년 설날맞이 새해 덕담 댓글달기 이벤트, "새해 복 많이 받으소!" : - 유튜브와 SNS로 청소년과 눈높이에 맞게 소통하기	청소년
(사)강릉 단오제위원회	청소년단오축제 D.Y.F 2024강원 동계올림픽 붐업 - 2024개의 바람 Winds, Wishes, Waves-활동, 청소년 트로트 가요제	청소년
시립서울 청소년센터	2021년 특성화사업 움:트다 해피빌 - 추석체험 꾸러미	청소년
(사)홍천교육 복지네트워크	2022 세시풍속 신년 맞이 복조리 걸기 행사 - 새해 복 인사나누기, 복조리와 엽서 전달하기	초중고 청소년
의정부시 청소년수련관	2021년 이벤트 요리교실 '알록달록 한가위 송편' - 안전교육, 추석문화와 음식 알아보기, 요리실습 활동(삼색송편)	관내 청소년
강화군 청소년수련관	2021년 비대면 추석프로그램 '한가위야 놀자!' - 송편 만들기, 한지공예 LED 램프 만들고, 활동일지 쓰기	관내 초중등생

2021년 청소년 대상 세시풍속 프로그램 포스터

동시를 활용한 세시풍속 교육

한편 세시풍속 내용이 담겨 있는 창작동시를 적용한 교육도 청소년들에게 세시풍속 교육과 체험을 위해 유용한 매체로 활용된다. 동시는 각 세대 간에 자연스러운 소통을 가능하게 하는 것으로, 세시풍속 창작 동시에 관한 연구(강순예, 2016)에서는 다음과 같이 그 가치를 강조하였다.

세시풍속 창작 동시의 가치	
세대 간 소통과 공감	어린이는 물론 어른과도 함께 공감하고 소통을 나누도록 이끌 수 있다. 창작 동시의 언어적 표현은 음률적 가사처럼 전달되기 때문에 세대 간 소통과 공감으로 보다 자연스럽게 이어질 수 있다.
전통문화의 경험	자연과 가족에 대한 고마움과 선조들의 지혜를 자연스럽게 배우는 계기가 된다. 창작 동시에 담긴 풍습, 놀이, 복식, 음식 등에 관한 세시풍속은 박물관에 잠든 유물이 아닌 지금도 살아 있는 전통문화를 경험하게 할 수 있다.
다양한 콘텐츠로 확대	통합예술문화의 측면에서 다양한 콘텐츠로 저변 확대함에 있어서 동시는 함축미와 음악성에서 매우 매력적인 매개체 역할을 할 수 있다. 이는 많은 이들의 문화적 감수성을 증진케 하고 문화를 향유할 수 있는 장(場)이 될 것이다.

세시풍속 활동이 눈앞에 펼쳐지듯이 그려낸 창작 동시 몇 편을 살펴보자. 이들 시는 청소년들 교육에 적용되는데, 세시풍속교육과 더불어 한국문화교육, 한글교육에 활용된다. 대표적인 명절 풍속을 볼 수 있는 설날, 정월 대보름, 유두, 추석, 동지 등의 모습과 그 속에 담긴 한국인의 정서를 노래하는 글이다. 〈잠은 안오고〉는 동시 작가 강순예의 작품으로 설날 아침을 기다리는 설레는 마음을 곱고 섬세하게 표현한다. 그리고 박경용 작가의 작품은 당시 여자아이들의 놀이였던 널뛰기를 통해서 가난을 이기고자 했고, 풍년을 기원했던 서민들의 생활풍습도 엿볼 수 있는 내용이다.

잠은 안오고[4)]

창밖엔 애기별꽃 소록소록
별이 내려요, 꽃이 내려요.

아침이 오면
알록달록 색동옷 입고
타래버선 복주머니
곱게 땋은 귀밑머리에
배씨댕기 도추락댕기 드리고
언니랑 오빠랑 세배 가요.
숫눈길 사박사박 함께 가요.

오늘은 까치설날
잠은 안 오고
머리맡 설빔도
잠은 안 오고

4) 강순예(2015).

널뛰기, 그 노랫말엔[5)]

할머니 어렸을 적 먼먼 그 옛적엔
집안에 갇혀 살던 여자애들 놀이라곤
널뛰기, 그것밖에는 운동놀이가 없었네.

뛰어라 뛰자 뛰자
좀 먹지 말게 뛰어라.
칙간 밑에 꽃 꽂아 두고
꿍꿍 뛰어라.

좀 먹지 말게 시원시원
꽃다웁게 뛰자는 말.

엄마가 어렸을 적 가까운 그 옛적도
한 번 뛰어 이웃집 안 담 너머 구경하고
두 번을 뛰어 동네 한 바뀌 휘 둘러 살펴보고,

형네 집서 콩 한 되를
얻어다가 심었더니
콩 한 말이 되었네.
한 되를 심었더니
한 말이 되었네.
한 섬이 되었네.

널을 뛰며 부르던 노랫말에 감춘 뜻도
그 해에 심을 콩이 풍년 들라 비는 마음.
가난에 찌든 살림을 이기려고 부른 노래.

---

5) 박경용(1980). pp.110-111.

정월 대보름[6)]

아빠가 부럼을 까며
“쥐불놀이 풍물놀이
마을이 온통 수런수런
왁실덕실하겠네요.”

한 귀 어둔 울 할머니
귀밝이술 따르며
“올 한 해, 귀가 환하겠구나.”

할아버지 날 보시며
“잠들면, 이 할아비처럼
눈썹 하얘진단다.”

눈 암만 부릅떠도
솔금솔금 다가와
솔락솔락 감겨드는......
꽃잠.

댓바람부터 일어난 오빠
“우리 가족 더위, 제가 몽땅 삽니다!”
새된 그 목소리에
화들짝, 햇귀 들고
보름날 밝았어요.

---

6) 강순예(2021). pp.22-23.

위 시에는 정월 대보름날의 풍습인 절식과 놀이문화가 담겨 있다. 온 가족이 둘러앉아 부럼을 깨고, 귀밝이술을 마시며, 도란도란 이야기를 나누는 모습에서 끈끈한 가족애를 느낄 수 있다. 대보름에 더위를 팔아 그해 여름을 시원하게 보낼 수 있다는 재미있는 더위팔기 풍습도 보이는데, 보편적인 정서와 달리 오히려 가족의 더위를 혼자 다 사겠다고 말하는 아이 모습에서 가족에 대한 사랑과 배려를 읽을 수 있다. 대보름 놀이인 윷놀이, 팔씨름이 펼쳐질 마을의 모습에서 우리 세시풍속의 바탕인 공동체 문화가 보인다(강순예, 2018).

김선영 작가가 2021년에 발표한 동시집인 『주렁주렁 복주머니 : 세시풍속이야기』에 실린 시 중 〈진달래 화전〉에는 '꿀꺽! 봄을 먹었다', '꽃잎의 웃음이 되었다'와 같이 봄철을 맞이하여 진달래 화전을 만들어 먹었던 모습이 눈앞에 선연하게 펼쳐지는 내용이 담겨 있다. 봄과 진달래꽃과 맛을 본 시인은 몰아지경에 이르러 꽃이 된 듯함을 간결하고도 아름답게 표현하였다. 또 〈유두〉에서는 여름의 유두일에 보여준 물놀이 장면은 물속에 뛰어드는 아이들 모습이 살아 움직이는 듯하다. 자연의 변화에 따라오는 세시에 순응하는 모습을 시로써 승화시킨다.

강순예 작가의 〈송편을 빚어요〉는 추석을 맞이하며 송편을 빚어내는 모습과 추석 보름달을 그려내며, 〈동지 맞이〉는 동지의 의미와 풍경을 연상시킨다. 동지는 아세(亞歲), 즉 작은 설이라고 하는데, 이 시에서는 연중 가장 밤이 길고 추운 때로 동지 팥죽을 먹어야 한 살을 더 먹는다고 생각했던 풍습을 다시 떠올리게 하는 동시다.

송편을 빚어요[7]

솔향기 함박 품은
송편을 빚어요.

밤, 대추, 팥, 잣, 통깨랑
그보다 더 고소한 웃음까지
한소끔 소로 넣어
송편을 빚어요.

솔 내음 모락모락
익어 가는 달 ……

아하, 저 달!
시루에서 휘영청
떠오른 달!

---

7) 강순예(2015).

동지 맞이[8)]

바람 불어요 된바람
시월상달 손돌바람보다 더
맵디매운 높바람
고샅고샅 헤집고 다녀요.
빈 깡통 걷어차고 비닐봉지 날리며
까불다 자빠지고 나동그라지고

그러든지 말든지, 몽실몽실
뽀얀 김 피워 올리며
팥죽 보글보글 익어 가고요
동생과 나 생그레 웃으며
엄마 얼굴 말긋말긋 쳐다봅니다.

윗목엔 메주가 익어 가고요.
아랫목엔 도란도란 우리 식구
밤 길고 낮 짧은 동지 손님 맞아요.

"동지 판툭 내게도 노나 주지."
후웅 달캉달캉 우우웅
바람이 창문 잡고 칭얼댑니다.

동지 팥죽 새알심 한 알에
나이 한 살 더하면
긴긴 밤 도깨비도 무섭지 않고
나는 좀 더 자라겠지요.

8) 강순예(2014).

이러한 세시풍속 창작 동시는 청소년을 위한 다양한 교육 콘텐츠로 재창조될 수 있다. 세시풍속 시낭송대회뿐 아니라, 세시풍속 창작동시짓기 대회, 세시풍속 창작동시영상콘텐츠 제작 등으로 적용할 수 있다. 세시풍속 동시는 한국의 자연과 조상들로부터 이어온 생활문화를 기반으로 청소년들의 문화적 감수성을 자극하는 창조콘텐츠의 중요한 소재로 가치를 갖고 있다. 한 가지 예를 보면, 국내외 청소년들에게 세시풍속과 우리말을 중심으로 한 한국문화를 시와 노래로 알리고자 힘쓰는 시인, 음악인, 국악인들의 문화예술단체인 '해사한'이 활동하고 있다.

뉴질랜드 오클랜드 한국학교 2019년 한가위 행사

출처 : 해사한 우리문화.

3. 가족과 외국인 대상 교육과 체험

가족 대상 세시풍속 문화교육은 주로 공공기관이 주축이 된다. 각 지역의 민속박물관과 건강가정지원센터, 한옥마을 등에서 세시풍속 문화교육과 체험프로그램이 다양하게 계획되어 시행된다. 가족 중심 프로그램으로 진행되는 '국립민속박물관', '온양민속박물관', '제주민속자연사박물관' 등 박물관 프로그램을 살펴보자. 현재 각 박물관은 과거의 유물을 보관하는 장소만이 아니라, 다채로운 프로그램을 통해서 우리의 일상에서 역사와 문화가 활발하게 이어지는 곳으로 그 의미가 더해지고 있다.

박물관에서의 세시풍속체험

'국립민속박물관'에서는 해마다 세시행사를 개최한다. 대표적인 세시행사로 설맞이, 입춘, 정월 대보름, 단오, 추석맞이, 동지 행사를 진행한다. 세시풍속 행사에는 많은 내국인은 물론 외국인이 참여한다. 한국문화를 상징하는 세시행사는 해당 세시의 문화적 역사적 의미를 전달함과 동시에 공연, 게임과 체험 이벤트 등이 다채롭게 펼쳐진다. 2021년에는 대부분의 세시행사를 비대면으로 진행하였다. 일부 프로그램은 현장 진행과 체험을 병행하면서 자료를 온라인으로 제공하고, 공연과 강좌 등을 영상 유튜브를 이용하도록 했으며, 체험프로그램의 꾸러미를 제공하고 인스타그램을 이용하여 참여 후기 반응에 대해 소통하는 등 SNS를 활용하였다. 감염병의 확산 시기에도 세시문화를 이어가려는 노력은 다양하게 시도되었다. 세시풍속 프로그램에 참여하도록 각종 이벤트를 진행하고, 이에 대한 인증을 인스타그램으로 확인한 후 다양한 선물을 제공하여, 세시에 대한 이해와 관심을 유도하며, 일상에서 세시문화를 이어갈 수 있도록 노력했다. 2021년에 진행된 '국립민속박물관'의 세시풍속 프로그램은 공연, 체험이벤트, 민속놀이, 모바일 게임, 만들기 체험, 강의, 선물보내기 등 매우 흥미롭게 구성되었다.

국립민속박물관의 세시풍속 프로그램 (2021)

세시	세시행사명	내용	운영
설	새해 첫날 설	(전문가 대담) 새해 첫날 설에 대한 영상	유튜브
	온라인 설맞이 특별공연	설맞이 광명농악 판굿, 절대가인의 설 흥겨운 歌	
	2021 신축년 설맞이 한마당	(선물꾸러미이벤트) 소원을 날려보소(연만들기), 우리 함께 놀아보소(색칠윷놀이), 쓱싹쓱싹 씻어보소(비누클레이) – 후기작성(퀴즈이벤트)	비대면 인스타
입춘	입춘첩 나누기	선착순 500명에게 입춘첩을 우편발송	비대면

<table>
<tr><td rowspan="7">정월
대보름</td><td>정월 대보름맞이
한마당</td><td>(이벤트) 복주머니 만들기, 소망등 만들기, 퀴즈 정답자 체험꾸러미 300명에게 제공</td><td>비대면
인스타</td></tr>
<tr><td>볏가릿대 세우기 및
지신밟기</td><td>볏가릿대 세우기, 고사풀이 및 지신밟기</td><td>세시행사
유튜브</td></tr>
<tr><td>짚풀 공예 전시</td><td>짚풀 소 등 다양한 짚풀 공예품 및 기지시줄다리기 줄(작은줄)전시</td><td>박물관
로비</td></tr>
<tr><td>신축년 정월 대보름</td><td>(온라인강의) 정월 대보름의 의미와 풍속</td><td rowspan="3">유튜브
강연,
공연</td></tr>
<tr><td>전통타악 ‘장구프리’</td><td>(공연) 전통타악에 기반을 둔 현대적 창작</td></tr>
<tr><td>대보름 북청사자놀음</td><td>(공연) 정월 대보름날 즐기는 대동놀이</td></tr>
<tr><td>정월 대보름맞이
‘AR로 즐기는
민속놀이’</td><td>(AR체험) 연날리기, 팽이치기, 널뛰기 등 민속놀이 AR컬러링북 색칠 및 증강현실 체험</td><td>박물관
현장</td></tr>
<tr><td rowspan="7">단오</td><td>당신이 몰랐던
단오 이야기</td><td>(단오특별강좌) 단오의 의미와 세시풍속에 대한 전문가의 강연</td><td>유튜브
강의</td></tr>
<tr><td>단오에 대해
알아볼까요?</td><td>(한국세시풍속사전) 단오의 개념과 의례, 절식, 놀이 등에 대한 내용 수록</td><td>자료보기</td></tr>
<tr><td>온라인으로 만나는
단오</td><td>(단오Q&A) 단오의 유래와 의미, 풍속 주제의 전문가와의 대담</td><td>유튜브
영상</td></tr>
<tr><td>단오맞이 ‘봉산탈춤’</td><td>(단오공연) 단오날 저녁부터 연희되던 봉산탈춤 공연으로 단오의 흥 즐기기</td><td>유튜브
공연</td></tr>
<tr><td>내가 만든 단오 선물
단오부채 나누기</td><td>단오 의미와 세시풍속 알아보고, 단오부채 만들어 선물하기</td><td rowspan="2">현장참여</td></tr>
<tr><td>단오부적 찍기</td><td>한해의 액을 물리치기 위해 쓰는 단오부적을 스탬프로 찍어보기</td></tr>
<tr><td>‘단오첩’ 삼행시
이벤트</td><td>‘단오첩’ 세 글자 3행시 창작 후 공고에 참여, 우수작 50명 단오선물(부채키트) 발송</td><td>인스타</td></tr>
</table>

추석	내 사진 속 가을걷이	전시실 내 가을걷이 관련 유물 찾아 사진 찍은 뒤 '민속놀이 꾸러미' 수령	현장참여
	한가위만 같아라	풍성한 한가위 풍경 포토존 운영	
	반보기 엽서로 안부 전하기	코로나로 만나지 못하는 가족에게 소원과 안부를 적은 '반보기' 엽서 보내기	
	추석에는 종합선물세트지	어린이박물관 전시실 어린이 관람객 대상, 추석 선물꾸러미 제공	
	AR로 즐기는 민속놀이	(AR체험) 활동지 색칠 후 앱을 내려받아 AR체험하기	
	추억의 거리에서 보물찾기	(모바일게임) 박물관 추억의 거리를 보고 모바일을 이용한 퀴즈 풀기	
	야외에서 만나는 박물관 풍경	(모바일게임) 박물관 야외전시장(연자방아, 디딜방아, 물레방아, 장승, 솟대, 돌탑 등)을 살펴보고 모바일을 이용한 퀴즈 풀기	
	동물친구야, 박물관에서 놀자~	(캐릭터체험) 어린이들이 좋아하는 동물캐릭터와 함께 놀기	
	수장고에 온(ON) 보름달	보름달과 닮은 유물 찾기- 인증하기-선물받기	
	추석맞이 '한가위' 삼행시이벤트	한가위 3행시 창작 후 공고에 참여, 100명에게 '보름달 만들기' 꾸러미 발송	온라인 행사 인스타 유튜브 영상 활용
	'보름달 등 만들기' 후기 이벤트	선물 받은 '보름달 등' 완성 후 인스타에 사진 인증, 10명에게 문화상품권 증정	
	집에서 즐기는 추석 풍속 체험(올게 심니 액자 만들기, 집콕 길쌈놀이)	추석풍속인 '올게심니'와 추석의 유래인 '길쌈놀이'를 체험해 보는 꾸러미 제공, 인스타를 이용한 후기 이벤트를 진행하여, 20명에게 문화상품권을 증정	
	한가위 보름달에 소원을 말해 봐~	(이벤트) 한가위 보름달에 간절히 바라는 소원을 응모, 대상자에게 선물쿠폰 증정	

	달토끼를 찾아라!	(이벤트) 어린이박물관 홈페이지에서 달토끼를 찾아 화면을 캡처해서 SNS에 올리면 선착순 50명 대상자에게 선물쿠폰 증정	
	정자관 쓰고, 민속놀이	(만들기체험) 어린이박물관 홈페이지 동영상보고, 상설절시관에서 정자관을 만들고, 민속놀이 5종 체험 해보기(선착순 100명)	
	추석맞이 공연 '이천거북놀이', '양주소놀이굿'	추석날 저녁에 함께 어울려 하던 '거북놀이' 가을추수 후 벌어지는 신곡(新穀)맞이 소놀이굿 공연 관람하기	
	추석맞이 강좌 '추석이 궁금해요'	(강의) 추석과 관련된 궁금한 내용을 Q&A로 알아보는 인터뷰 영상	
작은설 동지	버선을 찾아라!	웃어른께 장수를 기원하며 버선을 지어 선물하던 풍속을 연계한 이벤트	현장참여 (선착순) 기념품 달력제공
	가장오래된 달력을 찾아라!	하선동력(夏扇冬曆)을 연계한 인증샷 이벤트- 전시관의 유물을 찾아서 제시하면 달력 증정	
	달력 속 태극기를 찾아라!		
	나쁜 기운은 물렀거라!	동지부적 도장찍기	
	동지달력으로 미리보는 임인년	예약한 어린이 관람객에게 동지달력 선물	현장참여

출처 : 국립민속박물관 홈페이지 참조.

세시행사 홍보(국립민속박물관, 2021)

설

입춘

정월 대보름

단오

추석

동지

세시문화가 포함된 주말가족 프로그램(온양민속박물관, 2021)

‘온양민속박물관’에서는 2021년 세시문화교육을 위한 주말 가족프로그램이 있었다. 5~6월에는 수호신 청룡 만들기, 쥐 모양 칠판메모장 만들기, 팽이 만들기를 7~8월에 박팽이 만들기, 청룡 만들기, 여름부채 만들기를 어린이를 포함한 가족 프로그램으로 진행했다. 이 프로그램들은 여름과 겨울의 세시놀이 도구로 팽이를 만들고, 액을 물리친다는 풍속을 담은 수호신 청룡 만들기, 단오선으로 일컬어지는 여름부채 만들기 등으로 세시문화와 연계한 실습을 겸한 체험학습이었다.

2021년에는 교육프로그램이 온라인으로 진행되는 경우가 대부분이었는데, ‘제주민속자연사박물관’에서는 설날과 추석 프로그램이 흥미롭게 구성되어 진행되었다. 설 프로그램의 주제는 독특한 제주의 특성을 표현하듯 〈설멩질날! 집이서 민속놀이 허멍 놀아보게 마씸!〉으로 비대면 체험 이벤트가 펼쳐졌다. 체험키트 100부를 제작 배부했는데, 키트는 연만들기, 윷놀이, 팽이치기, 제기차기, 딱지치기, 공기놀이 등 남녀노소 누구나 즐길 수 있는 놀이로 구성되었다. 해마다 운영되던 민속 한마당 체험행사가 비대면 체험 이벤트로 변화되었지만, 세시풍속을 잇는 노력은 변함이 없었다. 2020년의 설날에는 전통민속 놀이마당을 개최하고, 투호놀이 딱지치기, 윷놀이를 진행하고, 어린이들의 놀이마당으로 복주머니 만들기, 새해소망 카드 붙이기 등을 진행했고, 가래떡 먹거리 시식체험과 어르신 투호놀이, 아빠 제기차기, 엄마 팔씨름 대회 등 모두 함께 어우러지는 행사가 진행되었다.

한편 추석프로그램은 〈떡하니 즐거운 한가위 키트 '제주 송편 멩글어 보쿠과?'〉를 주제로 초등학생 자녀를 둔 가족을 대상으로 진행되었다. 세시풍속을 이해하는 시간을 만들기 위한 목적으로 구성하였다. 프로그램 신청자에게 키트를 우편으로 배부하고, 체험 후 SNS 만족도 조사를 진행하였다. 제주의 지역적 특성이 그대로 담겨 있는 프로그램으로 키트에는 제주 고유의 송편과 떡, 명절 차례상 등에 대해 알아보는 활동지와 제주 송편을 만들 수 있는 재료가 포함되었다.

설과 추석 비대면 체험이벤트(제주민속자연박물관, 2021)

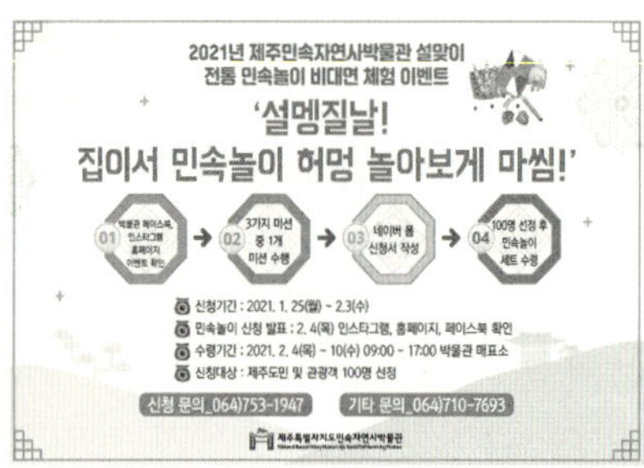

2021년 '창원역사민속관'에서 세시풍속 체험교실을 개최한 예를 보면, 동지 풍속이었던 동지 팥죽 먹고 한 살 먹기, 새해 달력 나누기, 어른들께 버선을 만들어 선물하며 장수 기원하

기 등의 의미를 적용한 프로그램을 구성했다. 중학생 이상을 대상으로 하는 프로그램은 전통버선을 만들어 선물하는 〈동지헌말 프로그램〉을, 초등학생과 가족을 대상으로 하는 프로그램은 〈동지책력 프로그램〉으로 민화를 채색하며 2022년 새해 달력 완성하는 활동이 시행되었다. 그리고 동지 절식인 팥죽 나누기 행사도 이루어졌다.

2021년 '국립전주박물관'에서는 추석을 맞이하여 전통민속놀이, 사물놀이 체험, 추억의 놀이, 옛 생활도구 체험프로그램을 실시했다. 민속놀이로는 대형윷놀이와 연날리기, 제기차기, 투호, 팽이치기, 가족줄넘기, 굴렁쇠굴리기, 활쏘기 등이었다. 추억의 놀이로는 딱지치기, 공기놀이, 비석치기를, 옛 생활도구 체험에서는 맷돌돌리기, 지게지기, 학독, 절구질하기, 도량형(저울, 되, 말 등)기구 사용하기 등이었다. 한편 2022년에는 새해 소망도 빌고 온 가족이 함께하는 즐거운 설 명절을 기원하는 의미로 설 · 대보름맞이 체험행사로 가족행사를 준비했다.

제26회 설 · 대보름맞이 작은문화축제 (2022년)
– 온 가족이 함께 하는 즐거운 설 명절–

구분	일자	시간	행사명	행사내용	장소
설 명절 행사	1.29 (토)	10:00	상설체험 마당	윷놀이, 투호, 옛 생활도구 체험, 사물놀이, 활쏘기 등	옥외뜨락
		10:00–17:30	놀이마당 오감 오감	쌍륙놀이, 참 고누놀이, 선비놀이터 등, 전통놀이 및 민속놀이 경연대회	옥외뜨락
		14:00	가훈·입춘첩 써주기	서예가 선생님께서 직접 써주시는 입춘첩을 받으며 한해 복을 기원	본관
	1.30 (일)	10:00	집콕놀이	박물관문화행사 스크레치북 나눔	본관
		10:00–17:30	놀이마당 오감 오감	쌍륙놀이, 참 고누놀이, 선비놀이터 등, 전통놀이 및 민속놀이 경연대회	옥외뜨락
	1.31 (월) 2.2 (수)	10:00	상설체험 마당	윷놀이, 투호, 옛 생활도구체험, 사물놀이, 활쏘기 등	옥외뜨락
		10:00–17:30	놀이마당 오감 오감	쌍륙놀이, 참 고누놀이, 선비놀이터 등, 전통놀이 및 민속놀이 경연대회	옥외뜨락
		14:00/ 15:00	한지풍경 만들기	단청과 버선무늬한지 풍경을 만들며, 한지에 대한 이해를 높이는 체험	열린공간 온

출처 : 국립전주박물관 홈페이지 참조.

청소년수련관, 건강가정지원센터, 한옥마을에서의 체험

한편 세시풍속 가족프로그램을 진행하는 경우는 다문화가족을 대상으로 하는 경우가 있는데, 한 예를 보면, 2021년 '김해 청소년수련관'에서는 추석맞이 다문화청소년 가족 프로그램인 〈추석에 뭐하니?〉 프로그램으로 한국 전통 간식인 강정 만들기를 키트로 전달하는 행사가 진행되었고, 순천시청소년수련관에서도 비대면 체험활동으로 〈추석맞이, 온[溫 · on] 가족 전통 체험〉 행사가 펼쳐졌다.

가족중심 세시문화 체험 프로그램 포스터(2020, 2021) 예시

한편 '건강가정지원센터'에서도 가족프로그램이 진행되었는데, 2021년 '강남구건강가정지원센터'에서는 〈슬기로운 절기놀이〉 프로그램을 운영했다. 11월 7일 겨울 기운이 시작하는 절기인 〈입동〉과 11월 22일 눈이 오기 시작하는 절기인 〈소설〉에 대한 이해를 돕기 위한 가족프로그램이었다.

그리고 기관들이 협업하여 프로그램을 구성하고 진행하는 경우도 있는데, 건강가정지원센터와 지역사회 박물관과 연계한 가족 설날 프로그램도 구성되었다. 그 예는 2021년 '강남구건강가정지원센터'와 '한성백제박물관'이 공동 주최한 〈설맞이 연 만들기〉 활동 체험프로그램에서 찾아 볼 수 있다. 가족이 함께 연을 만들며 세시에 대해 소통하고, 즐거운 시간을 갖도록 하는 데에 목적이 있다. 한편 '강남문화재단'에서 시행한 크리스마스를 전후한 가족참여 비대면 공연관람과 〈미니떡케이크 만들기〉 프로그램도 주목된다.

대표적인 한옥마을로 많은 사람이 찾는 서울의 '남산골 한옥마을'에서는 세시 체험프로그램과 함께 다양한 볼거리로 구성된다. 남산골 한옥마을은 가족단위로 찾기도 하지만 외국인들도 자주 찾아 체험하고 즐기는 곳이다. 이곳 한옥마을에서 2021년 진행된 '남산골 세시절기 설, 정월 대보름, 입춘, 동지 프로그램'을 살펴보면, 설에는 1950년부터 2000년대까지 설 선물변천사에 대한 퀴즈를 인스타그램을 통해 진행하고,

정답자를 추첨해서 선물을 주는 행사가 흥미롭게 진행되었다. 그리고 차례상 기획전으로 '공동 차례 상차림'이 이루어졌다. 전통놀이체험은 제기차기, 궁중투호, 말뚝이 떡먹이기, 쇠코뚜레 걸기, 버나 돌리기 등이 진행되었다. '정월 대보름'에는 설부터 진행되었던 소원성취 우체통 프로그램을 마무리하는 이벤트와 달집태우기 영상을 온라인으로 제공했다. '입춘'에는 제2회 입춘문예를 온라인 이벤트로 진행하고, 온라인 입춘첩 바탕화면 나눔도 진행되었다. 또한 '동지'에는 〈동지책력(달력나눔)〉으로 달력을 나눠주었던 풍습에 따라 새해 달력 나눔행사로 최대 250만부를 나누었다. 그리고 〈동지고사 길놀이〉로 동지를 맞아 액운을 쫓는 고사와 길놀이를 직접 볼 수 있는 시간도 제공하였고, 자유롭게 관람하도록 했다.

남산골 한옥마을

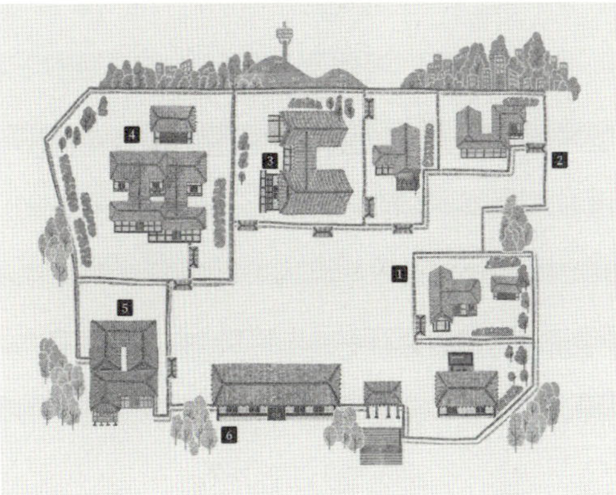

1 삼각동 도편수 이승업 가옥
2 삼청동 오위장 김춘영 가옥
3 관훈동 민씨 가옥
4 제기동 해풍부원군 윤택영 재실
5 옥인동 윤씨 가옥
6 전통공예관, 카페&숍1890

타 기관에서 진행되는 세시풍속 체험프로그램과 '남산골 한옥마을'의 행사는 다소 차이가 있다. '남산골 한옥마을'의 세시풍속 행사는 누구나 쉽게 관람하고 즐길 수 있도록 접근성이 좋고, 가족뿐 아니라 외국인들도 찾을 수 있는 열린공간으로 활용된다는 이점이 있다. 특히 아름다운 한옥공간에서 가족과 연인들이 세시에 맞춰서 사진을 자유롭게 찍을 수 있다는 장점을 살리는 콘셉트 사진찍기 등의 색다른 프로그램도 진행된다. '남산골 한옥마을'은 한옥들을 중심으로 펼쳐지는 다양한 프로그램을 통해서 우리의 세시풍속 문화를 전수하고 있으므로 국내외국인들이 관광과 체험을 할 수 있는 주목받는 곳이다.

앞으로 세시풍속 교육과 체험을 주관하는 각 기관이 협업하여 시대성을 반영한 세시풍속 프로그램을 독창적으로 공동기획한다면, 가족과 외국인들의 문화체험 욕구를 충족시켜줄 수 있는 새로운 세시문화로 이어질 것으로 기대된다.

참고문헌 reference

강동수 외 7인(2010). 한국 기혼 여성의 명절 스트레스 : 검진센터 방문 여성을 중심으로. **가정의학회지**, 31(3), 215-221.

강순예(2016). 세시풍속 창작 동시의 문화적 활용. 성신여자대학교 문화산업예술대학원 석사학위논문.

강순예(2021). **강순예 동시 에세이-달 타는 날**. 밀알.

건국대학교 통일인문학연구단(2012). **코리언의 생활문화**. 선인.

권경숙(2014). 친족공동체의 역할 증대와 그 미래적 전망 : 합천지역 세거지를 중심으로. **한국민족문화**, 53(53), 37-64.

권오경 외(2021). **외국인을 위한 체험중심 한국전통문화**. 신정.

김가영(2019). 북한 주민들의 추석명절 新풍속도. **북한 573**, 76-82.

김다은(2014). 세시주에 대한 문헌고찰 및 발전방안. 성신여자대학교 문화산업대학원 석사학위논문.

김명자(2004). 세시풍속의 전승과 현대화 방안 모색. **민속연구**, 13. 안동대학교 민속학연구소.

김명자(2005). 도시생활과 세시풍속. **민속학**, 41.

김미동, 김해란(2018). 1993-2016년 신문기사를 통해 본 명절 스트레스 양상에 대한 내용분석. **한국가족관계학회지**, 22(4), 107-134.

김선영(2021). **세시풍속이야기**. 도담소리.

김소향(2021). 전통의례 교육에 대한 유아교사의 인식 및 실태 : 설과 추석 명절차례 교육 중심으로. **한국보육학회지**, 12(4), 291-314.

김숙희(2019). 조선후기 세시기에 나타난 여성 세시놀이의 양상. **국학연구**, 38, 531-566.

김순종(2014). 명절 스트레스에 관한 연구 : 가족가치관, 명절인식, 명절차례행동의 영향을 중심으로. 성신여자대학교 대학원 박사학위논문.

김양희 외(2009). 가족과 생활문화. 양서원.

김종욱 외 4인(2009). 다문화시대의 식생활문화. 백산출판사.

김지은(2021). 북한의 민속명절 알아보기. 북한, 591, 96-103.

김지은(2021). 북한의 민속명절-청명. 북한, 592, 72-77.

나경수(2018). 대표적인 세시절식(歲時節食)의 주술적 의미. 한국민속학, 67, 85-116.

류종목(2003). 세시의식에 표현된 가족관과 사회관. 한국민속학, 37, 53-68.

배영동(2008). 세시와 주거공간의 관련 양상. 비교민속학, 37, 109-136.

박경용(1980). 널뛰기 노랫말엔, 별 총총 초가집 총총. 서문당.

박영자(2015). 유아전통문화교육 통합프로그램 개발 및 효과-다례와 세시풍속을 중심으로-. 성신여자대학교 대학원 박사학위논문.

박은정(2014). 조선 후기 세시풍속, 그리고 일상 : 세시기 · 세시기속시를 중심으로. 동아시아문화연구, 58(58), 13-42.

박종수(2000). 남북한 세시풍속의 전승실태 비교. 우리말글, 20.

박춘옥(2003). 한국 전통 떡의 고찰. 부산여자전문대학논문집, 25, 109-137.

박태순, 김승희(2017). 세시풍속과 연계한 과학활동이 유아의 과학적 탐구능력과 의사소통능력에 미치는 영향. 한국보육지원학회지, 13(2), 39-57

서영수, 장두식(2013). 서양인이 본 한국의 세시풍속. 사학지, 46, 269-293.

손서희(2021). 코로나19 시대의 명절문화 변화 전망. 가정학분야 춘계 공동학술대회, 223.

신승훈(2015). 한시를 통해 보는 조선시대 세시풍속. 한국문학논총, 70, 71-103.

오순덕(2012). 조선시대 세시음식(歲時飮食)에 대한 문헌적 고찰. 한국식품영양학회지, 25(1), 32-49.

유영수(2017). 전주 단오의 역사 문화콘텐츠를 활용한 지역축제 개발 연구. 상명대학교 대학원 박사학위논문.

윤나리(2010). 전통문화중심 도시 전주지역 주부들의 세시(절기)음식에 대한 인지도와 실천도. 원광대학교 교육대학원 석사학위논문.

윤덕인(2005). 전통 제사상의 진설규범과 관행 비교연구. 비교민속학, 28, 329-365.

염원희(2013). 크리스마스의 도입과 세시풍속화 과정에 대한 연구-개화기에서 일제강점기를 중심으로-. 국학연구, 22, 299-330.

이리경(2017). 외국인 유학생대상 한국세시풍속문화 체험교육콘텐츠 연구. 성신여자대학교 대학원 박사학위논문.

이창식(2015). 기줄다리기의 전승과 정월 대보름제. 한국문학과 예술, 15, 207-252.

이현아, 권순범(2021). 뉴스 빅데이터를 이용한 가사노동 트렌드 분석 : 1990~2021년 뉴스 기사를 중심으로. 2021 가족자원경영학회 추계학술대회 자료집.

임홍수(2020). 도서주민들의 인문정신문화 증진방안 연구-인문정신문화 실천사례 중심으로-. 한국도서연구, 32(1), 1-26.

전미정 외(2020), 코로나19 확산에 따른 가족생활 및 가족관계의 변화. FER, 58(3), 447-461.

전민자(2007). 바람직한 설날차례. (사)청년여성문화원.

전영선(2006). 남북관계 변화에 따른 통일문화콘텐츠 개발 필요성과 방향. **한민족문화연구**, 18.

정구복, 주영하(2003). 삼국 및 통일신라시대 세시풍속 연구. **한국민속대백과사전.**

조세정(2013). 한국 기혼 남녀의 명절 스트레스 점수 비교. 충남대학교 대학원 석사학위논문.

조해진(2021). 강릉단오제 온라인축제의 성과와 지속가능성에 관한 연구. **한국디자인문화학회**, 27(3), 429-439.

조희정(2020). 유아들의 세시풍속 경험 이야기. 한국교원대학교 대학원 석사학위논문.

주영애(2012). 전통생활문화교육에 대한 인식과 실행: 보육현장의 세시풍속교육을 중심으로. **가정과 삶의 질 연구**, 30(3), 193-208.

주영애(2015). 세시풍속과 데이시리즈 문화에 대한 세대별 인식 비교. **유학연구**, 32, 375~400.

주영애(2017). **유아인성예절지도**. 신정.

주영애, 곽미숙, 김우정(2017). 남북통일 대비 통합문화의 모색 -세시풍속 생활문화를 중심으로-. **유학연구**, 39, 399-433

주영애(2018). **한국 가정의 생활문화**. 신정.

주영애 외(2018). **생활문화의 발전적 계승을 위한 한국생활문화연구**. ㈜한국학술정보.

중앙재난안전대책본부(2020.11) 생활 속 거리 두기 세부지침.

진성수(2011). 한국의 가을 세시풍속. 식품문화. **한맛한얼**, 4(3), 240-249.

최명림(2003). 한국 세시풍속의 변화와 문화콘텐츠화 연구. 전남대학교 대학원 박사학위논문.

표현우(2019). 여행경험이 직장인의 근로의욕과 행복감에 미치는 영향. 대구한의대학교 대학원 석사학위논문.

한국민속학회(2008). 민속놀이, 축제, 세시풍속, 통과의례. 한국민속학학술총서, 03. 민속원.

한국세시풍속자료집성(2006). 국립민속박물관.

Sohn, K. T. (2017). Birthweight as measure of holiday stress, Woman & Health, 24(3), 21-33.

강릉단오제 www.youtube.com/c/gangneungdanojefestival

건강가정진흥원 www.familynet.or.kr

겨레말큰사전 www.gyeoremal.or.kr

경기도일자리센터 gyeonggi.work.go.kr

경향신문 www.khan.co.kr

국립국어원 www.korean.go.kr

국립민속박물관 www.nfm.go.kr

국민일보 www.kmib.co.kr

남산골 한옥마을 홈페이지 www.hanokmaeul.or.kr

누리 세종학당 nuri.iksi.or.kr

데일리시큐 www.dailysecu.com

동아일보 www.donga.com

매일경제 www.mk.co.kr

문화재청 국가문화유산포털 www.heritage.go.kr

문화체육관광부 www.mcst.go.kr

벼룩시장 www.findjob.co.kr

북한이해 www.unikorea.go.kr

사람인 www.saramin.co.kr

사이언스타임즈 www.sciencetimes.co.kr
세종학당 www.ksif.or.kr
시민일보 www.siminilbo.co.kr
아시아경제 www.asiae.co.kr
여성신문 www.womennews.co.kr
연합뉴스 www.yna.co.kr
온양민속박물관 onyangmuseum.or.kr
우리말샘 opendict.korean.go.kr
전주국립박물관 jeonju.museum.go.kr
제주민속자연사박물관 www.jeju.go.kr/museum
조선일보 www.chosun.com
질병관리청 www.kdca.go.kr
파이낸셜뉴스 www.fnnews.com
한겨레 www.hani.co.kr
한경닷컴 www.hankyung.com
한식진흥원 www.hansik.or.kr
OECD www.oecd.org
YTN www.ytn.co.kr

저자 주영애

현재 성신여자대학교 소비자생활문화산업학과 교수이며, 한국생활문화와 한국생활문화 교육콘텐츠 개발에 관심을 갖고 연구하고 있다. 동 대학교의 생활과학대학장 교양교육대학장 뷰티생활산업국제대학장, 평생교육원장을 역임하였다.
현재 동 대학교의 문화산업예술대학원 한국문화콘텐츠전공 주임교수로 있으며, (사)한국생활문화진흥회 자문교수, (사)가정과 삶의 질학회 이사, (사)가족자원경영과 정책학회 이사 등을 맡고 있다.

「한국 가정의 생활문화」(2017), 「유아인성예절지도」(2018),
「생활문화의 발전적 계승을 위한 한국생활문화연구」(2018),
「한국의 태교문화」(2019), 「한국의 효문화」(2020) 등
다수의 저술과 논문이 있다.

한국의 세시문화

초판발행 2022년 9월 5일 **1판 1쇄 인쇄** | 2022년 9월 10일 **1판 1쇄 발행**

지은이 주영애
펴낸이 최용구 | **펴낸곳** 도서출판 **신정**
주소 (04316) 서울시 용산구 원효로 89길 19 (원효로1가)
전화 02)3211-4782, 0266(영업부), 3211-4783(편집부), 3211-4784(팩스)
이메일 shinjeong72@naver.com | **홈페이지** www.sjbook.co.kr
등록 2001년 5월 11일 제13-702호
기획마케팅 최용구 장만동 최충구 진소희 | **책임편집** 석기은 황가연 | **표지** SDY

ISBN 978-89-5912-819-8 93370
정가 17,000원